山东大学文史哲研究专刊

立中国之人纪

庄存与《春秋正辞》研究

辛智慧 著

上海古籍出版社

图书在版编目（CIP）数据

　　立中国之人纪：庄存与《春秋正辞》研究／辛智慧
著. -- 上海：上海古籍出版社，2025.5. --（山东大
学文史哲研究专刊）. -- ISBN 978-7-5732-1613-7

Ⅰ. K225.04

　　中国国家版本馆 CIP 数据核字第 202540GN40 号

山东大学文史哲研究专刊

立中国之人纪
——庄存与《春秋正辞》研究

辛智慧　著

上海古籍出版社出版发行

（上海市闵行区号景路 159 弄 1-5 号 A 座 5F　邮政编码 201101）

（1）网址：www.guji.com.cn

（2）E-mail：guji1@guji.com.cn

（3）易文网网址：www.ewen.co

山东韵杰文化科技有限公司印刷

开本 890×1240　1/32　印张 11.625　插页 6　字数 281,000

2025 年 5 月第 1 版　2025 年 5 月第 1 次印刷

印数：1—1,100

ISBN 978-7-5732-1613-7

B·1453　定价：78.00 元

如有质量问题,请与承印公司联系

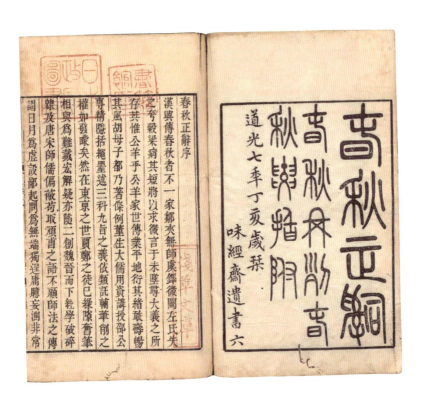

春秋正辭

道光七季丁亥歲鎸　味經齋遺書六

春秋正辭序

漢興傳春秋者不一家鄒夾無師虞鐸微闕左氏先
之夸穀梁病其短將以求微言于未墜尋大義之所
存其惟公羊乎公羊家世傳業平地衍其緒聯壽暢
其風胡母子都乃著條例董生大儒用資講授邵公
專精隱括絚墨迹三科九旨之義依類詁輔革削之
權加發㬥矣然在東京之世賈鄭之徒已緣隙奮筆
相與為難議宏解疑亦墮二創魏晉而下絕學破碎
棽及唐宋師儒偏蔽苟取頑貪之嗜不顧師法之傳
謂日月為虛設郵起問為無端獨逞庸妄測非常

日本国立公文书馆藏道光七年（1827）

庄绥甲刊《味经斋遗书》六种本《春秋正辞》书影

庄存与像

（见叶衍兰、叶恭绰编《清代学者象传》第二集）

出 版 说 明

山东大学素以文史见长。20世纪30年代,以闻一多、梁实秋、杨振声、老舍、沈从文、洪深等为代表的著名作家、学者曾在这里谱写过辉煌的篇章。20世纪50年代以来,以冯沅君、陆侃如、高亨、萧涤非、殷孟伦、殷焕先为代表的中国古典文学、汉语言文字学研究,以丁山、郑鹤声、黄云眉、张维华、杨向奎、童书业、王仲荦、赵俪生为代表的中国古代史研究,将山东大学的人文学术地位推向巅峰。但是,随着时代的深刻变迁,和国内其他重点高校一样,山东大学的文史研究也面临着挑战。为打造传统人文学术高地,培育特色优势研究领域,重振昔日文史辉煌,2002年,山东大学成立文史哲研究院,形成文史学科一个新的增长点。2012年,文史哲研究院与原儒学高等研究院、原儒学研究中心、《文史哲》编辑部整合组建为新的儒学高等研究院(文史哲研究院)。

新的儒学高等研究院是目前国内规模最大的中国古典学术研究实体机构,建有国际儒学联合会山东大学研究基地、儒家文明省部共建协同创新中心、尼山世界儒学中心山东大学分中心,以及国家民委中华民族共同体研究基地、文化和旅游部文化和旅游研究基地、中国节日文化研究基地等多个平台,是一家以古文、古史、古哲、古籍研究为重心,以儒学研究为特色的综合性人文学术机构,下设中国哲学研究所、中国史学研究所、中国文学研究所、古典文献研究所、经学与小学研究所、民俗学研究所,同时,《文史哲》编辑部依托研究院一体运行。

　　研究院始终以传承发展以儒学为代表的中华优秀传统文化为宗旨,以建设中国古典学术重镇、引领古典学术潮流为己任,在人才培养和科研创新方面砥砺前行。秉持着"兴灭业,继绝学,铸新知"的科研方针,研究院重点遴选优秀学术成果组织出版,形成《山东大学文史哲研究专刊》这一研究丛书。《专刊》自 2004 年出版第一种,目前已推出九辑、48 种学术著作,在海内外引起广泛关注和好评。值此与上海古籍出版社合作 20 周年之际,特推出《专刊》第十辑与广大专家读者见面,诚挚欢迎海内外学者对我们进行批评和指导。

山东大学儒学高等研究院(文史哲研究院)

2025 年 3 月

序

张　勇

　　智慧寄来书稿,索序于我。虽自知不谙此道,然我与智慧有师生名分,且书稿的主体是其学位论文,故于情于理,皆不便回绝。于是边翻看书稿,边随手翻检自己往日读书的一些笔记,遂得到一"取巧"做法:姑且抄录几则前贤的相关议论,用以连缀阅读书稿时的零思断想,聊以副智慧命序之意。

　　先抄一段钱玄同的日记(1910年1月8日):

　　　　戴子高有诗云:"巨儒二百载林立,吾独倾心大小庄;亦有北方颜李学,天衢朗朗日重光。"盖戴先生为陈奂、宋于庭弟子,通知两汉师法,知素王改周受命之说,欲明孔门微言大义以致之用故云。然吾意庄、刘之学诠明圣义,颜、李之学实明圣事,盖此皆孔学之真传也。戴氏独能窥见,不特为吾乡之巨儒(迥非严元照、俞樾之仅知训诂名物者比矣),亦国朝三百年来独见圣学之全者欤(颜、李与庄、刘皆各得其半,先生出,乃集其大成云)……吾谓诚有人等,合乾嘉诸儒之经训,今文学派之经义,而以颜李之毅力行之,则圣学昌明不难复睹矣。①

---

① 杨天石主编:《钱玄同日记》(整理本),北京大学出版社,2014年,第204页。

戴望是钱玄同最崇拜的乡贤之一，①但此段议论却应当是袭自刘师培的《戴望传》。② 尽管这时的钱玄同，因章（太炎）、刘（师培）交恶而祖章，在日记中对刘氏屡有讥评。③ 而我们这里要说的，首先是这则日记中所引戴望诗的前两句："巨儒二百载林立，吾独倾心大小庄。"所谓"大小庄"，即庄存与及其侄庄述祖，亦即所谓常州庄氏学的代表人物。李兆洛对所谓"庄氏学"有这样的界说与形容：

> 兆洛自交若士、申受两君，获知庄氏之学。庄氏学者，少宗伯养恬先生启之，犹子大令葆琛先生赓之者也。宗伯如泰山洪河，经纬大地，而龙虎出没，风云自从；大令如蓬莱阆风，变现意外，而跬步真实，不堕幻虚，盖有积精致神之诣焉。④

所云若士为丁履恒，庄存与孙婿；申受即刘逢禄，庄存与外孙，皆为庄氏学的传人。⑤ 李兆洛有关常州"庄氏学"的界定，至少至咸同年间，仍为倾心庄氏学的士人所认可。如有"持论苛刻"之称的李慈铭，虽不满庄存与所著《尚书既见》，称其为乾隆诸儒经说

---

① 杨天石主编：《钱玄同日记》（整理本），第 246 页。
② 见《国粹学报》第 14 期"史篇"，1906 年。
③ 如前揭 1910 年 1 月 8 日日记，即有"刘氏好作伪"之说；又如在十天后的日记（1 月 17 日）中，又称："刘申叔之《中国民约精义》取古来之说与《民约论》相比附，合乎卢氏者醵，不合者非。故《礼运》大同说及许行并耕说，悉斥为不合。此等可笑著作，稍有知识者不齿，即梁卓如尚未必如此。刘固自命为博通国故者，乃如此，岂不可笑之者也乎哉！"（杨天石主编：《钱玄同日记》，第 204、211 页。）
④ 李兆洛：《庄珍艺先生遗书序》，《养一斋文集》卷三，《清代诗文集汇编》第 493 册，上海古籍出版社，2009 年，第 33 页。
⑤ 李兆洛称"若士、申受所著《公羊》之说多本宗伯"，见《庄珍艺先生遗书序》，《清代诗文集汇编》第 493 册，第 34 页。

"最下"之作,但对常州庄氏之学仍给予较高评价:

> 国朝经学,首推徽州、常州……常州即以庄氏一家论,方耕侍郎启之,葆琛先生继之,而侍郎有孙曰绶甲,先生有子曰又朝,皆有撰述,而绶甲尤有名。李氏兆洛序《珍艺宧遗书》,称庄氏又有若士、申受两君,皆著公羊学,不知其名,盖皆宗伯之孙。先生集中又有《答族孙大久论说文书》,称其所著有《春秋》及各经小学考;《刘礼部集》中言其弟子有庄缤澍,邃于经学,足称份份或或矣。①

越缦堂先生此说即据前揭李兆洛文,且又知引《刘礼部集》,但却不识丁若士、刘申受,亦算偶有一失。要说咸同之际对常州庄氏学最为推崇且表彰最为尽力者,应该还属谭献。谭献曾拟"师儒表",首位即常州庄氏,称其为国朝"绝学"第一;其在世即刊布行世的《复堂日记》中,对庄氏学及庄存与、庄述祖、刘逢禄、宋翔凤等人著作的溢美之词更是所在多有,如称"方耕侍郎之《春秋》冠绝古今无二",庄述祖"夏时之学冠绝古今"等;②其对庄氏学的推崇,实际上还影响了戴望。③ 谭献对庄氏学的信服,终其一生。在晚年的"谕子书"中,他总结自己的学术宗尚,称:"吾于古人无所偏嗜,于

---

① 李慈铭著,由云龙辑:《越缦堂读书记》,上海书店出版社,2000年,第1087—1088页。
② 谭献著,范旭仑、牟晓朋整理:《复堂日记》,河北教育出版社,2001年,第208、158页。
③ 戴望曾认戴震"为本朝儒者第一",谭献则以为戴东原不过"为第二流之高者",二人激烈争辩。(见前揭《复堂日记》,第4、214页。)但前引戴望诗表明,最终似乎还是戴望接受了谭献以庄氏学为第一的品评。

今人之经学,嗜庄方耕、葆琛二家。"①

　　前引钱玄同《日记》中,"大小庄"之外,还有一个可以注意的说法,即"庄、刘之学"。作为日记原本的刘师培《戴望传》,先引戴氏"大小庄"诗,称其"师淑常州庄氏",后文又很自然地以庄存与、刘逢禄为清季今文经学的开创者。在刘氏看来,常州庄氏学即庄、刘之学,二者可以等同。钱玄同则在日记中直接引用《戴望传》的文字,径称"庄、刘之学",且未标明来源出处,或已将其视为常识。

　　引说至此,似乎可以有这样的发现:晚清对常州庄氏学的认识,实际上有一个从其代表人物为"大小庄"到"庄、刘"的变化,亦即从常州庄氏学(以经学为主)到常州庄氏公羊学、今文学的变化。在李兆洛、谭献、戴望、李慈铭那里,常州庄氏学,就是由庄存与开创、庄述祖承续,且家族后辈继起络绎的研治经学的气象、方法、内容及成就,他们更推崇的是"大庄"的一尊地位;到了刘师培、钱玄同这里,常州庄氏学则成为以庄存与和刘逢禄为代表的公羊学和今文经学,且在当时学人们的认识中,刘逢禄是庄氏学的集大成者,其公羊学的成就和影响已在庄存与之上。② 从大小庄到庄、刘,人更学变,其间世风士趋的推迻及其对知识的取舍、营造,耐人寻绎。③ 或许这也是长

---

① 　罗仲鼎、俞浣萍点校:《谭献集》,浙江古籍出版社,2012 年,第 682 页。

② 　梁任公即云:"庄学治经义,而约取《春秋公羊传》","方耕弟子刘申受(逢禄),始颛主董仲舒、李育,为《公羊释例》,实为治今文学者不祧之祖"。(《论中国学术思想变迁之大势》,上海古籍出版社,2001 年,第 125 页。)任公此说,义取章太炎《清儒》(《訄书》重刻本),而邓实《国学今论》(《国粹学报》第 4、5 期,1905 年)则兼合章、梁说而又有发挥。要之,皆以刘申受为晚清公羊学、今文学的正宗。

③ 　其实,无论谭献、戴望都对刘逢禄有足够的了解和尊敬。戴望曾为刘氏撰《行状》(见《谪麟堂遗集》),谭献则记有读刘氏书的感受:"阅刘申受先生说《公羊》诸书,如寒得裘,如客得归,耳目神志皆适。小小异同,可微辨也。"(前揭《复堂日记》,第 41 页。)但这并不妨碍他们推崇"大 (转下页)

期以来,对庄氏学和庄存与研究不足的原因之一。

　　说到早期对常州庄氏学开启者庄存与的推崇,所谓"博通六艺,高朗阔达,于圣人微言奥义能深探而扩言之",①或许是一个能被普遍认可的概括。类似的说法,即"于六经皆能阐抉奥旨,不专专为汉宋笺注之学,而独得先圣微言大义于语言文字之外"。② 庄存与于五经四书皆有著述,且不专务于名物训诂,致力于大义微言的讲求,是为乾隆间戛戛独造的通儒。庄氏的"通博",提醒后来的研究者,对其著述应当有一个"通观"的视野,注意于其各著作间的相互印证,贯通地把握庄氏为学的要旨和用心,类似于龚自珍所说的注目于"五经大义终始";而庄氏存大体、求大义微言的"独到"之处,则需要将其著述置于同时期经儒著作的比较中,方能显现得明白清楚,比如关于《尚书既见》与同期《尚书》研究名作的比较。

　　除却"博通"和讲求微言大义这些已为普遍认可的特点之外,还有两个曾经前人说到的庄氏治学的特点,似乎较少引起注意:一谓"知人论世",二是"经制之学"。

　　"知人论世"之说,始见于臧庸所作《庄公小传》,曰:

　　　　(庄氏)幼禀庭训,习朱子《小学》《近思录》;长益沉潜经义,诵《诗》读《书》,惟以知人论世为准,故所造洪博深邃,莫测其涯涘。③

（接上页）小庄"为代表的庄氏学,而将刘逢禄视为庄氏后学的杰出者。

① 李兆洛:《珍艺先生传》,《养一斋文集》卷十五,《清代诗文集汇编》第493册,第240页。

② 阮元:《庄方耕宗伯经说序》,《味经斋遗书》卷首,道光十八年(1838)宝砚堂十三种本。

③ 臧庸:《礼部侍郎少宗伯庄公小传》,《拜经堂文集》卷五,《续修四库全书》第1491册,上海古籍出版社,2003年,第600页。

　　臧庸《小传》几遍列庄存与各著述十余种,然其所见仅《尚书既见》一种,而所谓"惟以知人论世为准",或得自庄氏家族所藏之"行述"①及传闻,或即由《尚书既见》而来的观感。李慈铭视《尚书既见》为乾隆间经说"最下"之作,但仍以"知人论世"作为庄氏著述的特点,所说者为《春秋正辞》:

　　　　侍郎专于《春秋公羊》,其说经惟主知人论世,而不为名物训诂之功,故经学虽无家法,而文辞奥衍,自成一子。②

　　"知人论世"为习见语,且多以为作史之原则;用之于形容经说之特点,则有别于通常所谓汉儒重训诂、宋儒求义理,亦即非汉非宋,不循"家法"。子曰:"我欲载之空言,不如见之于行事之深切著明也。"融义理于行事,由世事人文而见大义微言,却正是孔门正传心法。
　　所谓"经制之学"也出自李慈铭的评论:

　　　　然侍郎虽不足为醇儒,而无愧于通人,经制之学,亦昭代名家矣。③

　　"经制"之称为"学",或始于南宋的永嘉学派。④ 其狭义指制

---

① 臧庸《礼部侍郎少宗伯庄公小传》称:"因从公子孙索志铭、家传等勿得,得其家行述,于是撰掇其学行大略,著小传。"
② 李慈铭著,由云龙辑:《越缦堂读书记》,第799页。
③ 李慈铭著,由云龙辑:《越缦堂读书记》,第800页。
④ 关于永嘉之学,参见《宋元学案》之艮斋学案、止斋学案、水心学案、说斋学案等。又,晚清孙衣言、孙诒让父子等重倡永嘉之学,参见孙衣言《瓯海轶闻甲集序》(《逊学斋文钞》续钞卷一)、孙诒让《薛常州浪语集跋》(《温州经籍志》卷二十)等。

度、实务之学,广义则泛指"实用"之学,其基本精神为"通经致用"。① 所谓庄氏之"经制"学,或即前人所说"若天文、舆地、河渠、水利、律吕、算数之学,莫不覃思殚究",②"深于天官、历律、五行之学",③"所贵儒者,天人贯通,象纬历算,咸得统宗",④亦即指庄氏对种种致用实学的殚究、精通;或也指体现于庄氏经学著述中尤其是《周官记》《周官说》等对于三代制度的熟悉和见地。⑤《周官》乃三代典制之渊薮,"经世大法,咸萃于是",⑥正是"经制之学"援据的要典,而庄氏即被誉为"三代礼乐,指掌瞭如,《周官》经世,言大

---

① 唐仲友曰:"三代治法,悉载于经,灼可见诸行事;后世以空言视之,所以治不如古。"故其"上自象纬方舆、礼乐刑政、军赋职官以至一切掌故,本之经史,参之传记,旁通午贯,极之茧丝牛毛之细,以求见先王制作之意,推之后世,可见之施行。"(《宋元学案·说斋学案》)黄宗羲批评唐氏:"其时唐说斋创为经制之学,茧丝牛毛,举三代已委之刍狗,以求文、武、周公、成、康之心,而欲推行之于当世。薛士隆、陈君举和齐斟酌之,为说不皆与唐氏合,其源流则同也。"(《学礼质疑序》,《南雷文定》卷一,吴光主编:《黄宗羲全集》第10册,浙江古籍出版社,2012年,第25页。)

② 臧庸:《礼部侍郎少宗伯庄公小传》,《续修四库全书》第1491册,第600页。

③ 董士锡:《庄氏易说序》,《齐物论斋文集》卷一,《清代诗文集汇编》第537册,第446页。

④ 邵晋涵:《庄养恬先生祭文》,《南江文钞》卷十,《续修四库全书》第1463册,第514页。

⑤ 庄绶甲《周官记跋》称其:"于建邦之纲纪法度,举凡郊坛、宗社、明堂、辟雍之兆位,朝市、宅里、仓廪、厩库之营建,律度、量衡、器用、财贿之法制,分州、定域、度山、量水、治地、辨土、任民、饬工、尚农、审时之大经,以及营卫、车辇、道路、舟梁之细务,靡不该举。"见庄绶甲:《拾遗补艺斋文钞》,《清代诗文集汇编》第512册,第402页。

⑥ 孙诒让:《周礼正义序》,王文锦、陈玉霞点校:《周礼正义》,中华书局,1987年,"序",第1页。

非诬"。①《周官记》五卷,为庄氏手定,且是庄氏最先成文的著作,但却最为后世所忽略。此与后世对庄氏的定位乃"今文经学的开创者",而《周官》则为古文经典不无关系;正如同对庄氏学术特点的认知,前人钦佩的是其博大深通的"通儒"气象,后世看重的则是其"春秋公羊"的专家之学。

关于庄存与,还可以说的(其实是难说清楚的)是他的"文章"。引一段张尔田的评论:

> 考据家多不工文,惟方耕闳约,东原朴奥,两家皆不以文传,而文实度越诸子。②

对于方耕之文,刘师培也有类似的议论:

> 庄氏文词深美闳约,人所鲜知;……近人谓治《公羊》者必工文,理或然欤。③

类似的评论还有:"文辞奥衍"(李慈铭),"文事深醇古厚""渊懿"(谭献)等。每每看到这些对庄氏文章的赞誉,总不免有些心虚和无奈,因为至少我自己在阅读庄氏著述时,对其设辞行文之类并无多少"深美"的感受,甚而对所谓"奥衍"的含义都似懂非懂,要借助工具书来帮助理解。的确,自清末废除科举和五四"新文化运动"以降,受新式教育和"白话文"洗礼的学子们,已经与所谓"古诗文"有了深重的隔阂。对于我们这些以古文献为主要研究对象

---

① 邵晋涵:《庄养恬先生祭文》,《续修四库全书》第 1463 册,第 514 页。
② 张尔田:《屠守斋日记》,《史学年报》第 2 卷第 5 期,1938 年。
③ 刘师培:《论近世文学之变迁》,《国粹学报》第 26 期"文篇",1907 年。

的史学学人而言，读懂文意已是上限，而于文章的"奥衍闳深"，不惟难以领略，反视之为晦涩难通。往昔反子贡之言而发的讥讽依旧可用：夫子之言性与天道或可得闻，夫子之文章不可得而闻也。然而，还是老话："不能文章而欲闻性与天道"，无是理矣。所谓"知人"，知其文亦是不可或缺的一环。曾被作为"谬种""妖孽"必欲扫除而后快的"桐城""选学"的相关知识和修养，还是应当补上。庶几或能免去我们的几许"鄙倍"，并多一分对先人的同情了解。

以上是我读智慧书稿兴发的一些杂感。至于书稿本身，要说的反而不多。相比于数年前曾受好评的学位论文，书稿则又经淘洗磨砺，继长增高，有了新的面貌。尤其是书稿的附录数篇，检证了智慧近年的进步和学术追求，予人印象深刻。多年前我初入刘桂生师门下，就被刘师关于庄存与的研究所触动，由此而有对常州庄氏学的兴趣。数十年后，我对庄氏学的认识虽然仍停留在兴趣的层面，但却多少影响了对智慧论文选题的建议。如今看到智慧在庄氏研究上交出的这份堪称厚重的成绩，不禁感慨于这一由来有自的学缘，并由衷地为之高兴。

草就于 2021 年 9 月 6 日上午十时许

目　录

绪论：庄存与及其《春秋正辞》

第一节　庄存与生平简述

庄存与（1719—1788），字方耕，号养恬，江南武进（今常州）人。作为清代常州学和公羊学的开山，庄存与的学问在其生活的乾隆时代并不为外人所熟知，但经过家族第二代其侄庄述祖（庄培因之子），乃至第三代其外孙刘逢禄和外侄孙宋翔凤（庄培因外孙）的绍扬之后，庄存与所复兴的公羊学一时飙举风发，成为晚清几代学者，如魏源、龚自珍、陈立、戴望、王闿运、皮锡瑞、廖平等相继研讨的对象。并最终在康有为、梁启超师弟手中大放异彩，给清末学术、政治以人所共知的巨大冲击。从而在梳理晚清百余年的学术思潮时，不得不予常州庄氏之学以主流地位，钱穆先生称之为"足以掩胁晚清百余年来之风气而震荡摇撼之"，[①]其重要性殆无可疑。

或许正因为并未取誉于当时，故关于庄存与生平的原始记述并不算多，主要有：

道光十八年（1838），庄鲁骃（字斯才）等所编之《武进庄氏增修族谱》。该谱为庄氏五修族谱，其中卷十《世表》、卷十五《世恩》、卷二十六《谱传》、卷三十《人物分序总目》等卷次中，涉及庄存与的家世、职任、碑传、著作等内容。因嘉庆辛酉（1801）庄暎等

---

① 钱穆：《中国近三百年学术史》，商务印书馆，1997年，第582页。

编的四修族谱已佚,故本五修谱为目前所见距离庄存与过世最近的族谱,其中有些信息比后来屡次增修之谱更为原始,亦更可信。①另外,六修族谱,即光绪元年(1875)庄怡孙等编的《毗陵庄氏增修族谱》,在五修谱的基础上有所加详,亦提供了某些不见载于前谱的重要信息,同样可资参证。②

《清史列传》及《国史列传》之《庄存与》篇。在文字上,前者除比后者多征引一条乾隆谕旨外,全部相同。应与两书皆源于清国史馆旧稿有关。③ 此篇传记从朝廷大臣的角度,详细记述了庄存与的任职时间、履历、作为等。

《清高宗实录》以及现分藏于北京和台湾两地的乾隆朝奏折中,多留有庄存与任职的原始记录以及他当时所上的奏折,对我们核对其任职经历,以至了解他任职时的具体作为多有帮助。

以上三类材料,是了解庄存与生平最核心的文献。另外尚有若干碑传,亦为了解庄存与生平的基本材料,主要有:乾隆乙卯仲春(1795)庄勇成所撰之《少宗伯养恬兄传》,嘉庆五年十一月(1800 年 12 月)臧庸所撰之《礼部侍郎少宗伯庄公小传》,嘉庆壬

---

① 　如对庄存与在翰林院的任职经历,光绪元年(1875)之六修《毗陵庄氏增修族谱》即以为"历任侍讲、侍读、侍讲学士、侍读学士、詹事府少詹事"(卷10《世表·庄存与》,第 20a 页),这一记载并为 1936 年的七修谱所沿袭。但道光十八年(1838)五修《武进庄氏增修族谱》则载为"升侍讲、侍读学士、詹事府少詹事"(卷10《世表·庄存与》,第 17a 页),与《清史列传》的记述相合,而与六修谱稍有出入。将之与五修谱所载庄存与诰命中所述的任职履历相较(卷 15《世恩》,第 47 页),可知六修、七修谱微误,庄存与并未出任"侍读"一职,而"侍讲学士"亦是出任詹事府少詹事时的兼职。

② 　如庄存与世的具体原因,多数学者沿袭庄勇成之说以为"无疾终于家",但载于六修谱的《先考汇川府君行述》(卷 20 下《事述志补遗》,第 5a 页)中提到庄存与因"患脾泄"卒。

③ 　冯尔康:《清代人物传记史料研究》,商务印书馆,2000 年,第 44—49 页。

午年(1822)龚自珍所作之《资政大夫礼部侍郎武进庄公神道碑铭》,道光十八年(1838)前后蒋彤所撰之《庄存与传》。此类碑传多为私人撰述,难免时有讹误,①但提供的诸多具体细节,如庄存与的家教、性格、著述、成长经历等,多为其他材料所不备,故对了解庄存与亦至为重要。

此外,《武进阳湖县志》《清儒学案》《清代朴学大师列传》《清史稿》《清代毗陵名人小传稿》《清代七百名人传》等著作中亦有关于庄存与生平的资料,但多为对上引资料的摘抄编辑,属二次加工,参考价值较小。

今人另编有庄存与年谱两部:汤志钧《庄存与年谱》,王逸明《新编清人年谱三种重订稿:武进庄存与庄述祖年谱稿》。前者简净,后者详赡。但亦难免时有讹错,前者之误或多为沿袭原始材料未加辨析所致;②后者则似多为武断轻忽所致,于实无据,故难尽

---

① 如庄勇成称:"癸酉冬,[庄存与]由詹事府少詹事授湖南学政",有误。据族谱和《清史列传》,当为由"翰林院侍读学士"授湖南学政,升詹事府少詹事是在一年后的乙亥四月。而蒋彤《庄存与传》亦承袭此误,称:庄存与"迁少詹事,拜湖南学政"(《丹棱文钞》卷3)。再如龚自珍所撰神道碑称:"公[庄存与]中乾隆乙丑科进士,以一甲第三名,授翰林院编修,屡迁至礼部右侍郎","子□人,某、某,述祖亦文学最有声。"(《龚自珍全集》,上海人民出版社,1975年,第142页。)略有误。据族谱及《清史列传》,庄存与以一甲二名榜眼及第,屡迁至礼部左侍郎。述祖为庄存与从子,非"子"。

② 如汤志钧先生将"大考翰詹"系于乾隆九年甲子庄存与乡试中式之年下。大考翰詹乃中举人翰林之后才应有之事,绝非乡试中式即"大考翰詹",或为其所引刘逢禄《记外王父庄宗伯公甲子次场墨卷后》所误,该文称:"乾隆甲子科……即连捷登上第,越岁,大考翰詹。"庄存与在庶常馆前后学习两期,共六年,大考翰詹为第二期之事,发生于乾隆壬申(1752),非第一期中甲子、乙丑连捷登上第后的"越岁",即丙寅年(1746),此处为刘逢禄误记。(汤志钧:《庄存与年谱》,台湾学生书局,2000年,第13页。)再如乾隆十九年项下,引庄勇成文,称庄存与"癸酉冬,由詹事府(转下页)

凭信。①

综合上述传记资料，可得庄氏生平大略如下：

庄存与生于康熙五十八年（1719），卒于乾隆五十三年（1788），寿七十。乾隆十年（1745）以一甲二名榜眼及第，历任翰林院编修、侍讲、侍读学士、湖南学政、詹事府少詹事兼翰林院侍讲学士、内阁学士兼礼部侍郎、顺天学政、礼部右侍郎、河南学政、礼部左侍郎等职。乾隆五十一年（1786）以礼部左侍郎"原品致休"，两年后即"患脾泄"②而卒。其父庄柱为雍正丁未（1727）进士，累迁至浙江温处兵备道副使；其弟庄培因乃乾隆甲戌（1754）状元，累官至翰林院侍讲学士，充福建学政。③ 一门之内，父子联科，兄弟鼎甲，其家

（接上页）少詹事授湖南学政"（第 17 页），所述有误，汤志钧先生未做辨析，参见前页注①。乾隆五十三年项下，称庄存与"无疾卒于里第"（第 40 页），或为庄勇成所撰传文所误，当据庄存与孙庄贵甲等所述，为患"脾泄"卒，参见第 2 页注②。同一年项下，又称："道光八年，孙绶甲始刻《易说》。"（第 41 页）绶甲实际并未刊刻《易说》（详下文），此或为董士锡《易说序》所误。

① 如年谱前页《庄存与庄述祖世系表》，称庄选辰"寿七十五"（《新编清人年谱三种重订稿：武进庄存与庄述祖年谱稿》，学苑出版社，2011 年，扉页），误，当为"三十一"。再如乾隆三十三年项下，称："庄存与所著《尚书既见》约成于本年前后。"（第 46 页）并在下文称："直到撰著《尚书既见》时，庄存与仍是一位宋学家。"（第 48 页）庄存与著述的具体年份多不可考，且多未最终定稿，此处对《尚书既见》年份的断定，并无实据（且据庄绶甲《尚书既见跋》称该书庄存与"未及手定"）。至于称此时庄存与尚为宋学家，则更为臆断（参见本书第六章）。再如乾隆四十五年项下，称"其［庄存与］所作《春秋正辞》本年已大部成稿"（第 62 页），亦查无实据。

② 庄贵甲等：《先考汇川府君行述》，庄怡孙等编：《毗陵庄氏增修族谱》卷 20 下《事述志补遗》，光绪元年（1875）刻本，第 5a 页。

③ 有关庄存与亲属的履历，见庄鲁骊（字斯才）等编《武进庄氏增修族谱》卷 10《世表》，道光十八年（1838）刻本，第 17—21 页。国家图书馆古籍馆善本阅览室藏，索书号 A02422。

族状况在当时可谓兴盛。而其家所属之常州庄氏，自晚明以来即科甲鼎盛，代不乏人，在当地也是称得上累世簪缨的百年望族。①

除上述任职经历之外，庄存与同大多数翰林官一样，屡次出主文衡：乾隆十六年（1751）十二月，充湖北乡试副考官；十七年，充会试同考官；十八年，充湖北乡试正考官；二十一年，充浙江乡试正考官；三十六年三月，充会试副总裁。此外，庄存与曾于乾隆十七年，入值南书房。三十三年，被命在上书房行走。三十七年，被命教习庶吉士。四十七年，服阕还朝后再次被任命在上书房行走。② 此类职务，虽为兼差，但或为朝廷抢才，或为皇子授读，亦颇见显要。

可以看出，庄存与的一生，主要在翰林院、学政衙署和礼部任职，虽晋升卿贰，但工作没有脱离皇子与士子的教育、科考等内容，故其主要身份，当为乾隆朝负责文化教育类事务的官员，即庄勇成所谓的"礼乐名臣"。

第二节　庄存与著作《味经斋遗书》诸版本考略

据庄氏门弟子鲁九皋《祭庄座主文》③可知，庄存与于乾隆五十

① 关于庄存与家世，丁蓉有详尽的研究，参见氏著《科举、教育与家族：明清常州庄氏家族研究——以毗陵庄氏族谱文献为中心》，博士学位论文，华东师范大学古籍研究所，2012年。
② 《清高宗实录》卷1149，乾隆四十七年正月丙寅，中华书局影印本，1987年，第23册，第405页。
③ 该文写于乾隆五十四年十二月（阳历已跨入1790年），称："前年尚奉手书，谓平生于诸经疑义，皆有训释，今得归田，将订正成书，命九皋进与校字之役。顾九皋以老母多疾，未克遄趋函丈朝夕请业。"《鲁山木先生文集》卷12，《清代诗文集汇编》第378册，上海古籍出版社，2009年，第197页。

一年(1786)致仕之后,即有整理出版自己著作的计划,并非如后来阮元所说,因其"所学与当时讲论或枘凿不相入,故秘不示人",①但因其从致仕到过世仅有短短两年,所以整理工作未克完成。

现存世的被冠名为《味经斋遗书》的庄氏总集,乃庄氏后辈不断整理汇刻而成,由此形成的多种版本及相互关系,需要具体辨析。而已有的研究,对此虽有界说,但语焉不详乃至舛误之处,所在多有。②故需要对《味经斋遗书》诸版本的收录、刊刻做一简略考索,以为下文展开研究的基础。

一、庄存与著作的著录及存世情况

为方便对《味经斋遗书》各版本的讨论,试先就庄存与著作的

---

① 阮元:《庄方耕宗伯经说序》,庄存与:《味经斋遗书》卷首,道光十八年(1838)宝砚堂十三种本。

② 如,汤志钧先生以为"道光八年,孙绥甲始刻《易说》"(《庄存与年谱》,第41页),王逸明先生以为"道光八年,庄绥甲发刊《易说》《尚书既见》《春秋正辞》《周官记》《尚书说》《毛诗说》诸书,其中《尚书说》《毛诗说》未刻竣"(《新编清人年谱三种重订稿:武进庄存与庄述祖年谱稿》,第101页)。汤、王二说皆误。又如《儒藏精华编》第29册(北京大学出版社,2011年)收有庄存与《毛诗说》,其点校说明称:"《味经斋遗书》版本主要有乾隆五十八年刻六种本、道光间阳湖庄绥甲宝研[砚]堂刻十五种本(其中《毛诗说》刻于道光七年)、光绪间阳湖庄氏重刊十五种本(其中《毛诗说》刻于光绪十二年)等",其说多误;且误将《尚书既见》称作《尚书概见》,《春秋正辞》十一卷(或合《春秋要指》《春秋举例》为十三卷)误为十二卷,将《算法约言》误作《演算法约言》(当为电脑自动繁简转换所致)。《儒藏精华编》第120册(北京大学出版社,2013年)收有庄存与《四书说》,其点校说明除同样误将《算法约言》作《演算法约言》外,且误称"道光间阳湖庄氏刻印《味经斋遗书》七种"。丁蓉的博士论文,误将《易说》和《序卦传论》,标注为已"佚"(《科举、教育与家族:明清常州庄氏家族研究——以毗陵庄氏族谱文献为中心》,第168页)。

相关重要记述做排比及辨正如下。

　　据目前可见文献，最早著录庄存与著作的，是其族弟庄勇成于乾隆乙卯仲春（1795）所作的家传。其中提到庄存与的著作有：《八卦观象篇》《象象论》《象传论》《系辞传论》《序卦传论》《卦气解》《尚书既见》《毛诗说》《春秋正辞》《周官记》《乐说》《算法约言》，共 12 种。①

　　对庄存与著作的第二次著录，出现在臧庸的《礼部侍郎少宗伯庄公小传》中，该文撰写于"嘉庆五年十一月长至前三日"（1800 年12 月 19 日），提到的庄存与著作除上文庄勇成所录《乐说》外的所有，另外多出：《律谱》《六乐解》《九律解》《声应生变解》《成律合声论》《审一定和解》《天位人声地律论》《合乐解》《定黄钟之声及其径论》《律书解》《琴律解》《瑟音论》，共 12 种。② 从现存《味经斋遗书》可知，臧庸所录多出的 12 种，正是《乐说》一书中的12 篇。可见臧庸所录与庄勇成完全重合。

　　嘉庆辛酉年（1801）四修的《毗陵庄氏族谱》是庄存与过世后最近的一次修谱，本次修谱确定了庄氏族谱的主要义例，为后来的几次递修奠定了基础，在新增的"载著述"一门③中应该著录有庄存与著作。此版族谱笔者尚未得见，亦不见海内外各藏书机构著录，应已佚失。然依照年谱递修常仅增添新内容而不对旧内容做大更改的惯例，可以大略推知此后新修族谱中所著录的庄存与著作，或即为因袭四修谱而来。目前所见最早一版家谱，为道光十八年

① 庄勇成：《少宗伯养恬兄传》，庄鲁骃等编：《武进庄氏增修族谱》卷26《谱传》，第 33 页。

② 臧庸：《拜经堂文集》卷五《礼部侍郎少宗伯庄公小传》，《续修四库全书》第 1491 册，上海古籍出版社，2003 年，第 600 页。

③ 丁蓉：《科举、教育与家族：明清常州庄氏家族研究——以毗陵庄氏族谱文献为中心》，第 35 页。

（1838）的五修族谱，其所录庄存与著作除已经被前揭庄勇成所道及者外，另多《周官说》《四书说》《尚书说》《易说》《味经斋文稿》，共 5 种。[①] 其中《易说》应即为庄存与易类著作[②]的总称，这由《味经斋遗书》中相关易类著作的总序被命名为《易说序》可知，另庄存与解经之作多以"说"来命名，如《尚书说》《毛诗说》《周官说》等，亦可证明。因此，族谱所录，在庄勇成著录之外实多 4 种。

　　现存收录庄氏著述最全的十三种本《味经斋遗书》（宝砚堂约道光十八年刻本），收有《彖传论》（上下篇）一卷，《象象论》（含《象象论》《象象传》两篇）一卷，《系辞传论》（含《系辞传论》和《序卦传论》）二卷，《八卦观象解》二卷，《卦气论》一卷，《尚书既见》三卷，《尚书说》一卷，《毛诗说》四卷，《周官记》五卷，《周官说》五卷，《春秋正辞》十三卷（含附录《春秋举例》《春秋要指》各一卷），《乐说》二卷，《四书说》一卷，共 13 种，41 卷。将之与庄勇成提到的 12 种和族谱多录的 4 种相较，可以发现，除《算法约言》和《味经斋文稿》外，即为现存十三种本《味经斋遗书》的全部内容（因《春秋要指》和《春秋举例》是作为《春秋正辞》的附录编排的，故未被庄勇成单独提及）。其中庄勇成所记之《八卦观象篇》即为《味经斋遗书》中的《八卦观象解》，而庄勇成分记的《系辞传论》《序卦传论》，在《味经斋遗书》中被并为一种。

　　《算法约言》一卷，据蒋彤所述，并未完成，亦未正式刊刻，[③]手稿已佚。《味经斋文稿》四卷，现不见录于各类图书总目，应已佚失。由此可见，现存 13 种 41 卷的《味经斋遗书》，确是庄存与为人

①　庄鲁驷等编：《武进庄氏增修族谱》卷 30《人物分叙总目·艺文》，第 5b 页。

②　现存《彖传论》一卷、《象象论》一卷、《系辞传论》二卷、《八卦观象解》二卷、《卦气论》一卷，共 7 卷。

③　蒋彤：《武进李先生年谱》卷 3，吴兴刘氏嘉业堂丛书本，1913 年，无页码。

所知且目前存世的主要著作。

另外，族谱所录庄氏著作的卷数，与现存《味经斋遗书》多有不合，如族谱所记：《易说》十五卷，《尚书既见》二卷，《春秋正辞》十二卷，《尚书说》二卷，《周官记》五卷，《周官说》二卷，《乐说》十二卷，《四书说》二卷。其中现存《尚书既见》为三卷，《尚书说》为一卷，虽与族谱所录不同，但两书的总卷数却无异，族谱应为误记。现存《春秋正辞》十三卷（含《春秋举例》《春秋要指》各一卷），族谱所记当有所缺漏。现存《周官说》五卷，是在族谱所录二卷本基础上的重新编辑，详见下文。族谱所记《乐说》十二卷，应为上文臧庸所录的十二篇之讹。现存《四书说》不分卷，应该是重新编辑所致。唯独现存《味经斋遗书》中相关易类著作共七卷与族谱《易说》十五卷有较大差异，怀疑庄存与此类著作存在佚失。

再者，1827 年前后魏源撰《武进庄少宗伯遗书序》，提到庄存与另有《周易象义》，①实应即是《象象论》或《象传论》的别称，并非另有新著。在某些著录中，《毛诗说》亦被简称为《诗说》，《尚书说》亦被称为《书说》。而《算法约言》被讹为《算法约》，②《象传论》被讹为《志篆传论》。③ 此类失误所在多有，就不再一一枚举。

此外，在《味经斋遗书》之外，笔者还查考到庄存与若干遗文，主要有：顺天乡试头场四书文答卷 3 篇，④会试头场四书文答卷 3

① 魏源：《武进庄少宗伯遗书序》，庄存与：《味经斋遗书》卷首，道光十八年（1838）宝砚堂十三种本。
② 蒋彤：《丹棱文钞》卷 3《庄存与传》，《常州先哲遗书》第 12 函 107 册，南京大学出版社，2010 年，无页码。
③ 毗陵庄氏族谱续修编撰委员会：《毗陵庄氏族谱》第 3 册卷 17，家刊八修版，2008 年，第 115—116 页。
④ 考题分别为："此谓一言偾事，一人定国"；"纣之不善，不如是之甚也。是以君子恶居下流"；"万章曰'士之不托诸侯'"。

篇,①收录于庄柱编《庄氏乡试会试朱卷》(国家图书馆藏);《重修
常州府学庙碑记》,现存于常州第二中学(原府学)校园内;《谱序》
(即三修谱序)、《闲汀公传》、《息庵六兄传》三文,见于族谱;②《读
孟居文集序》《伤寒瘟疫条辨序》2 篇,见于此二书卷首;③庄存与任
职所撰写的诗文,即与《孟子》《周礼》相关的进呈讲义 2 篇、《平定
金川赋》1 篇,以及诗歌《恭和御制题宜照斋元韵》《恭和御制仪枪
行元韵》《题成哲亲王寒江独钓图轴》《恭和御制千叟宴恭依皇祖原
韵》《预宴五十二人诗六十四首·之一》五首;④另外,据《宸垣识
略》所记,广渠门内义学之内,曾立有庄存与撰写的碑一方,⑤现该
义学已拆毁,此碑是否尚存待访。

---

①　考题分别为:"'孰为夫子?'植其杖而芸。子路拱而立";"人皆曰予知,驱
　　而纳诸罟擭陷阱之中,而莫之知辟也。人皆曰予知";"于季桓子,见行可
　　之仕也。于卫灵公,际可之仕也。于卫孝公,公养之仕也"。
②　见庄鲁骈等编:《武进庄氏增修族谱》卷首、卷 25、卷 26。另外八修谱将庄
　　存与于乾隆五十年奉旨赴株洲炎帝陵致祭的祭文(族谱将之命名为《拜谒
　　祭祀文》),列为庄存与作品,恐有误。盖祭祀炎帝为朝廷常典,祭文多前
　　后袭仿,并不一定为主祭者所作。见毗陵庄氏族谱续修编撰委员会:《毗
　　陵庄氏族谱》第 3 册卷 19《文章》,第 374 页。
③　见蒋汾功《读孟居文集》卷首,《清代诗文集汇编》第 230 册,第 472—473
　　页;杨璿:《伤寒瘟疫条辨》,《续修四库全书》第 1004 册,第 235—236 页。
④　分别见蒋溥等编:《御览经史讲义》卷 25、卷 26,《摛藻堂四库全书荟要》
　　第 495 册,台北世界书局影印本,1988 年,第 316—319、353—355 页;来保
　　等辑:《钦定平定金川方略》卷 32,《文渊阁四库全书》第 356 册,台北商务
　　印书馆,1986 年,第 511—514 页;和珅、梁国治等编:《钦定热河志》卷
　　114,《文渊阁四库全书》第 496 册,第 748、750 页;端方:《壬寅销夏录》,
　　《续修四库全书》第 1089 册,第 641 页;吴裕德等编:《钦定千叟宴诗》卷
　　首 1、卷 2,《文渊阁四库全书》第 1452 册,第 9、57 页。
⑤　吴长元辑:《宸垣识略》卷 9,《续修四库全书》第 730 册,第 433 页。

二、《味经斋遗书》的最早刊本：六种本

《味经斋遗书》的最初刊本，应为庄存与之孙庄绶甲（字卿珊）于道光七年（1827）刊刻的六种本（以下简称六种本）。其六种为：《尚书既见》三卷、《尚书说》一卷、《毛诗说》四卷、《周官记》五卷、《周官说》五卷、《春秋正辞》十三卷。①

现存此六种本，书前无序；其中四种封面署有刊刻时间：《尚书既见》署"乾隆癸丑刊"，《周官记》署"嘉庆癸亥刊"，《毛诗说》署"道光七年刊"，《春秋正辞》（《春秋要指》《春秋举例》附）署"道光七年丁亥岁刊"；《尚书说》《周官说》未署刊刻时间。关于此六种本的刊刻线索，见于庄绶甲的《周官记跋》，该跋作于"道光七年岁在丁亥六月"，称：

> 先大父……欲为《冬官》补亡而阙失不可理，遂原本经籍，博采传记诸子，为《周官记》五卷。……次《周官说》二卷：一则择其要者释之，一则合二礼以究大义。通前书凡七卷，皆手定。先大人手录其副。岁癸亥，仲父以授绶甲校刊于吴门。今于遗稿中检得零章断句及批注简端者，并录而编之成三卷，补刊附后，都为十卷。②

据绶甲所言，则署"嘉庆癸亥"（1803）的《周官记》即为绶甲所刻，该嘉庆刻本还附有《周官说》（二卷），共七卷；至道光七年，绶甲增补三卷入《周官说》，仍用嘉庆癸亥本的版式，此即为六种本所收

---

① 该刊本国家图书馆有藏，全书无序，分装 10 册，封面署"宝砚堂藏版"。
② 庄绶甲：《周官记跋》，庄存与：《味经斋遗书》六种本，道光七年（1827）宝砚堂本。

《周官记》(五卷)和《周官说》(五卷)的由来。

绥甲所刻嘉庆癸亥本《周官记》,亦有存世,①使人得见嘉庆本的原貌和收入六种本时重新析分编排的情况。现存嘉庆本《周官记》,实为六卷,与龚自珍在《资政大夫礼部侍郎武进庄公神道碑铭》中所记卷数相合。② 将其与六种本《周官记》《周官说》对比,表列如下:

	嘉庆本《周官记》 (六卷)	六种本《周官记》 (五卷)	六种本《周官说》 (五卷)
序言	无	序冬官司空记③	
卷一	周官记卷一　冢宰记	周官记卷一　冢宰记	
卷二	周官记卷二　司徒记	周官记卷二　司徒记	
卷三	周官记卷三　司马记	周官记卷三　司马记	
卷四	周官记卷四　含《冬官司空记》《司空记》及《序冬官司空记》三篇	周官记卷四　冬官司空记	

---

① 国家图书馆藏有该本《周官记》,封面署"嘉庆癸亥刊",索书号为1972。据题署,该书曾经薛介白、徐乃昌收藏。

② 龚自珍撰,王佩净点校:《龚自珍全集》,上海人民出版社,1975 年,第142 页。

③ 该序比嘉庆本卷四的同一序文末多一句"乾隆四十有八年龙集昭易单阏六月上旬武进庄存与纂"。

续　表

	嘉庆本《周官记》 （六卷）	六种本《周官记》 （五卷）	六种本《周官说》 （五卷）
卷五	周官说①卷五　含 《太宰以九赋敛财贿》 等七篇文字②	周官记卷五　司 空记③	周官说卷一　含《太 宰以九赋敛财贿》等 七篇文字④
卷六	礼说记卷六⑤	无	周官说卷二　（无题 目，即嘉庆本《周官 记》中的《礼说》篇， 内容略有增补⑥）

① 原文即作"周官说"，可见绶甲与族谱所记七卷，并非完全无据。

② 含《太宰以九赋敛财贿》《以九式均节财用》《五曰宗以族得民》《祀五帝则掌百官之誓戒与其具修前期十日帅职事而卜日遂戒及执事眡涤濯及纳亨赞王牲事及祀之日赞玉币爵之事祀大神示亦如之》《以玉作六器以礼天地四方》《辨庙祧之昭穆》《邦畿方千里其外方五百里谓之侯服岁壹见其贡祀物又其外方五百里谓之甸服二岁壹见其贡嫔物又其外方五百里谓之男服三岁壹见其贡器物又其外方五百里谓之采服四岁壹见其贡服物又其外方五百里谓之卫服五岁壹见其贡材物又其外方五百里谓之要服六岁壹见其贡货物九州之外谓之蕃国世壹见各以其所贵宝为挚》。

③ 因为将《司空记》单独成卷，下文的版式与嘉庆本错行，为了使下文还能接上嘉庆本的旧版，在《司空记》的题目下加入一页半双行小注，起首为："圣人制井田之法而口分之一夫一妇。"

④ 和嘉庆本《周官》相应内容相比，《以玉作六器以礼天地四方》篇名下多"大宗伯"三小字，《辨庙祧之昭穆》下多"小宗伯"三小字，《邦畿……为挚》篇下多"大行人"三小字。

⑤ 章节标题只署"礼说"，版心署"礼说记卷六"。

⑥ 在《礼说》篇原文第一节和第二节之间重新插入四页新的内容，并将原文第一节结尾处"孔、郑二氏释经与记，非礼甚矣"一句删去。同时为了照顾前后文版式还能接上原版，在插入文字的前后部分，都增入双行小注，以凑行数。

续　表

	嘉庆本《周官记》 （六卷）	六种本《周官记》 （五卷）	六种本《周官说》 （五卷）
跋	无	周官记跋（庄绶甲作 于道光七年）	周官说补卷三
			周官说补卷四
			周官说补卷五①

此外，嘉庆本《周官记》与六种本《周官记》封面全同。嘉庆本开篇署名为"武进庄存与方耕"，六种本署名为"赐进士及第授光禄大夫礼部左侍郎加二级　南书房　上书房行走庄存与撰"。

由上述比对可知，六种本《周官记》（五卷）和《周官说》（五卷），乃是对嘉庆本《周官记》（六卷）重新析分增补而成。六种本《周官记》和嘉庆本的前三卷完全相同；六种本将嘉庆本的第四卷拆成两卷，作为第四、第五卷，并为了凑用原版加入一些双行夹注，且在书末增入庄绶甲的跋，因此六种本《周官记》，只相当于嘉庆本的前四卷。六种本《周官说》的前两卷，实际上是嘉庆本《周官记》的第五、第六两卷，同样为了凑用原版，加入些许文字，并将原来"礼说"一名削去；《周官说》的后三卷，应即由庄绶甲"于遗稿中检得零章断句及批注简端者"，重新编辑而来。

六种本所收之《尚书既见》三卷、《尚书说》一卷，绶甲亦曾记其由来，其《尚书既见跋》云：

〔庄存与撰《尚书既见》〕既脱稿，未及手定，但连累书之。

---

① 后三卷原文即署"周官说补"。

岁在癸丑，从父［庄述祖］由山东任所寄资促刊，仍原本未分卷。今绥甲冥心讽诵，谨条其大旨，弟为三卷。……《尚书既见》刊成后，先大人又搜辑零章断句为一卷，题曰《尚书说》，今并附刊，都为四卷。①

由此可知，《尚书既见》乾隆癸丑（1793）刊本，亦是绥甲当年所刻，为庄存与著作最早面世者。绥甲“跋”所谓乾隆本“未分卷”，已由其存世本②所证实。比较乾隆本与六种本所收《尚书既见》（三卷），二者内容完全相同，惟六种本新做章节划分，且删去乾隆本结尾处四页论礼文字。③ 六种本之《尚书说》一卷，即“跋”称“搜辑零章断句”所新增者。

至于六种本之《毛诗说》和《春秋正辞》，二者封面俱署道光七年刊，则应均为绥甲首刻。④

---

① 庄绥甲：《拾遗补艺斋文钞》，《清代诗文集汇编》第 512 册，第 401—402 页。

② 见《续修四库全书》第 44 册。

③ 所删文字为：“天子之义自受命之祖……而能孝其亲者也。”见《续修四库全书》第 44 册，第 249—250 页。

④ 蒋彤：《武进李先生年谱》卷三，有“卿珊［绥甲］所刻《尚书既见》《尚书说》《毛诗说》《周官记》《春秋正辞》”云云。又：李兆洛本人于绥甲所刻方耕著作情形亦有记述，如：“宗伯公所著诸书多未刊布，君［庄绥甲］研精校寻，于未刻者次第付梓，已刻者补续未备。每一书竟，即探求旨趣，附记简末，条理秩然可观，惜乎仅竟三书而遽属疾不起也。”（《养一斋文集》卷 14《附监生考取州吏目庄君行状》）又如：“方耕先生遗书皆未刻，君［庄绥甲］始为次第刊之，仅成一二种而君死矣。”（《养一斋文集》卷 3《拾遗补艺斋遗书序》）按：此李氏二说所云绥甲刻书种数，已相互不符，或仅举概数，意谓未刻者尚多而已。抑或所云“三书”“一二种”，乃指绥甲于“每一书竟，即探求旨趣，附记简末”之作，亦即现存绥甲文集之《尚书既见跋》《周官记跋》以及《味经斋遗书总跋》（未完成稿）。

　　尚可一说的是,存世各版《味经斋遗书》,虽所收著作种数多有参差,封面偶有替换,但其版式的行格字数则前后相同,即每页10行,行20字。

三、李兆洛所刻《味经斋遗书》：七种本

　　现存《味经斋遗书》有"七种本"一种,①收录《象传论》一卷、《彖象论》一卷、《系辞传论》二卷、《八卦观象解》二卷、《卦气解》一卷、《乐说》二卷、《四书说》一卷;其《四书说》后附蒋彤跋,书前有"总序",即魏源撰《武进庄少宗伯遗书序》。经笔者考证,此"七种本"应为李兆洛所刻,刊刻时间在道光十八年(1838)。理据如次。

　　蒋彤《武进李先生年谱》道光"十八年戊戌"条有记：

　　　　乡先哲庄宗伯存与,诸经皆有撰述,多未刊行。孙卿珊受[绥]甲先以《尚书既见》《周官记》二书示,先生一一为订正其体例,既序而行之矣……继示以《四书说》《乐说》……再后卿珊子子定润示以《象传论》《彖象论》《系辞传论》《八卦观象解》《卦气论》诸种并《算法约言》,先生常自携寻绎,叹其精微广大,心胸常若不能容受。又曰："此身通六艺,七十子之徒也。"遂次第付刊。《算法约言》未成之书,付冕之徐竟其绪。并前卿珊所刻《尚书既见》《尚书说》《毛诗说》《周官记》《春秋正辞》。七种合并行世,而不为序。②

蒋彤此处所云,"次第付刊""七种合并行世"的庄存与著作,应即为绥甲所示《四书说》《乐说》和绥甲子庄润(字子定)所示之《象传

①　国家图书馆有藏,一函6册,无封面,索书号22。
②　蒋彤:《武进李先生年谱》卷3,清刻本,无页码。

论》《彖象论》《系辞传论》《八卦观象解》《卦气论》，亦即现存《味经斋遗书》"七种本"。

李兆洛《庄珍艺先生遗书序》亦云：

> 宗伯［庄存与］诸书，文孙绶甲已刻之未竟，《易》《四书》《乐说》三种未刊成而殁。①

由前文可知，庄存与所有易类著作，即《彖传论》《彖象论》《系辞传论》《八卦观象解》《卦气论》，亦可总称为《易说》，则李兆洛此处所谓绶甲未刊之"《易》《四书》《乐说》三种"，正与其所刊"七种"相合。

然而，董士锡《易说序》则有不同的说法：

> 道光八年，其［庄存与］孙绶甲刻所著《易说》若干卷成以示余。②

董序作于道光八年十月十日，绶甲于道光八年十二月二十三日去世，③则似乎绶甲过世之前已完成《易说》的刊刻。董士锡作为张惠言外甥兼弟子，同是武进人，同是绶甲好友，所言何以不同？合理的解释只能有一个，即绶甲当时正在逐渐整理递刻乃祖著作，《易说》已是其计划刊刻之著，所以提前请董士锡写了序言，这亦人之常情。但不料绶甲提早过世，不克卒业，才造成这种误会。

---

① 李兆洛：《养一斋文集》卷3，《续修四库全书》第1495册，第34页上栏。
② 董士锡：《易说序》，庄存与：《味经斋遗书》卷首，道光十八年（1838）宝砚堂十三种本。
③ 李兆洛：《养一斋文集》卷14《附监生考取州吏目庄君行状》，《续修四库全书》第1495册，第236页下栏。

四、十三种本与九种本

现存《味经斋遗书》又有"十三种本"一种,封面署"宝砚堂藏版",从版式上看,实即庄绥甲所刊六种本与李兆洛所刊七种本的汇印本。所谓"宝砚堂",乃庄存与父庄柱所建并经庄存与扩建的庄氏故居;①由绥甲所刻六种本亦署"宝砚堂"可知,此十三种本《味经斋遗书》亦应是庄氏后人所印行。

此十三种本,新增入阮元序、董士锡序,卷首按照阮元序、魏源序、董士锡序、总目录依次排列,似乎暗示《味经斋遗书》全书至此竣工。该本还收有薛子衡和宋景昌分别撰写的《〈八卦观象解〉跋》二篇,薛、宋皆为李兆洛弟子,二跋亦均称奉师命而作;且皆署道光十八年,亦即李刻"七种本"之年;从二跋的内容看,亦正是为李刻《易说》而作。② 至于二跋何以未收入李刻七种本,而见于十三种本,一种或有可能的解释是:此一庄氏后人所印行的十三种本,其印行的时间距离七种本并不远,或即在其稍后。如此,则未及刻入七种本的二跋,即为稍后印行的十三种本收录。

现存《味经斋遗书》,还有"九种本"一种。该本封面署"光绪八年重刊阳湖庄氏藏板",封面中下钤印:乐说/周官记说/四书说/续出。③ 此"续出"之四种,于光绪十九年(1893)谭献尚未得

---

① 毗陵庄氏族谱续修编撰委员会:《毗陵庄氏族谱》第3册卷22,常州庄氏家刊八修版,2008年,第640页。

② 薛跋称:"先生经说多已刊布,是书则今岁吾师申耆先生始刊行之,余又得先生之孙经饶先生写本校正焉。"宋跋称:"方耕先生遗书大半多已刊行,是书则吾师申耆先生今岁校刊也。剞劂既就,以景昌习于天官家言,命疏其所自,故述其略例如右。"

③ "/"表示印章换行处。

见，①应并未刊刻。与十三种本相比，该九种本行格、字数、字体全同，唯独黑口变为白口，双鱼尾改成单鱼尾，应为"十三种本"的重刊本。目前所见光绪八年（1882）的九种本，又有两种：一者卷首依次为阮元序、董士锡序、总目录、魏源序；②另有依照阮元序、魏源序、总目录、董士锡序排列的一种。

至此，现存《味经斋遗书》诸版本的有关情况，均已有所交待。

综上所述，现存《味经斋遗书》十三种，是庄存与的主要著作，而非全部。其主要佚失者为《味经斋文稿》四卷、《算法约言》一卷，以及《易》类的某些著作。

《味经斋遗书》由逐年递修而积成。其最早刊刻者为不分卷本《尚书既见》，刊刻于乾隆癸丑年（1793），后经庄绶甲重新编辑增补为三卷《尚书既见》和一卷本《尚书说》刊行于道光七年（1827）。

第二种刊刻的著作为嘉庆本《周官记》（六卷），刊刻于嘉庆癸亥年（1803），后同样经庄绶甲在道光七年重新编辑增补为五卷《周官记》和五卷《周官说》。此外，《毛诗说》《春秋正辞》同样由庄绶甲初刻于道光七年。

以上道光七年绶甲所刻之书，即为现存六种本《味经斋遗书》的全部内容。

道光十八年（1838），李兆洛整理刊刻《象传论》一卷、《彖象论》一卷、《系辞传论》二卷、《八卦观象解》二卷、《卦气解》一卷、

---

① 谭献光绪十九年的日记云："庄仲愚以新刻《味经》《珍艺遗书》各种见贻，盖未全。……《味经》二说未刻者：《周官记》《周官说》《四书说》《乐说》及附刻之卿珊遗著。"（范旭仑、牟晓朋整理：《谭献日记》，中华书局，2013年，第311—312页。）

② 由放置各序的位置，可以推断，这些序应是在七种本之上直接添加而成。

《乐说》二卷、《四书说》一卷。即现存七种本《味经斋遗书》的全部内容。

约在李氏七种本稍后,庄氏后人合六种本和七种本汇印《味经斋遗书》,即为最完整之宝砚堂十三种本。光绪八年(1882),庄氏后人重刊《味经斋遗书》十三种中的九种,此为目前最常见之版本。

第三节 庄存与及其《春秋正辞》研究综述

由上文对庄存与著作的考察可见,庄存与经学深湛,《味经斋遗书》对六经、四书皆有解读。但梳理过往研究会发现,作为清代公羊学的开创者,庄存与最为后人看重,且被研究最多的,依旧是其春秋学。致使在很大程度上,庄存与研究即等同于对《春秋正辞》的认识和解读。因此,本综述将以"庄存与研究"为考察对象,以期尽可能对包括《春秋正辞》研究在内的庄氏研究予以完整了解。

从庄存与过世到目前的研究,大致可分为三个阶段:从其过世至19世纪末,是第一阶段,此时的研究,多体现为碑传、祭文、序跋、读书记、日记等形式,主要描述了庄存与的生平与解经特色。代表人物是邵晋涵、庄勇成、臧庸、朱珪、阮元、董士锡、魏源、龚自珍、李兆洛、谭献、缪荃孙等人。在后来的研究中,此一阶段的论说多被作为基础材料而屡获征引。第二阶段从晚清章太炎、梁启超、刘师培等人的学术论述开始,到1990年代,多按照今、古文经学的学术脉络,将庄存与当作清代今文经学的开山来认识。代表人物除以上三位之外,另有钱穆、杨向奎、汤志钧、孙春在等先生。第三阶段开始于20世纪90年代,在反思已有研究成果的基础上发展而来,期望避免回溯式的历史叙述,而以庄存与自身为研究重点,即不再将之局限于经今文派的背景或一环来认识。代表人物有刘桂生、艾尔曼、蔡长林、黄开国等先生。

　　检视以上庄存与研究的三阶段，可以发现，研究者的探讨主要集中于两个方面：一是，庄存与学问的特色；二是，庄存与复兴公羊学的原因。而二者的讨论，又皆离不开对庄氏最被看重的著作《春秋正辞》的认识和解说。至于庄存与的学术渊源，以及其学术对后来者的影响，则多停留在提出论点阶段，尚有很大的讨论空间。因此，本综述即以大多数研究者集中探讨的问题为切入点，简要述评这二百余年的庄存与及其《春秋正辞》的研究。

一、对庄存与学术特色的早期讨论

　　对庄存与学术的最早讨论，出现在其过世后的祭文、碑传等中。写作者为庄存与的亲戚、友朋、弟子等，故对庄存与之生平及学问相对熟悉。综合而论，这一时期，对庄存与学术特征所提出的观点有：

　　一、评价极高，如门弟子邵晋涵称庄存与为"康成而后，经神载见"，①朱珪称赞为"洵当代之儒宗，士林之师表也"；②二、学问旨趣为"所贵儒者，天人贯通"，③"研经求实用"；④三、自幼受家学影响，兼习汉、宋，不分今、古；⑤四、对六经皆有撰述，但以《诗经》学

---

① 邵晋涵：《庄养恬先生祭文》，《南江文钞》卷10，《续修四库全书》第1463册，第514页。

② 朱珪：《春秋正辞叙》，庄存与：《春秋正辞》卷首，道光七年（1827）宝砚堂《味经斋遗书》六种本。

③ 邵晋涵：《庄养恬先生祭文》，《南江文钞》卷10，《续修四库全书》第1463册，第514页。

④ 庄勇成：《少宗伯养恬兄传》，庄鲁骃等编：《武进庄氏增修族谱》卷26《谱传》，第30b页。

⑤ 庄勇成《少宗伯养恬兄传》称庄存与"于汉则宗仰江都，兼取子正、平子。于宋则取裁五子。于明则欣慕念台、□斋。要其寝食弗谖，则荟萃于六经四子之书。盖自幼耳濡目染，秉承庭训。"臧庸在《礼部侍郎少（转下页）

和《周礼》学为优；①五、其春秋学一以《公羊》为宗，但亦旁采《穀梁》和《左传》，全以"王道"为折中；②六、庄氏对当时常作为汉学专门的天文、舆地、河渠、水利、律吕、算数等学，亦甚用心。③

这些观点准确地说出了庄存与学术的某些特征，不足之处是皆以古人习惯的泛论出之，缺乏细部的论证和阐述，对今人而言，难免常会不明就里。

1820年代，出现庄存与论述的另一批成果，作者皆一时之选，为龚自珍、魏源、董士锡、阮元。《味经斋遗书》六种本亦于此时期出版。除重复前一阶段已被提及的某些庄氏学术特点外，他们另指出：

一、庄存与学问与其作皇子师傅存在密切关系；④二、更明确

（接上页）宗伯庄公小传》中称庄存与："幼禀庭训，习朱子《小学》《近思录》，长益沈潜经义，诵《诗》读《书》，惟以知人论世为准……《易》主朱子本，《诗》宗小序、毛传，《尚书》则兼治古今文，《春秋》宗公、穀义例，三礼采郑注而参酌诸家。"（《拜经堂文集》卷5，《续修四库全书》第1491册，第600页。）

① 邵晋涵《庄养恬先生祭文》称："徐窥所学，《诗》《礼》居要。"

② 朱珪《春秋正辞序》称该书"义例一宗《公羊》，起应实述何氏，事亦兼资《左氏》，义或拾补《穀梁》。"邵晋涵《庄养恬先生祭文》称其："麟义公羊，折中王道。"

③ 庄勇成《少宗伯养恬兄传》称庄存与："至天文、地舆、算法、乐律、诸子百家靡不浏览。"并述及庄存与早年因钻研《数理精蕴》而得"眩晕疾"一事。臧庸《礼部侍郎少宗伯庄公小传》称其："若天文、舆地、河渠、水利、律吕、算数之学，莫不覃思殚究，口吟手披，率至夜分始就寝。"

④ 龚自珍《资政大夫礼部侍郎武进庄公神道碑铭》借庄存与之口述其不废伪古文《尚书》的原因为："辨古籍真伪，为术浅且近者也；且天下学僮尽明之矣，魁硕当弗复言。古籍坠湮十之八，颇藉伪书存者十之二，帝胄天孙，不能旁览杂氏，惟赖幼习五经之简，长以通于治天下。"

提出庄存与继承了董仲舒、刘歆等西汉儒者的致用精神;①三、亦为最重要的一点,共同认为庄存与研经重大义,不务琐碎,故与乾嘉汉学凿枘不入。②

此四位作者,皆未与庄存与本人有过亲身接触,所得材料皆来自庄存与亲友的转述,所论难免受其所处时代世风、士风的影响,多有借他人酒杯浇一己块垒之处。(详见第六章)但因为其中阮元、魏源、董士锡所写的三篇序言,附刻于后出《味经斋遗书》卷首,易获睹目,故其对后来研究影响甚大,远超过前一阶段之论述。

1820年代及之后,尚有庄存与孙庄绶甲,③及绶甲好友李兆洛,④李兆洛弟子蒋彤,⑤乃至李慈铭、谭献等人论及庄存与学术,

---

① 魏源《武进庄少宗伯遗书序》称庄存与之著:"汸乎董胶西之对天人,粹乎匡丞相之明礼制,郁乎刘中垒之陈今古,未尝支离镵析,如韩、董、班、徐数子所讥,是以世之为汉学者罕称道之。"(庄存与:《味经斋遗书》卷首,道光十八年〔1838〕宝砚堂十三种本。)

② 除上引龚自珍、魏源之外,道光八年(1828),董士锡《易说序》称:"其时庄先生存与以侍郎官于朝,未尝以经学自名,成书又不刊板行世,世是以无闻焉。……方乾隆时,学者莫不由《说文》《尔雅》而入,醰深于汉经师之言,而无滒以游杂,其门人为之,莫不以门户自守,深疾宋以后之空言,因其艺精,抑示术峻。而又乌知世固有不为空言而实学恣肆如是者哉!"阮元《庄方耕宗伯经说序》称:"李晴川……言宗伯践履笃实,于六经皆能阐抉奥旨,不专专为汉宋笺注之学,而独得先圣微言大义于语言文字之外,斯为昭代大儒。"并称庄存与:"在上书房授成亲王经史垂四十年,所学与当时讲论或柄凿不相入,故秘不示人,通其学者邵学士晋涵、孔检讨广森及子孙数人而已。"(俱见《味经斋遗书》卷首。)

③ 庄绶甲:《尚书既见跋》《周官记跋》《味经斋遗书总跋》(未完成稿),俱见《拾遗补艺斋文钞》,《清代诗文集汇编》第512册。

④ 李兆洛:《庄方耕先生尚书既见序》《周官记序》,俱见《养一斋文集》,《续修四库全书》第1495册。

⑤ 蒋彤:《庄存与传》,《丹棱文钞》卷3,《常州先哲遗书》第12函107册,无页码。

但所论皆未超出以上所述,故不再述及。

值得一提的是,缪荃孙于 1888 年所修的第四稿《儒林传》(是后来清国史《儒林传》和《清史稿·儒林传》的基础),在记载包括庄存与在内的常州学术时与上引魏源等人有异,认为常州学人虽有今文经学的立场,但并不是乾嘉汉学的对立面,而是汉学的重要支脉,基本属于汉学阵营。① 这一观点颇具学术价值,却在后来未得到应有重视。

二、对庄存与学术特色的新讨论

对庄存与学术特色的新讨论,始于晚清章太炎、梁启超和刘师培等人。随着当时中国学术的整体现代转型,庄存与的现代研究亦同时起步。与以往的论述相比,三大师更注重梳理学术谱系,盖即注重以现代学术视角整理过往材料。三人皆将庄存与置于“今文经学”的脉络中,尤其重视庄存与诸学问中的公羊学,推许其为今文经学的开创者。② 这一看法对后续的研究影响甚巨,如钱穆、

---

① 戚学民:《汉学主流中的庄氏学术:试析〈清史稿·儒林传〉对常州学术的记载》,《中华文史论丛》2011 年第 4 期。

② 如 1902 年,章太炎在《清儒》称:“文士既以熙荡自喜,又耻不习经典,于是有常州今文之学……始武进庄存与,与戴震同时,独憙治公羊氏,作《春秋正辞》,犹称说《周官》。”至 1932 年的演讲《清代学术之系统》中依旧称:“与苏州学派不算一支而有关系者,为常州学派,此为今文学派,其治学专以《春秋公羊传》为宗。此派开端者为庄存与,其后有名者为刘逢禄、宋翔凤以及浙江之戴望等人。”1907 年刘师培于《清儒得失论》中称:“常州自孙、洪以降……乃杂治西汉今文学,杂采谶纬,以助新奇。始存与治《公羊》,行义犹饬……”(以上俱见徐亮工编:《中国近三百年学术史论》,上海古籍出版社,2006 年,第 7—8、35、159 页。)1920 年,梁启超称:“今文学启蒙大师,则武进庄存与也。”(梁启超:《清代学术概论》,上海古籍出版社,1998 年,第 74 页。)

周予同等先生皆曾受其启发。而公羊学家，乃至今文经学家，亦逐渐成为庄存与的标准身份，《春秋正辞》成为广受重视的庄存与代表作，无形中冷落了《味经斋遗书》中的其他著作。

此后一直到 1980 年代之前，对庄存与学术特色的探讨相对沉寂，未有新的突破。1980 年，汤志钧先生撰文探讨庄氏学术，虽然同样将庄存与置于清代今文经学的脉络中观察，但他指出，庄存与等人复兴今文经学，目的在于维护封建专制，即维护以尊君或拱卫王室为核心的"大一统"。① 这一观点准确把握住庄存与学术的某些特质，但未引起足够重视。

在这之后，逐渐有若干论著涉及对庄存与学术的探讨，较为人熟知者有：

1985 年，台湾学者孙春在先生的硕士论文《清末的公羊思想》出版，在第二章第四节《清中叶常州学派的公羊学》中，涉及对庄存与的探讨。1990 年，韩国留学生金荣奇先生以硕士论文《庄存与春秋公羊学研究》，于台湾政治大学毕业，是庄存与研究史上第一篇学位论文。陈其泰先生的《清代公羊学》，初版于 1997 年，再版于2011 年，其第二章第二节、第三节专论庄存与。以上诸文（著）虽时有一二观点可采，但整体上对庄存与文本的理解不够充分和准确，常摘取其零星特征加以放大论述，而对其他方面则无所顾及，并不足以说明庄存与的学术特征，故不再详述。

1998 年，美国学者艾尔曼先生的《经学、政治和宗族——中华帝国晚期常州今文学派研究》翻译出版，成为庄存与研究史上另一个激发性的原点。他明确反对晚清以来将庄存与置于今文经学前

---

① 汤志钧：《清代经今文学的复兴》，《中国史研究》1982 年第 2 期。后收入汤志钧：《清代经今文学的复兴：庄存与和经今文》，中国人民大学出版社，2014 年。

史的研究模式,提出突破这种直线回溯式的学术史叙述,建议以社会史的视野从庄氏本身,而不是为某个学派溯源来认识庄氏。[①] 这一号召在中文学界得到了广泛的回应,最突出者当为蔡长林和黄开国等先生。

蔡长林先生 2000 年以《常州庄氏学术新论》于台湾大学博士毕业,其后发表多篇包括庄存与在内的常州学派的研究论文,后于 2010 年修订结集出版《从文士到经生——考据学风潮下的常州学派》一书。蔡先生在前人研究的基础上,否定了庄存与春秋学的今文经学属性,认为乾隆中叶并无所谓今、古文问题,确符合事实。但他进而因庄存与倾心圣人之道,高唱三代理想,认为庄氏之学,更接近晚唐啖、赵以来的《春秋》新学而非公羊学,[②]则似推论过当。因倾心圣人之道,高唱三代理想,原本即为春秋公羊学的核心追求,庄存与对此的发挥,适体现了他对公羊学的继承而非超越。

黄开国先生 2005 年连续发表多篇论文讨论庄存与学术,2008 年集结扩展成《清代今文经学的兴起》中的一章,并在 2013 年出版《公羊学发展史》纵论包括庄存与在内的两千余年之公羊学。后又在 2017 年出版与他人合著的《清代今文经学新论》一书,继续讨论清代今文经学。综合而言,黄先生试图通过"微言""大义"二分来把握庄存与学术,认为"大义是现实的政治主张和道德伦理原则,微言是政治理想及其理论论证",而庄存与学术所发挥者多在大义不在微言,"并没有得到公羊学的精髓",故同样认为称不上公羊

---

① 艾尔曼:《中国文化史的新方向:一些有待讨论的意见——代中文版序》,《经学、政治和宗族——中华帝国晚期常州今文学派研究》,赵刚译,江苏人民出版社,1998 年,第 1—20 页。

② 蔡长林:《从文士到经生——考据学风潮下的常州学派》,台北"中研院"文哲研究所,2010 年,第 34 页。

学。① 黄先生对庄存与学术特征的把握十分有见地,但认为公羊学精髓在"微言"不在"大义",则似过度受限于晚清学者的惯常视角,盖"大义"与"微言"同为《公羊》要旨,在公羊学历史上皆发挥过重要作用,并不能擅分轩轾,故黄先生对庄存与不属于公羊学的判断,尚值得继续推敲。

此外,2004 年汪晖先生出版的专著《现代中国思想的兴起》,②及 2009 年萧敏如博士出版的专著《从"华夷"到"中西":清代〈春秋〉学华夷观研究》,③虽然皆非庄存与研究专著,但在相关章节皆讨论了庄存与夷夏观的现实政治背景问题,认为庄存与的学术关怀与清代所面临的现实政治问题及官方的学术旨趣密切相关,为继续探讨这一问题提供了基础。

2015 年,钟一涛在硕士论文《试论〈春秋正辞〉之灾异观》中,通过仔细辨析《春秋正辞》中征引的每一条灾异例,认为庄存与的五行灾异观有重事应、重礼法、斥占验的特点,其核心意图在于"明天道、建皇极,序尊卑之序",与其《春秋正辞》的主旨明显一致。是目前对庄存与春秋学中的灾异问题,研究最为深入的一篇。④

此一阶段,庄存与研究的重要论文尚有田汉云、郭晓东、许嘉哲、杨济襄、张广生等先进。探讨的问题涉及庄存与的民族关系观⑤、春

---

① 黄开国:《清代今文经学的兴起》,巴蜀书社,2008 年,第 129 页。
② 汪晖:《现代中国思想的兴起》,北京三联书店,2008 年。
③ 萧敏如:《从"华夷"到"中西":清代〈春秋〉学华夷观研究》,台北花木兰文化出版社,2009 年。
④ 钟一涛:《试论〈春秋正辞〉之灾异观》,硕士学位论文,清华大学历史系,2015 年。
⑤ 田汉云:《试论庄存与的〈春秋正辞〉》,《清史研究》2000 年第 1 期,第 65 页。

秋学内涵①、义理诠释学②、解经方法③、历史语境④等。但由于庄氏文本向以"深美闳约"著称，索解不易，这些论文虽然在整体理解庄氏文本上时显不足，但其讨论亦有启发之处，此处不再一一赘述。

三、庄存与复兴公羊学的原因

清代公羊学复兴的原因，一直是诸位学人探讨的重点，也是整个庄存与研究中的焦点。因为此一问题涉及清代学术思想转折的内在理路，同时亦关涉到如何评价和认定公羊学乃至整个清代后期学术思潮的问题，故吸引众多学者参与讨论。

最早对这一问题作出研究的是章太炎、梁启超和刘师培。他们共同认为常州的文士传统对公羊学兴起有重要影响。⑤ 这一观点得到蔡长林先生的继承，并进而认为常州的博雅文人传统对庄

---

① 郭晓东：《略论庄存与的经学思想——以庄氏〈春秋〉学为讨论中心》，洪涛、曾亦、郭晓东主编：《经学、政治与现代中国》，上海人民出版社，2007 年。

② 许嘉哲：《〈春秋正辞〉之义理诠释研究》，硕士学位论文，高雄师范大学经学研究所，2008 年。

③ 杨济襄：《方法论与儒学研究——研究庄存与春秋学之新发现》，《国际儒学研究》第 16 辑，2008 年 6 月。

④ 张广生：《常州今文经学：历史语境与内在理路》，《中国人民大学学报》2013 年第 4 期。

⑤ 如章太炎称："文士既以熙荡自喜，又耻不习经典，于是有常州今文之学，务为瑰意眇辞，以便文士。"刘师培称："常州自孙、洪以降，士工绮丽之文，尤精词曲。又虑择术不高，乃杂治西汉今文学，杂采谶纬，以助新奇。始庄存与治《公羊》，行义犹伤……"（俱见徐亮工编：《中国近三百年学术史论》，第 7、35 页。）梁启超称："常州派有两个源头，一是经学，二是文学，后来渐合为一。"（梁启超：《中国近三百年学术史》第四讲，商务印书馆，2011 年，第 31 页。）

氏一族在科举考试中取得高第影响至巨，因而这一现实目的，影响了庄存与的说经形态。① 这些研究，拓展了人们对庄存与同常州文士传统及科举考试关系的认识，以之作为庄存与的学术背景并无不可，但以之作为其复兴公羊学乃至其经说面貌的决定原因，则略显宽泛。

钱穆先生在章、梁、刘的基础上，认为常州公羊学的兴起，既是汉学考据走上绝路的结果，又受汉学家惠栋崇古训、尚家法的影响。② 其考据学穷途思返的观点，后得到陆宝千先生的承袭。③ 而钱穆注重内在理路的解释框架，亦得到罗检秋先生的继承，认为汉学自身对义理的需求是促使人们复兴公羊学以补偏救弊的原因。④ 这一解释思路，对于庄存与之后的今文经学派或适用，对庄存与本人，似乎并不准确。王俊义先生即指出："其实庄存与生于康熙五十八年（1719），戴震生于雍正元年（1723），二人大致同时，其他清代考据大师之生年，如江声（1721）、王鸣盛（1722）、钱大昕（1728）、段玉裁（1735），大都生于庄存与之后。庄存与生活的时代，正当考据学鼎盛之际，并非处于绝境之时。将常州今文经学之起因，归结为考据学陷入绝境而寻找新的出路，似不符合历史实情。"⑤

这也提醒我们，仅仅从学术的"内在理路"来看待公羊学的兴起，似并不能得其真相。这当是公羊学自身的学术特征所决定的，

① 蔡长林：《从文士到经生——考据学风潮下的常州学派》，第71—72页。
② 钱穆：《中国近三百年学术史》，第582页。
③ 陆宝千：《清代思想史》，华东师范大学出版社，2009年，第222页。
④ 罗检秋：《从清代汉宋关系看今文经学的兴起》，《近代史研究》2004年第1期。
⑤ 王俊义：《庄存与复兴今文经学起因于"与和珅对立"说辨析——兼论对海外中国学研究成果的吸收与借鉴》，《清史研究》2007年第1期。

钱穆先生自己即曾指出:"常州言学,既主微言大义,而通于天道、人事,则其归必转而趋于论政,否则何治乎《春秋》? 何贵乎《公羊》? 亦何异于章句训诂之考索?"①既然以论政为归趋,那么公羊学的兴起似乎就不是学术内部所能完全解决之事。

杨向奎等先生站在马克思主义史学立场上,从阶级斗争、经济基础等角度来找寻公羊学兴起的原因。认为公羊学的兴起是资本主义萌芽滋长之后,封建地主阶级内部的自救行为。② 这一解释似过度受限于经济基础决定上层建筑的解释框架,放在道咸时期中国外患日亟的情况下,或具有某些合理性,但对于乾隆盛世时期的庄存与,则显得牵强。

刘桂生先生最早提出,常州庄氏世代官宦,庄存与父亲、兄弟的为官经历及庄存与教授皇子的任职经历,皆对其学术思想有极明显之影响。认为庄存与成为清代公羊学复兴的初祖,"并非单纯从学理上所能说明,而必须从政治着眼,把种种客观上的需要阐释清楚,才能作出合理的说明"。③ 刘先生的观点,后得到陈祖武④、王惠荣和张爱青⑤等先生的赞同。但亦有某些学者提出讨论

---

① 钱穆:《中国近三百年学术史》,第 591 页。
② 参见杨向奎:《清代的今文经学》,原载于《清史论丛》1979 年第 1 期,后收入《绎史斋学术文集》,上海人民出版社,1983 年,第 325、327 页;吴泽、陈鹏鸣:《常州学派史学思想研究》,《华东师范大学学报》1995 年第 3 期;陆振岳:《常州公羊学派的萌生及演进》,《江苏社会科学》2000 年第 2 期。
③ 刘桂生:《从庄存与生平看清初公羊学之起因》,《周一良先生八十生日纪念论文集》,中国社会科学出版社,1993 年,第 428、434 页。
④ 陈祖武:《关于常州庄氏学渊源之探讨——兼论〈春秋正辞〉之撰著年代》,林庆彰、张寿安主编:《乾嘉学者的义理学》,台北中研院文哲研究所,2003 年,第 631 页。
⑤ 王惠荣、张爱青:《清代今文经学复兴原因新论》,《山西师大学报》(社会科学版)2013 年第 5 期。

意见，①不过此类讨论意见，只缘康雍乾三朝表面上动用政治手段打压学术思想，即以为庄存与复兴公羊学与其政治身份、任职履历无关，不但漠视了乾隆官方极具深意的引导、鼓励学术思想的一面，而且更对庄存与真正的学术主张与关怀缺乏深入探究，并不足为训。

艾尔曼先生从社会史、政治史的角度，认为常州一地的经世传统，汉学在江南的复兴，以及庄存与和刘逢禄家族的科举世家状况，皆为公羊学复兴的外部原因。而庄存与复兴公羊学的直接原因，则在于与和珅斗争的失败。② 其论据是魏源、汪喜孙等人所写的某些序跋和传记。这一观点影响最大，引起的争论也最多。目前看来，无论从史料上，还是从论证上，皆已不能成立。反驳意见主要有：

2003 年，陈祖武先生撰文指出庄存与的《春秋正辞》写于乾隆三十至四十年代间，与乾隆四十五年才开始掌权乱政的和珅关系不大，若以此作为庄存与结撰《春秋正辞》的初衷，有待商量。③

2004 年，罗检秋先生撰文认为，魏源在《味经斋遗书序》中所述庄存与同和珅的郁郁不合，多是对半个世纪前庄存与心理的揣测："魏源所说即使有据，也主要指庄氏有关《诗》《易》的古文经著作，并非流传后世的《春秋正辞》及《春秋要指》。另一方面，当时和珅的反对者也包括一些古文经学家如焦循、汪辉祖等人。这说明和珅专权似非一些学者研究今文经的充分必要条件，或者说两

①　徐立望：《驳清代今文经学复兴源于上书房"讲义"说——兼论今文经学在康雍乾三朝的地位》，《复旦学报》(社会科学版) 2010 年第 5 期。

②　艾尔曼：《经学、政治和宗族——中华帝国晚期常州今文学派研究》，代中文版序第 14 页、序论第 2 页。

③　陈祖武：《关于常州庄氏学渊源之探讨——兼论〈春秋正辞〉之撰著年代》，林庆彰、张寿安主编：《乾嘉学者的义理学》，第 635 页。

者没有必然联系。魏源的看法主要是借古抒今,感慨现实。"①

　　2007 年,王俊义先生通过考比庄存与同和珅的相互简历,认为在时间上不存在两人的矛盾、对立、斗争。且通过勾稽材料,认为研究经学是庄存与一生的学术行为,并不开始于晚年,故"与和珅对立说"并不能成立。他认为庄存与经学的主旨是为乾隆帝的"大一统"思想做论证。《味经斋遗书》之所以在庄存与生前没有刊刻,一是因为与当时学风"枘凿不入",二是因为没有完稿,自感不成熟。并不是像艾尔曼所认为的出于对和珅专权的忌讳。这一论点,是在没有看到鲁九皋祭文材料的前提下得出的,十分难得。②

　　2009 年,艾尔曼先生再次撰文,对上述反驳文章进行反批评,摘引罗列了若干清人的文本,来重申他的观点。③ 不过遗憾的是,虽然他的观点一定程度上得到了汤志钧先生的应和,④但艾尔曼先生简单罗列的材料,只有之前已经使用过的魏源、汪喜孙的文字与其论题略有关系,其他材料与其论题并无直接联系,甚至还存在误读现象,⑤致使其论辩的说服力不足。

---

①　罗检秋:《从清代汉宋关系看今文经学的兴起》,《近代史研究》2004 年第 1 期,第 27 页。

②　王俊义:《庄存与复兴今文经学起因于"与和珅对立"说辨析——兼论对海外中国学研究成果的吸收与借鉴》,《清史研究》2007 年第 1 期。

③　艾尔曼:《乾隆晚期和珅、庄存与关系的重新考察》,《复旦学报》(社会科学版)2009 年第 3 期。

④　汤志钧先生认为:"'从时间来说',庄存与和和珅年龄虽相差 31 岁,但他们'共事'也有十一年之久。庄存与主张'大一统',看到'中央权落',自然不会无动于衷。"(汤志钧:《从"家学"到"显学"——清代今文经学的复兴与和珅专权》,《史林》2009 年第 5 期。)

⑤　如援引的几则《春秋正辞》文本,其断句亦多有误,如其第 6 条证据,引《春秋正辞·禁暴辞》,艾尔曼先生的断句为:"争逆德也。兵争之末,战兵之末。……圣人之心不宁,惟是仁而已。……去兵无益亡之道也。"(转下页)

2010 年，田吉先生撰文指出，艾尔曼唯一一条论述庄存与同和珅存在矛盾的直接证据，实误读了原始材料。田吉通过考辨指出，在科考中压制庄述祖的恰是和珅的政敌阿桂，而非和珅。这种误读也误导了汤志钧、王俊义和徐立望。① 因此，到目前为止，认为庄存与的公羊学研究源于与和珅交恶，根据似已不足。

综合而言，以上五种对庄存与复兴公羊学原因的探索，对深化此一问题的认识多有贡献。但直到目前，最切中问题核心的应为刘桂生先生所提出的身份处境说，亟待进一步细化和落实。

四、庄存与的学术渊源与学术影响

截至目前，对庄存与学术渊源的探讨，主要局限在两个范围之内：一是公羊学自身谱系之内，认为庄存与受到董仲舒、《公羊传》、何休、赵汸等人的影响，与之多有继承关系；二是庄存与家学之内，认为庄存与的复杂学术面貌（不分汉宋、无视今古）和常州一地的学风，乃至其家学有密切关系。

前一种论述，从庄存与的碑传、祭文、书序中既已开始，一直延续到目前黄开国先生对赵汸的研究。② 研究者之间分歧不大，但多为一种学术脉络的简单勾勒，多属提出论点，而缺乏深细的个案比较，故尚有很大的研究空间有待填补。

（接上页）正确者当为："争，逆德也。兵，争之末；战，兵之末。…… 圣人之心，不宁惟是，仁而已矣（艾文并夺'矣'字）。……去兵无益，亡之道也。"其第 7 条证据，引《春秋要指》，其中有"《春秋》书天人外内之事有主，书以立教也"一句，正确者当为："《春秋》书天人外内之事，有主书以立教也。"（艾尔曼：《乾隆晚期和珅、庄存与关系的重新考察》，第 60、61 页。）

① 田吉：《"和珅压制庄述祖"辨——从艾尔曼教授的误读看史料运用》，《史林》2010 年第 2 期。

② 参见黄开国：《清代今文经学的兴起》引子《赵汸的〈春秋〉学》。

后一种对常州学风及庄氏家学的研究中,因庄氏族谱保留完整,近年来取得不少进展。最早对常州一地学风进行细致描述的是艾尔曼先生,但他将晚明学风和庄存与直接挂钩的做法,似过于牵强。

1999 年,王裕明先生利用家谱材料,对常州一地及庄存与一门的学术风貌做了概述,其中涉及部分对庄存与甚有影响的姻亲、塾师、友朋等人的学术状况,之前不太为研究者所了解,故多有参考价值。①

2010 年,扬州大学刘静的硕士论文《清代常州庄氏家族家学研究》,是细致研究庄存与家族的首篇学位论文。文中详细梳理了和庄存与关系密切的东庄、西庄两大族支的情况。2012 年丁蓉的博士论文《科举、教育与家族:明清常州庄氏家族研究——以毗陵庄氏族谱文献为中心》后出转精,对庄氏家族的族谱、人口、科举、仕宦、学术、教育、交游等问题都做了研究,不但有助于了解庄氏一族,而且对现有的一些学术观点亦提供了再思考的契机。②

此外,亦有论者敏锐地指出,清代今文经学实孕育于乾嘉考据学的母体中,如章太炎、钱穆先生皆曾有庄存与受影响于惠栋的观点,另有学者认为:“清代今文经学在经历了惠栋、戴震等考据学家的初步探索以后,由张惠言、孔广森、庄存与等人开其端,最终由庄

---

① 王裕明:《庄存与经学思想渊源简论》,《学海》1999 年第 4 期。

② 如蔡长林先生认为乾隆后期汉学逐渐侵入科举考试,而庄氏家传的融经术与文章为一体的考试策略已不再特别奏效,庄氏后人的中举人数和档次大不如前,故不得不改变其学问的表述方式去“预流”汉学。(蔡长林:《从文士到经生——考据学风潮下的常州学派》,第 72—109 页。)可是从丁蓉“明清常州主要望族进士人数统计表”可以看出,乾隆后期以来,常州望族的科举人数都有大幅下滑,庄氏反是下滑中表现较好者。可见,下滑未必是庄氏经术文章的策略不再奏效,庄氏后人从事汉学研究亦不一定主要受制于科举之影响。

述祖、刘逢禄张大其军，由微而著的发展成为清中后期学术史上赫赫有名的常州今文经学派。"唯对其间的离合关系所论甚疏，且时有不准确之处，故尚有待修正与深化。①

综上所述，当前对庄存与学术渊源的探讨尚显简略，尤其是对其与传统公羊学派诸位大师的关系，均要进一步理清和认定。而对其与乾嘉考据学，乃至宋学、官学的关系，则需进一步细化或开拓研究。

而对庄存与学术影响的研究，自晚清以来，一直按照今文经学的脉络，将庄存与同其后学置于一种源与流的关系中加以探讨，故多见其同，不见其异。1980 年代以来，逐渐出现一些有价值的新观点，如汤志钧先生认为主张维护封建专制的庄氏公羊学，与其主张维新的后学明显不同。② 黄开国先生亦认为，庄存与只重"大义"，不重"微言"的特点，与其后学有质的差别，但同时指出，在注重书法上，庄存与则同其后学多属一致。③ 另有多位论者指出常州学派的经世特征，亦前后多属一贯等。此类研究，多局限在提出论点上，同样特别缺乏深细文本解读的支持，故尚存在进一步深化的空间。

此外，近年除《春秋正辞》外，庄存与的其他著作亦逐渐得到论者关注，④但尚处于筚路蓝缕阶段，不再赘述。

---

① 孙运君：《清代今文经学兴起考——以惠栋、戴震、张惠言为中心》，《船山学刊》2005 年第 4 期。
② 汤志钧：《清代经今文学的复兴》，《中国史研究》1982 年第 2 期。
③ 黄开国：《清代今文经学的兴起》，第 129—130 页。
④ 蔡长林：《庄存与〈诗经〉论述的方法学意义》，收入《从文士到经生——考据学风潮下的常州学派》；杨自平：《庄存与〈易〉学与儒家伦理思想》，《经学文献研究集刊》第 14 辑，上海书店出版社，2015 年；何铭鸿：《庄存与〈尚书〉学探析》，《古文献研究辑刊》第 4 辑，凤凰出版社，2012 年；赖志伟：《庄存与的〈尚书〉研究：对〈尚书既见〉的新解读和新看法》，（转下页）

综上所述,二百余年的庄存与研究,实际主要是对庄存与公羊学亦即《春秋正辞》的研究,虽取得不少成果,但亦存在一些共同的不足。最为首要者,是论者多以"庄存与公羊学""庄存与春秋学"或"常州学派"等为主题,对庄存与学术进行相对宽泛的研究,却对庄存与唯一一部解读《春秋》的专著——《春秋正辞》十三卷(含附录《春秋举例》《春秋要指》各一卷),未展开紧扣文本的专书研究。这对于"素称魁儒""文辞奥衍"的庄存与研究而言,无疑是十分不够的。

此外,就具体问题的探讨而言,同时存在以下不足:首先,在庄存与学术的探讨上,以往在使用传记、祭文、序跋等材料时,忽略了这些材料所从出的时代环境,或有被一再误导的情况存在,而对其中所提出的某些观察,又缺乏应有的重视,故对庄存与的学术特色尚有再讨论的余地;其次,就清代公羊学兴起的原因而言,因受海外汉学家的影响,对"与和珅矛盾说"进行了相对细致的考察,但对更应细究的"身份处境说",即对乾隆朝的政治环境、文化政策与公羊学兴起的关系,则深入不足;再次,就庄存与学术渊源而言,主要成绩停留在庄氏家族、家学等情况的掘发之上,对庄存与同汉代公羊学、宋学、乾嘉汉学、清代官方春秋学的关系,则探讨不足;第四,就庄存与同后学的关系而言,目前还只有一些普遍的结论,多见其同,罕见其异,故对清代公羊学内部的丰富性多有忽视。

有鉴于此,实有必要在前人研究的基础上,对庄存与《春秋正辞》做一立足文本的专书研究。

(接上页)《原道》第 28 辑,2015 年第 3 期;杨兆贵《论庄存与文史之学——以庄存与〈尚书既见〉对周公的论评为研究对象》,《南开学报》(哲学社会科学版)2017 年第 2 期;杨兆贵《论庄存与经史子兼融之学及其学术渊源——以〈尚书既见〉对周公论评为研究对象》,《中国典籍与文化》2018 年第 4 期。

第四节　本书章节安排

　　《春秋正辞》之所以成为后世广被重视的庄存与著作，除与该书自身的学术水准相关外，更与其学术影响密不可分。如果说晚清的学术主潮在公羊，那么公羊的肇端之作便是《春秋正辞》。故本书实开启了绵延晚清百余年的公羊学思潮，处于晚清学术思潮枝源派本的位置。因而欲图对晚清学术思想有所了解，则不能不对该书有充分认识。这亦是本论著试图对此书展开专书研究的核心原因之一。

　　另一方面，春秋学作为经学的一种，历代以来既有丰厚的学术积累，家法肃然。又有固定的解释路径，辞（所谓"笔削""《春秋》笔法"）、事（二百四十二年之人物、事件等）、义（所谓"大义微言""礼义之大宗"等）、例（所谓"正例""变例""日月例""卒葬例"等）纷繁深奥，前贤尚有"没身"之叹，①对今日包括笔者在内的研究者而言，就更难于猝明就里。再加上庄存与"文辞奥衍"，索解为难，致使现有研究常在文本释读上遭遇很大挑战，句读失误亦屡见不鲜，②而透过文辞、典实、义例了解到《春秋正辞》文本的准确意涵，就更显困难。因此，就现有研究状况而言，能否对文本有充分把握，是庄存与研究中最基础但同时也是最关键的一步。这同样是本书试图对《春秋正辞》展开专书研究的核心原因之一。

　　出于以上考虑，本书力图对《春秋正辞》做出较为全面的读解。

---

①　范宁《春秋穀梁传序》："君子之于《春秋》，没身而已矣。"杨士勋疏："明非积年所能精究，故要以没身为限也。"

②　参见本书附录《〈春秋正辞〉标点平议》。

该书共分九"辞",除第九辞《传疑辞》乃解释《春秋》书法,且庄存与并未完稿(仅残存两条小序、一条经例),无法完整读解外,本书依照其他八辞在原书中的顺序,对之一一读解,主要集中在两个方面:一是在文辞、典故方面,做出细致的疏通,力求字句无疑义,尽量避免前人举偏概全、浅尝辄止等问题;二是将《春秋正辞》所引经例置于《春秋》学的历史脉络中,逐条比较其与《公羊传》《穀梁传》《左传》《春秋胡氏传》的关系,又注意于时代的关照,将《春秋正辞》置于乾隆朝官方经解的语境中,比对其与《钦定春秋传说汇纂》《日讲春秋解义》《御纂春秋直解》的同异,以期以内在于经学的视野,把握庄存与个人的因创之处,以准确理解其学术主张,揭示其意蕴。在此基础上,对目前庄存与研究中比较关键的问题,如《春秋正辞》的家法、旨趣、尊王、夷夏等问题,以及其与乾嘉汉学、宋学乃至官学的关系等,做出较为详细的梳理与探讨。全书章节安排如下:

绪论章,主要介绍庄存与的生平、著作、研究现状及本书的框架等问题。

第一章《奉天辞》读解,兼论《春秋正辞》的公羊家法问题。通过详细梳理该辞文本,认为庄存与对公羊家法,如通三统、张三世等有完整的恢复,故其学与晚唐以来舍传求经的春秋新学有本质差别,应属公羊学无疑。近年以来对此问题的新说值得重新检讨。

第二章《天子辞》读解,兼论《春秋正辞》的尊王问题。通过对《天子辞》中"尊王"与"正王"经例的考察,认为庄存与的尊王倾向不但迈四传而上之,甚至比官方经解亦有过之。其最终落脚点还在于对王道礼秩的维护。

第三章《内辞》《二伯辞》《诸夏辞》读解,兼论《春秋正辞》的旨趣问题。认为维护以尊王大一统为核心的王道礼秩是《春秋正辞》的根本旨趣所在。所谓王道礼秩,乃一囊括天人、政治、社会、伦理,以君君臣臣、父父子子、男女有别、夷夏有防为内涵的礼教等级秩序。

第四章《外辞》读解,兼论《春秋正辞》的夷夏问题。认为庄存与对《春秋》的"异内外"一义,多主张区别夷夏的书法义和政治义,而对于消泯夷夏的史观义则多不认可。其区别夷夏的标准在于"礼",这一标准虽有深厚的公羊学渊源,但主要承袭了官方的解释路线,为官方将夷夏问题转换为君臣问题背书。

第五章《禁暴辞》《诛乱辞》读解,兼论《春秋正辞》与官学的关系问题。通过逐条比较《春秋正辞》与四传及《日讲春秋解义》《御纂春秋直解》所引经例,认为庄存与的学术理念不但并不悖于官方,而且将官方的意识形态解释得更有系统性与完整性。这一特征,与其生平、时代、家世、性格等因素密切相关。

第六章讨论《春秋正辞》与汉、宋学的关系问题。认为庄存与同乾嘉大多数汉学家一样,立身法程朱,经学尊周孔。前一方面躬行实践的教养主要来自家教。后一方面对宋学理念的反对,是因为宋学偏向形而上领域,而偏离了现实的人伦政治所引起的。

结论章,对《春秋正辞》的特点和贡献做出总结。

附录部分,对当前庄存与研究在文本标点及义理解读上常见的问题,略作检讨。并对庄存与个人最为看重的尚书学、毛诗学,稍作解读。其目的还在于抛砖引玉,以期推进庄氏研究的进一步深化、拓展。

第一章 《奉天辞》读解
——兼论《春秋正辞》的公羊家法问题

《春秋正辞》十三卷(含附录《春秋举例》《春秋要指》各一卷),为庄存与现存唯一与春秋学相关的著作。该书在元代赵汸《春秋属辞》所总结义例的基础上,重新"櫽括其条,正列其义",①用九个"辞"来类分《春秋》经文、阐发《春秋》大义。因而在结构上,具有严谨整饬的特征。

所谓九"辞",即:奉天辞、天子辞、内辞、二伯辞、诸夏辞、外辞、禁暴辞、诛乱辞和传疑辞。其中"传疑辞"是对《春秋》书法的说明,其他八辞分别是对《春秋》中与"天""天子""鲁国""齐桓公和晋文公""诸夏国家""夷狄国家""暴行""乱行"等相关内容的分类和讨论。可以看出,这一章节安排,基本体现了一种从上至下,从内到外的天人秩序,与传统公羊家的认识相符。

在每一"辞"之下,又分若干小辞目,如《奉天辞》下分"建五始"等十目。每一辞目皆有一小序,以概述主旨,并将《春秋》中从属该辞目的经文归置于其下以当例,且对每一经例皆有解说。另在全书首冠以《春秋正辞叙目》,以统领九"辞",相当于九辞的小序。由此可知,《春秋正辞》是以"叙目"—"辞目及序"—"经例及解"为主线,层次井然、议论浑成的一本著作。

① 庄存与:《春秋正辞叙目》,《春秋正辞》,道光七年(1827)宝砚堂《味经斋遗书》六种本。

全书中《内辞》的篇章最富，分上中下三卷，其余各"辞"皆一卷，另有附录《春秋举例》《春秋要指》各一卷，共为十三卷。其中《传疑辞》仅存两小序、一经例，有阙文，当为庄存与生前未克整理完成所致，已无法完整读解。其余八"辞"，本书拟逐章读解，并在此基础上对《春秋正辞》的相关问题作出讨论。

作为晚清公羊学思潮的肇端之作，《春秋正辞》在清代学术史上的重要地位殆无疑义。为较为彻底和准确地理解该书，尽量避免现有研究中常见的举偏概全、误读误判等问题，本书拟采用文献细读加比对的方式对该书展开读解。

所谓文献细读，即以逐字逐句的注解为基础，将《春秋正辞》文本中所涉及的辞、事、义、例皆做出较为彻底的疏通和清理，以为读解该书的前提。不得不承认，庄存与素称魁儒，行文好用箴铭式语言，辞华典赡，文本艰晦，故此一方面的工作费力而艰难。

所谓文献比对，即将《春秋正辞》所引经例，与《公羊传》《穀梁传》《左传》《春秋胡氏传》以及清代官修的《日讲春秋解义》《御纂春秋直解》逐条比对。原本春秋学作为历代传习有序的一门学问，内部即蕴含不同家法，如汉代即因对《左传》和《公》《穀》的不同偏重，而有古文和今文的差别。因此，将《春秋正辞》与"三传"①比对，是明了庄存与经学旨趣的必要前提。此外，胡安国的《春秋胡氏传》（下称《胡传》）在元朝变为科举定本之后，一直沿用至清。虽然在康、雍、乾三朝，受到官方越来越严厉的批判，最终于乾隆五十七年十二月十八日决定自下科乡试始，废止在科考中的使用，②但实际在废止之前，它一直是官方和民间的《春秋》教本，是位列三传

---

① 为行文方便，本文依惯例将《左传》《公羊传》《穀梁传》合称"三传"，另加《春秋胡氏传》，合称"四传"，下同。

② 《清实录》卷1419，乾隆五十七年十二月下，中华书局影印本，1987年，第26册，第1092页。

之后的第四传,地位显要。《胡传》也是屡主文衡的庄存与的潜在对话对象之一。故欲读解《春秋正辞》,亦不得不与《胡传》做出比对。

此外,清代官方共修有三部《春秋》经解:《日讲春秋解义》(下称《日讲》),乃康熙早年经筵旧稿,雍正七年(1729)重新校订并"恭呈御览者再而后告成",最终经乾隆核准后刊刻于乾隆二年(1737);①《钦定春秋传说汇纂》(下称《汇纂》)敕修于康熙五十四年(1715),修成于五十七年,刊刻于六十年;②《御纂春秋直解》(下称《直解》)修成于乾隆二十三年(1758)。③ 其中《汇纂》是集注之作,除偶有案语外,一般以收罗同一条经文的不同解释为主,虽有编纂者自己的倾向,但不直接。而与庄存与关系最密切者当为另外两部刊刻于乾隆朝的著作,尤其是《直解》乃乾隆亲敕儒臣编撰,充分体现了乾隆的经学主张。修成后多次颁示学官,鼓励士子研习。以科考晋身,且作为皇子师傅多年的庄存与,对此应有充分了解。故将之与《春秋正辞》做比对,亦是了解庄存与学术主张时代意涵的必要步骤。

本章拟首先对《春秋正辞》的第一卷《奉天辞》试作解读,并对《春秋正辞》的公羊家法问题做出说明。

对于公羊家而言,"天"是一切义理、秩序的最高源头。因此,《奉天辞》作为首章,实处于《春秋正辞》全书的纲领位置,起着振挈余篇的作用。该辞共分 10 辞目,分别为:建五始、宗文王、大一统、通三统、备四时、正月日、审天命废兴、察五行祥异、张三世、俟后圣。与其他辞一样,庄存与对每一辞目皆撰有一概述主旨的小

---

① 库勒那、李光地等:《日讲春秋解义》,《文渊阁四库全书》总第 172 册,台北商务印书馆影印版,1986 年,第 3 页。

② 王丰先:《〈钦定春秋传说汇纂〉纂修时间考正》,《中国典籍与文化》2009年第 2 期。

③ 傅恒等:《御纂春秋直解》,《文渊阁四库全书》总第 174 册,第 3 页。

序,后附从属于此一主题的《春秋》经例及解说。10 条辞目中,最后 2 目:张三世、俟后圣,仅有小序而无经例,当同为庄存与过世前未及整理完成所致。而"察五行祥异"的内容则最多,占到《奉天辞》整卷内容的一半以上篇幅。

由上揭辞目可知,《奉天辞》实汇聚了公羊学的诸多核心概念,故以本辞探讨《春秋正辞》和公羊家法的关系,当最为方便(读解中同时亦会兼及其他"辞"中的相关内容)。对于《春秋正辞》学宗公羊,在早先的讨论中似并无问题,如庄存与当世友朋弟子大多认为庄存与乃公羊学传人,①这种认识一直持续到 1880 年前后缪荃孙作《国史儒林传》之时。② 即使晚清章太炎、梁启超、刘师培等人在今、古文对立的视野中,开始强调庄存与的今文经学家身份,但亦并不否认其公羊家的地位,③盖论者原以二者本为同一事也。但在

① 如,庄存与弟子邵晋涵在《庄养恬先生祭文》中认为是:"麟义公羊,折中王道。"(《南江文钞》卷 10,《续修四库全书》第 1463 册,第 514 页。)友人朱珪的《春秋正辞序》认为:"义例一宗《公羊》,起应寔述何氏,事亦兼资《左氏》,义或拾补《穀梁》。"等。

② 参见戚学民:《汉学主流中的庄氏学术:试析〈清史稿·儒林传〉对常州学术的记载》,《中华文史论丛》2011 年第 4 期。

③ 如章太炎在《清儒》中称:"文士既已熙荡自喜,又耻不习经典,于是有常州今文之学,务为瑰意眇辞,以便文士。今文者……皆以公羊为宗。始武进庄存与……"(徐亮工编校:《中国近三百年学术史论》,第 16 页。)刘师培在《清儒得失论》中称:"常州自孙、洪以降,士工绮丽之文,尤精词曲。又虑择术不高,乃杂治西汉今文学,杂采谶纬,以助新奇。始庄存与治《公羊》,行义犹饬……"(《中国近三百年学术史论》,第 159 页。)梁启超称:"今文学之中心在《公羊》……今文学启蒙大师,则武进庄存与也。"(梁启超:《清代学术概论》,上海古籍出版社,1998 年,第 74 页。)周予同称:"清代今文复兴的出发点是《春秋公羊传》……至于复兴今文学的首倡者,当推庄存与。"(朱维铮编:《周予同经学史论著选集》[增订本],上海人民出版社,1996 年,第 19 页。)

新近蔡长林、黄开国等先生的研究中，却对此提出怀疑，认为庄存与更接近春秋学而非公羊学。① 由于蔡、黄二位先生的研究可看作是晚近庄存与研究的代表之作，故有必要对此一问题有所辨正。

第一节　阐解公羊家法

庄存与通过《奉天辞》的 10 辞目，总结了公羊学的重要义法，体现出对《春秋》中"天"道内涵的理解，其中自然也含藏着庄存与对公羊家法的独特解会。由于庄氏文辞奥衍，为准确理解，特略作分疏如下：②

一、建五始

所谓"五始"，即"元年、春、王、正月、公即位"，是《春秋》所书鲁国十二公中绝大多数者的开篇文字，公羊家向来认为其中蕴含微言大义，如何休即称："《春秋》以元之气，正天之端；以天之端，正王之政；以王之政，正诸侯之即位；以诸侯之即位，正竟内之治。诸侯不上奉王之政，则不得即位，故先言正月，而后言即位；政不由王出，则不得为政，故先言王而后言正月；王者不承天以制号令，则无法，故先言春而后言王；天不深正其元，则不能成其纪，故先言元而后言春。五者同日并建，相须成体，乃天人之大本，万物之所系，不

---

① 参见蔡长林：《从文士到经生——考据学风潮下的常州学派》，台北中研院文哲研究所，2010 年，第 34 页；黄开国：《公羊学发展史》，人民出版社，2013 年，第 471—473 页。

② 以下 10 条目所引相关文字，俱见《春秋正辞》卷一之辞目小序及经例，以及《春秋》经传原文（按年检索十分便利），除非有必要否则不再繁琐出注。

可不察也。"而董仲舒亦有类似说法,称:"《春秋》谓'一''元'之义,'一'者,万物之所从始也;'元'者,辞之所谓大也;谓'一'为'元'者,示大始而欲正本也。《春秋》深探其本,而反自贵者始。故为人君者,正心以正朝廷,正朝廷以正百官,正百官以正万民,正万民以正四方。"①庄存与完整援引了董、何之文,认为此为《春秋》所崇尚的大旨意,即"《春秋》上之,钦若丕指"。可见,庄存与是完全赞成公羊家以天道为本,在元、天、王、诸侯、万民、四境之间所建立的联系和秩序的。

二、宗文王

《春秋》开篇"王正月"之"王",具体指谁,三传异词。《左传》认为是"王周正月",杜预集解:"周王之正月也。"即指笼统之"周王"。《榖梁》无传,范宁集解同意《左传》之说。仅《公羊传》明确以为:"王者孰谓?谓文王也。"庄存与承袭《公羊》立场,并称:"文王,受命之祖也。成、康以降,继文王之体者也。武王有明德,受命必归文王,是谓天道。武王且不敢专,子孙其敢或干焉?命曰文王之命,位曰文王之位,法曰文王之法,所以尊祖,所以尊天也。"依庄存与之意,文王实代表天道,后人效法文王,实即效法天道。因此,可以认为,所谓宗文王或曰宗祖,盖与上条之"奉天"为同一事。质言之,本条同样是庄存与对公羊义的理解与发挥。

三、大一统

《公羊传》认为,《春秋》经文中的"王正月",意在凸显"大一统",即"何言乎王正月?大一统也"。庄存与本条之小序称:"天

---

① 《汉书》卷56《董仲舒传》,中华书局,1962年,第2502—2503页。

无二日,民无二王,郊社宗庙,尊无二上。① 治非王则革,学非圣则黜。"可见在庄存与看来,所谓"大一统",即为一统于时王与孔子之道。在对经例的阐说中,庄存与另援引《汉书》王吉与董仲舒之语、《礼记》之文来对此做进一步延展和说明,但所论除"六合同风、九州共贯","天无二日,土无二王,国无二君,家无二尊"等内容之外,另引《礼记·中庸》"王天下有三重"之文,特别指出此大一统为通三统,即取鉴前代基础上的一统。详参庄存与此一解释,与何休存在细微差别,何休认为:"统者,始也,总系之辞。夫王者,始受命改制,布政施教于天下,自公侯至于庶人,自山川至于草木昆虫,莫不一一系于正月,故云政教之始。"可见何休更强调受命之新王在新立时的改制布教,而庄存与并不强调新王新立这一前提,而只强调其"六合同风、九州共贯"的大一统结果。似更接近董仲舒罢黜百家、齐一统纪之义。

四、通三统

《春秋》经中除"王正月"之外,偶有"王二月""王三月"之文。原本周历以冬至所在的建子之月(即夏历的十一月)为岁首,殷历以建丑之月(即夏历的十二月)为岁首,夏历以建寅之月(即夏历的一月)为岁首。由于《春秋》所用者为周历,故《春秋》所书之"王二月",实即为殷历之"王正月";"王三月",即为夏历之"王正月"。因此,传统公羊家认为,《春秋》的此类书法,包含有忠(夏)、质(商)、文(周)三统循环,后王取鉴前代之意,即所谓的"通三统"。庄存与完全认可此类说法,引用(或檃栝)董仲舒、何休、孔子、召公、刘向之言,认为夏、商、周三代文、质再变,周朝存二王后以利取

---

① 《礼记·曾子问》:"孔子曰:'天无二日,土无二王,尝禘郊社,尊无二上。'"《孟子·万章上》:"孔子曰:'天无二日,民无二王。'"

鉴,是周朝文治兴盛的原因,并称:"王者必通三统,明天命所授者博,非独一姓也。""尊先圣、通三统,师法之义、恭让之礼,于是可得而观之。"足见此处庄存与完全复述公羊义法,无个人发挥。

五、备四时

《春秋》经文中,有些段落仅有"王正月""夏四月""秋七月"或"冬十月",而无下文。《公羊传》认为:"此无事,何以书?《春秋》虽无事,首时过则书。首时过则何以书?《春秋》编年,四时具,然后为年。"何休解诂:"明王者当奉顺四时之正也。《尚书》曰'钦若昊天,历象日月星辰,敬授人时'是也。"①庄存与除援引此两则文字之外,另引汉代魏相之语及《尚书》之文,指出时间乃"王事之本,群生之命",故君王举动以时,百姓的生产生活方可安定,即"谨于尊天,慎于养人"之意。可见此条庄存与基本上是在何休式公羊义法的基础上论述,强调民本思想。

六、正月日

对《春秋》中"闰月""上辛、季辛""晦、朔""日中、日下昃"等经文,《公羊传》、何休解诂,乃至《穀梁传》,都认为其中暗含某些特殊含义,如《春秋》昭公二十五年:"秋七月,上辛,大雩。季辛,又雩。九月乙亥,公孙于齐,次于阳州。"《公羊传》:"又雩者何?又雩者,非雩也,聚众以逐季氏也。"何休解诂:"不书逐季氏者,讳不能逐,反起下孙及为所败,故因雩起其事也。"即认为书"又雩"意在讳逐季氏。再如《春秋》宣公八年:"冬十月己丑,葬我小君顷熊,雨不克葬。庚寅,日中**而**克葬。"定公十五年:"丁巳,葬我君定公,雨

---

① 何休解诂,徐彦疏,刁小龙整理:《春秋公羊传注疏》隐公六年秋七月,上海古籍出版社,2014年,第17页。

不克葬。戊午，日下昃乃克葬。"《公羊传》认为，"而"和"乃"，皆表示"难"，但"乃"比"而"更难。即指"日下昃"比"日中"更晚，说明下葬得更不顺利。《穀梁传》进一步认为这暗指丧葬礼制不全。但庄存与此处的"正月日"，却未跟从公羊家或穀梁家之说，而是援引《尚书》《左传》《礼记》《国语》《诗经》，仅以此类对"日月"的重视，是孔子希望天子与诸侯，裁正历法，即"协时月正日"，并且在一年的不同日期，以及一日的不同时段，处理不同类型的政务，以应时勤政、咸和万民。

可见，第五条"备四时"和第六条"正月日"，即所谓《春秋》经文中的时间性名词，庄氏除了将之与"使民以时""尊天养人""因时颁政"这类意义挂钩外，别无发挥。

七、审天命废兴

原本依《春秋》惯例，十二公每年的开篇文字当书作某年"春王正月"，但是《春秋》中有不少篇章仅书某年"春""春正月""春二月"或"春王二月""春王三月"，或无"王"，或非"正月"，或二者皆无，总之均非"春王正月"。此类书法，传统公羊家皆随文释义，或讥天王失正，或讥诸侯弑逆。如，《春秋》桓公三年："三年春正月。"何休解诂："无'王'者，以见桓公无王而行也。"即讥刺鲁桓公肆意而为，不遵守周天子之律令。再如定公元年："元年春王。"据《公羊传》及何休解诂，之所以无"正月"，乃暗讥鲁定公得位不正。① 庄存与基本继承了公羊家的说法，认为此类经文意在讥贬不审天命废兴，胡作非为的天子、诸侯和大夫。既有对篡弑得位者（如鲁桓公）的讥贬，又有对不遵守礼法者（如天王求车、鲁庄公丧

---

① 何休解诂，徐彦疏，刁小龙整理：《春秋公羊传注疏》卷25《定公》，第1047—1051页。

娶、季氏受女乐等)的讥贬。孔子的目的在于警戒,所谓"民不听罪,圣人觉与?"凸显出庄存与尊王大一统之意。在对此辞目后文所附经例的阐说中,庄存与既采何休之说,亦采穀梁子、程子、胡安国之说,另有对穀梁子①、杜预②解说的反驳,其倾向可见一斑。

八、察五行祥异

此节在《奉天辞》中占一半以上篇幅。《春秋》记灾异之文,《公羊传》常以"记灾也""记异也"为传,至多以"天戒之""上变古易常,应是而有天灾"为说,并未极力与人事比附。而董仲舒、刘向、刘歆等人,则将之与阴阳五行相糅杂,用以广泛解释人事,形成了细密的灾异遣告体系。其学说主要保留在《汉书·五行志》中。庄存与连篇累牍地援引《汉书·五行志》所征引的《尚书大传》、董仲舒语、刘向语,来阐释经文:"一方面绍续两汉《春秋》灾异学说的'天人感应'传统,强调'事必有应';另一方面,以《洪范五行传》'五行五事''皇极''六沴'为理论基础,驱逐占验、辨析用辞、重视礼法,将五行灾异体系定义为'明天道、建皇极,序尊卑之别'的诠

---

① 《春秋·桓公》:"二年春,王正月戊申,宋督弑其君与夷及其大夫孔父。"穀梁子传:"桓无'王',其曰王,何也? 正与夷之卒也。"《春秋·桓公》:"十年春,王正月庚申,曹伯终生卒。"穀梁子传:"桓无'王',其曰王,何也? 正终生之卒也。"但庄氏认为,这两条皆非正诸侯之卒,而是正弑君者之罪。因为《春秋·桓公》"五年春正月,甲戌、己丑,陈侯鲍卒",就无"王"。(见《春秋正辞》卷1《审天命废兴》"二年春王正月""五年春正月"经例。)

② 庄氏认为昭公十年无"冬",是圣人削之,从而批评杜预以为的"史阙文",是"非明也,其陋也;非慎也,其惑也。"(见《春秋正辞》卷1《审天命废兴》"十有四年春 夏 秋"经例。)

释工具。"①重在与君王的非礼行为,如田猎不宿、饮食不享、逐功臣、内淫乱、轻百姓、饰城郭、废祭祀等相连,认为上天遣告,君王应立即恐惧修省,尽革其政。这一辞目,更多体现出董仲舒对庄存与的影响。

九、张三世

最后两辞目,仅存小序,无经例。本条小序,庄存与无任何发挥,完全概括何休对《公羊传》"所见异辞,所闻异辞,所传闻异辞"的解诂,以及董仲舒《春秋繁露·楚庄王》篇中对三世异辞的解说。认为孔子对所见世、所闻世、所传闻世的书法有别,一是缘于从哀至隐,远近亲疏不同;二是为避笔祸,即所谓"智不危身,义不讪上"。更以为三世书法中,包含有"拨乱启治,渐于升平"直至太平之义。庄存与在本条义法上,对作为公羊家的董仲舒和何休不分轩轾,平等采纳。

十、俟后圣

本条义法来自《公羊传·哀公十四年》:"制《春秋》之义,以俟后圣,以君子之为,亦有乐乎此也。"何休解诂:"待圣汉之王以为法。"即汉代广为流行的《春秋》乃"孔子为汉制法"之说。但庄氏驳斥了此说,认为三传各有优长,后世历代贤人,亦多拾遗补缺之作:"旧典礼经,《左邱》多闻;渊乎《公羊》,温故知新;《榖梁》绳愆,子夏所传;拾遗补阙,历世多贤。"可见庄存与心目中的"后圣",并不仅是"汉之王"。另外,他还援引孟子之说,认为《春秋》乃"天子之事",以托王法,非为王鲁;以治万世,非仅为汉制法。

---

① 钟一涛:《试论〈春秋正辞〉之灾异观》,硕士学位论文,清华大学历史系,2015年,第75页。

通过以上对《奉天辞》10 辞目的小序及经例解说的简单梳理，可以得出以下几点结论：

首先，此十条义例，皆出自公羊家，且囊括了公羊学的核心义法。庄存与虽在个别辞目上略有发挥，但是建立在传统公羊家的论说之上，并非他空穴来风，独树新意。

其次，庄存与基本牢守公羊家解经立场，主要征引公羊子、董仲舒、何休之说以阐明己见。董仲舒是其论述的核心性来源，何休是补充性来源，对董仲舒有采纳无反驳，对何休有拣择（如大一统）、有反驳（如侯后圣）。

再次，庄存与以公羊义为主，但亦取资《穀梁传》《左传》乃至后世的论说。这些博采，更多是作为补充和延伸，来阐明公羊义法，而不是相反。

复次，对"文成数万，其指数千"的《春秋》公羊大义而言，此十条是有选择的，其排序亦有讲究。庄存与注重的是在天、君、诸侯、万民、四境之间建立一种秩序，赞成的是奉天、宗文王、政令一统、取资前代、勤政爱民，反对的是诸侯、臣子僭越，乃至君王胡作非为。这里既有对君权的维护，亦有对君王的警示。可以说，他继承了董、何所建立的天、君、诸侯、四民的体系，认可的是董、何所建立的国家秩序模式，在这套秩序中，君王奉天，勤政爱民；诸侯奉君，四境一统；禁暴诛乱，国泰民安。因此，庄存与充分继承了公羊学"长于治人"的传统。

由此可见，《春秋正辞》不论是在全书的架构、布局上，还是在诸义例的解读上，皆多恪守公羊家法，发挥公羊精义，体现出以《公羊》为《春秋》正宗的汉儒传统。故将其学问视作公羊学，将其个人视为清代公羊学的开创者，是符合实际的。我们知道，公羊学在东汉之后，其家法或曰师法就逐渐走向衰落，迨及晚唐啖助、赵匡和陆淳等人，更以"舍传求经"相倡，带来宋人蔑弃三传，"各为作传以明圣人之旨"①的局面。公羊家法至此扫地尽矣。这一状况一直持续到清代中叶,并未有明显改变。因此,上文所梳理的庄存与对公羊家法的信守与阐发,其意义就是破天荒的。如与庄存与年龄相仿的王昶(1725—1806),即对其复兴绝学的状况有如下描述:

> 时《公羊》何氏学,久无循习者,所谓五始、三科、九旨、七等、六辅、二类之义,不传于世,惟武进庄侍郎存与默会其解,而鹤侣[褚寅亮]能阐发之,世称为绝业。②

可见在时人眼中,庄存与即以深通公羊绝学为人称道。因此,认为其学问算不得公羊学的看法,显然是因对其恢复公羊家法的具体状况理解不够充分所致。

第二节　矜慎"通三统"

在《奉天辞》所阐发的十条公羊大义中,通三统和张三世尤为重要,名列何休等人所总结的"三科九旨"③之中,为公羊学最核心

---

① 郝经:《春秋三传折衷序》,朱彝尊撰,林庆彰主编:《经义考新校》,上海古籍出版社,2010年,第3538页。

② 王昶:《湖海诗传》卷14《褚寅亮》,上海古籍出版社影印嘉庆八年洴渔庄刻本,2013年,第147页。此则材料来自徐立望《论清代今文经学复兴的"和珅因素"》(《社会科学战线》2019年第11期)一文的提示,已核对原文。

③ 徐彦疏称:"《春秋说》云'《春秋》设三科九旨',其义如何?答曰:何氏之意,以为三科九旨正是一物。若总言之,谓之三科。科者,段也。若析而言之,谓之九旨。旨者,意也。言三个科段之内,有此九种之意。故何氏作《文谥例》云'三科九旨者,新周、故宋,以《春秋》当新王,此（转下页）

之大义。因此有必要对此二义在庄存与《春秋正辞》中的状况,做更加具体的分析,以进一步确证庄存与和公羊家法的具体关系。

通三统和张三世虽位列公羊要义,但是自东汉以后,即饱受讥评,几近无人信从,盖与其中暗含有与皇权相冲突的微义相关。如宋人刘敞和叶梦得即称:

> 《公羊》之所以异二传者,大指有三:一曰据百二十国宝书而作;二曰张三世;三曰新周、故宋,以《春秋》当新王。吾以此三者皆非也。[1]
> 《公羊》之学,其妖妄迂怪,莫大于黜周王鲁,以隐公托新王受命之论。[2]

再如清人毛奇龄亦云:

> 《春秋》义例不一,无一是处。大抵此白彼墨,前三后四,

(接上页)一科三旨也';又云'所见异辞,所闻异辞,所传闻异辞,二科六旨也';又'内其国而外诸夏,内诸夏而外夷狄,是三科九旨也'。问曰:案宋氏之注《春秋说》:'三科者,一曰张三世,二曰存三统,三曰异外内,是三科。九旨者,一曰时,二曰月,三曰日,四曰王,五曰天王,六曰天子,七曰讥,八曰贬,九曰绝。时与日月,详略之旨也。王与天王、天子,是录远近亲疏之旨也。讥与贬、绝,则轻重之旨也。'如是,三科九旨,聊不相干,何故然乎?答曰:《春秋》之内具斯二种理,故宋氏又有此说,贤者择之。"(何休解诂,徐彦疏,刁小龙整理:《春秋公羊传注疏》卷1《隐公第一》,第5页。)

[1] 刘敞:《春秋权衡》卷8《公羊第一》,纳兰性德辑:《通志堂经解》第8册,江苏广陵古籍刻印社影印版,1996年,第413页。
[2] 叶梦得:《春秋公羊传谳》卷1《隐公元年》,永瑢等编:《文渊阁四库全书》总第149册,台北商务印书馆影印版,1986年,第649页。

> 必不能画一。而前人相传科指又极其庞赜,如所云二类、三体、五情、五始、六辅、七缺、九旨,诸所流衍,皆猥劣不足道。①

而在乾隆时代,同样为清代较早关注公羊学的孔广森(庄存与门生),在其《春秋公羊经传通义》(该书比《春秋正辞》早刊)中,亦未发挥包括通三统、张三世在内的三科九旨之义,而是另立时月日为天道科,讥贬绝为王法科,尊亲贤为人情科之新三科九旨。刘逢禄即称孔氏立新的原因,乃在于以旧义"疑于倍上"。② 以上种种,皆从反面彰显出,庄存与恢复与阐发此二义的拔俗之处。

此外,自从庄存与掘发通三统和张三世之后,此二义在晚清几近于公羊学的代名词,受到高度关注,尤其是其中的"改制"内涵,经刘逢禄、康有为等几代学人的努力,成为革新政治、接引西学的利器而大放异彩,充分发挥了公羊学作为政治儒学的特色。③ 庄存与作为清代最早为此二义正名的学者,其对此二义的理解,是否与其后学完全相同? 有何个人特征? 此类问题目前尚处于认识的盲区。仅有的一些对其与通三统、张三世关系的认识,多为结论性的推断,如1920年,梁任公在《清代学术概论》中称:"存与著《春秋正辞》,刊落训诂名物之末,专求所谓'微言大义'者,与戴、段一派所取途径,全然不同。其同县后进刘逢禄继之,著《春秋公羊经传何氏释例》,凡何氏所谓非常异义可怪之论,如'张三世''通三统'

---

① 毛奇龄:《春秋毛氏传》卷1《总论》,《皇清经解春秋类汇编》第1册,台北艺文印书馆影印《皇清经解》本,1986年,原第8页,总第54页。
② 刘逢禄:《春秋论下》,《刘礼部集》卷3,《续修四库全书》第1501册,第58页。
③ 参见常超:《"托古改制"与"三世进化":康有为公羊学思想研究》第三章《"托古改制"》,北京大学出版社,2015年。

'绌周王鲁''受命改制'诸义,次第发明。"①玩其语气,似以庄存与为清代"张三世""通三统"等诸微言大义的开创者。再如赵伯雄先生亦称:"在公羊学说里面,有一些所谓'非常异义、可怪之论',例如亲周、故宋、以《春秋》当新王等等,很遭后人的訾议。庄存与表章公羊学,对这些东西虽没有过分地强调,实际上还是接受下来了。"②此类论说颇具启发性,但由于多为只言片语的描摹,缺乏具体的文本分析和论证,说服力显得不足。加之庄存与文本艰深难解,致使新近有些学者在论及此一问题时,依旧认为"庄存与在《春秋正辞》一书中并未论述'三科九旨'"。③ 缘此种种,皆使得有必要对通三统和张三世在《春秋正辞》中的具体面貌做一探索,此即本节及下节的主要内容。

所谓通三统,即新周、故宋、以《春秋》当新王。包含两个层面:本义为存二王后,以资取鉴;推广义为"新王改制"。④

对于前一义,董仲舒称,新王受命"必改正朔,易服色,制礼乐,一统于天下,所以明易姓,非继人,通以己受之于天也"。同时会以封国的形式保留前两代之统,即:"下存二王之后以大国,使服其服,行其礼乐,称客而朝。"⑤这一做法,既彰显顺天垂统,又昭示对前代的恭谦及取法,即孔子"周监于二代"之意。因此,"通三统",又被称作"存三统"。此一义法何休亦有说明,如称:"王者存二王之后,使统其正朔、服其服色、行其礼乐,所以尊先圣、通三统,师法

① 梁启超:《清代学术概论》(二十二),第74—75页。
② 赵伯雄:《春秋学史》,山东教育出版社,2014年,第514页。
③ 陈冬冬:《清代〈公羊〉学者论"三科九旨"》,《北京理工大学学报》(社会科学版),第16卷第5期,2014年10月,第161页。
④ 张勇:《孔广森与〈公羊〉"家法"》,《中国史研究》2007年第4期。
⑤ 苏舆撰,钟哲点校:《春秋繁露义证·三代改制质文》,中华书局,1992年,第185、198页。

之义、恭让之礼,于是可得而观之。"①

如上文所述,此一层"存二王后,以资取鉴"的本义得到庄存与完整继承,《奉天辞》所列之"通三统"的小序即曰:"三代建正,受之于天。文质再复,制作备焉。师法在昔,恭让则圣。矧乃有监,匪独一姓。"意为夏、商、周三统(通过夏正建寅、殷正建丑、周正建子所体现),皆本于天。其所体现出的文、质之道,已称得上完备,后代当恭谦而取鉴之。可见基本重复了上揭董、何之旨。在后文所附经例的阐说中,庄存与除完整援引何休对通三统的两条解诂外,另称:

> 子曰:"殷因于夏礼,所损益,可知也;周因于殷礼,所损益,可知也。""周监于二代,郁郁乎文哉!"子曰:"行夏之时,乘殷之辂,服周之冕,乐则韶舞。"《召诰》曰:"相古先民有夏,天迪从子保,面稽天若;今时既坠厥命。今相有殷,天迪格保,面稽天若;今时既坠厥命。"刘向曰:"王者必通三统,明天命所授者博,非独一姓也。"按:日月星辰之行,始于日至;阴阳风雨之气,征于丑仲;王政民事之序,揆于寅正。三正并行而不悖,尚矣。《夏书》曰:"怠弃三正。"子、丑非春,其诸后儒之惑与!(《奉天辞》"通三统"经例)

庄存与援引《论语》之《为政》《八佾》《卫灵公》,以及《尚书·召诰》《汉书·刘向传》《尚书·甘誓》等篇章,所论证者依旧不离三统源于上天,后代取鉴前代有其合理性之义。再次说明存与对通三统中取鉴前代之义是完全接受的。

---

① 何休解诂,徐彦疏,刁小龙整理:《春秋公羊传注疏》卷2《隐公第二》隐三年,第57页。

　　通三统尚有推广义,即"新王改制"。公羊家所言之忠、质、文,或称黑、赤、白三统循环,仅为原理层面如此。在落实于具体王朝时,虽然"统"在不断重复循环,但承"统"的王朝却是屡屡新生的,并不是老王朝再次复活。因此,从王朝角度而言,实有一不断革故立新之意。而所谓"《春秋》黜杞、新周而故宋,以《春秋》当新王",①则意味着孔子以《春秋》为新一代王朝,周和宋自然当后黜为前二代。如董仲舒云:"《春秋》作新王之事,变周之制,当正黑统。而殷、周为王者之后,绌夏改号禹谓之帝,录其后以小国。故曰绌夏存周,以《春秋》当新王。"②只不过此一《春秋》新王并非实体,而是孔子预立的"大法"而已。

　　可以看出,与"取鉴前代"一义突出"存二王后"相比,此一推广义更突出"以《春秋》当新王"。庄存与对此一推广义似乎并不否认,因其曾明确称:"滕侯、薛侯,《春秋》当新王也;滕子、薛伯,亲周也。公羊家识之矣。"③"《春秋》应天,受命作制……以托王法",④所谓"以托王法",亦即以《春秋》当新王之意。

　　但庄存与此类说明,多一鳞半爪,偶一见之。据刘逢禄统计,何休共有21条解诂涉及通三统例。⑤《春秋正辞》对其中的13条经文有阐说,⑥但仅3条涉及通三统。其中隐元年"王正月"、隐三

---

① 何休解诂,徐彦疏,刁小龙整理:《春秋公羊传注疏》卷8《庄公第八》庄二十七年,第320页。
② 苏舆撰,钟哲点校:《春秋繁露义证·三代改制质文》,第199—200页。
③ 庄存与:《春秋正辞》卷7《诸夏辞》"诸侯卒葬"隐七年经例。
④ 庄存与:《春秋正辞》卷1《奉天辞》"俟后圣"小序。
⑤ 刘逢禄撰,曾亦点校:《春秋公羊经何氏释例》卷1《通三统例第二》,上海古籍出版社,2013年,第10—13页。
⑥ 分别是隐元年"王正月"、隐三年"王二月",见《奉天辞第一》"通三统"经例。隐元年"天王使宰咺来归惠公仲子之赗",隐二年"纪履緰来逆女",分别见《内辞第三上》"妾母""内女"经例。隐三年"宋公和卒",(转下页)

年"王二月"两条,已被庄存与合并入"通三统"经例"春王正月 春王二月 春王三月"一条中,①本条庄存与主要围绕取鉴二代展开论说,上文已有所引述,不再重复。仅剩一条,即隐十一年"春,滕侯、薛侯来朝",确为阐释"以《春秋》当新王"之意(详下)。② 可见推广义并非庄存与发挥之重点。

其至在其他地方,庄存与亦有明显回避对"新王改制"这一推广义的解读,如"褒封绌爵"小序云:

> 纪子以"侯",天王爵之;杞公而"伯",天王绌之。(《诸夏辞》"褒封绌爵"小序)

《春秋》桓公二年:"秋七月,纪侯来朝。"据何休解诂及徐彦疏,纪之本爵非侯,称"侯"是因桓八年周王将娶后于纪,预先给予的褒赏,即庄存与所称的"天王爵之"。但杞为夏后,本"公"爵而称作"伯",则并非"天王绌之",而是通三统之义。如《春秋》庄二十七年:"杞伯来朝。"何休解诂:"杞,夏后,不称公者,《春秋》黜杞、新周而故宋,以《春秋》当新王。黜而不称侯者,方以子贬,起伯为黜。"显然并非"天王"黜之,而是孔子以《春秋》当"新王"黜之。庄存与有意将"绌爵"之权不交予孔子,而交予"天王",似同样缘于

(接上页)隐七年"齐侯使其弟年来聘",分别见《诸夏辞第五》"诸侯卒葬""母弟母兄"经例(该条重出于《内辞第三上》"夫人")。隐十一年"滕侯薛侯来朝",见《内辞第三中》"来朝"经例。隐十一年"公薨",见《内辞第三上》"君薨故葬故"经例。桓四年"公狩于郎",见《内辞第三中》"搜狩"经例。文十三年"世室屋坏",宣十六年"成周宣榭灾",分别见《奉天辞第一》"金沴木""火不炎上"经例。

① 庄存与:《春秋正辞》卷1《奉天辞》"通三统"经例。
② 庄存与:《春秋正辞》卷4《内辞中》"来朝"经例。

这一义法隐约与大一统王权有所抵触耳。

综上所述,对于通三统"取鉴前代"和"新王改制"的两层意涵,庄存与皆有所继承。但其对前一义较为重视,论述较多,对后一义则论述较少,语多隐晦,甚且尚有回避曲解之处。

另外,"以《春秋》当新王"乃一理论层面的主张,其有一落实形态,即"王鲁",如陈立云:"以《春秋》当新王,不能见之空言,故托之于鲁,所以见之行事也。所谓托新王受命于鲁也。"①二者在精神意趣上皆突出改制之义,蒋庆先生认为其间有联系又有区别:"所谓联系,二说都涉及'当王'问题,都深寓孔子所制之新王法;所谓区别,二说所当王法的主体不同:一是以《春秋》这部经当王,一是以鲁国这个诸侯国当王,并且二说所要说明的对象也不同:一是要说明孔子作经的目的是以《春秋》当新王,另一是要说明孔子作经的方法是以鲁国当王。"②最关键者,以《春秋》当新王,其当王之主体乃一虚体(《春秋》),而王鲁则将之"托"于一真实国家(鲁)之上。其时周天子尚存,虚体犹可云寄予理想,实体则有僭乱背上之嫌。因此,虽然"王鲁"义发端于董仲舒,流行于汉代,大畅于何休,③为的的确确的公羊大义,且历代仍有不少学者,如徐彦、刘逢禄、陈立、段熙仲等认为所谓"托"王于鲁,乃是以鲁为"薪蒸之属",并非真以鲁为王,④但处在当世的皇权结构中,犹有不少

---

① 陈立:《公羊义疏》卷1《隐公元年》"君之始年也"疏,中华书局,2017年,第15页。
② 蒋庆:《公羊学引论:儒家的政治智慧与历史信仰》,福建教育出版社,2014年,第87页。
③ 段熙仲:《春秋公羊学讲疏》,南京师范大学出版社,2002年,第467—480页。
④ 蒋庆:《公羊学引论:儒家的政治智慧与历史信仰》,第87页。

学者对之严词切责,不敢放肆,其中即包括同处乾隆朝的齐召南①
和孔广森②。

　　庄存与对这一义亦非常矜慎。在《春秋正辞》一书中,他多次
明确反对王鲁说,如在《奉天辞》"俟后圣"条中称:"《春秋》应天,
受命作制,孟子舆有言'天子之事'。以托王法,鲁无愒焉;以治万
世,汉曷觊焉。"愒,意为"贪羡"。可见庄氏亦只承认以《春秋》
"托"王法,即"以《春秋》当新王",而不赞成落实的王鲁。另在阐
释隐三年"宋公和卒"时,更明确反对何休"托王于鲁"的诠释:

　　　　《春秋》之辞,于我君曰"公薨",于人之君爵之而皆曰
　　　"卒",尊己卑人,本臣子之恩自致于君亲,而不贰其敬,义之大
　　　者也。岂曰"托王于鲁"哉!(《诸夏辞》"诸侯卒葬"经例)

何休对本条的解诂称:"不言薨者,《春秋》王鲁,死,当有王文,圣
人之为文辞孙顺,不可言崩。故贬外言卒,所以褒内也。"即认为
《春秋》王鲁,故鲁公卒当书之以形容王的"崩",但孔子文辞逊顺
自抑,仅书鲁公卒为"薨",则原本当书"薨"的诸夏诸侯,如宋,只
好贬书"卒"。庄存与于此虽同样赞同何休褒内贬外("尊己卑
人")之意,但却以为原因在于"本臣子之恩自致于君亲",而非
"托王于鲁"。

　　但有些情况下,庄存与的态度又有所含糊,似对王鲁亦难于彻
底否定,如隐七年"滕侯卒",庄存与释之曰:

　　　　滕,微国也,所闻之世始书卒,所见之世乃书葬,曷为于所

传闻之世称侯而书卒？以其子来朝，恩录其父，王者所不辞也。……滕固子，则《春秋》何以"侯"之？其不倍矣乎？应之曰：圣人若曰，惟王者改元立号，庶邦丕享，则爵命诸侯，"天子之事也"①云尔已矣。苟非其人，"天无二日，民无二王"，不免于篡弑之诛，死罪之名。如其人！如其人！尧舜揖让，汤武征诛，顺天者存，逆天者亡矣。……滕侯、薛侯，《春秋》当新王也；滕子、薛伯，亲周也。公羊家识之矣。（《诸夏辞》"诸侯卒葬"经例）

《春秋》经文中，除隐公卷称滕、薛之爵为"滕侯""薛侯"外，其他卷皆称其本爵"滕子""薛伯"。此处书"滕侯卒"，庄存与认为是因其子来朝鲁国（隐十一年"滕侯、薛侯来朝"）而"恩录其父"。则恩录滕侯者当为鲁公，而非周天王。故其下所云之"王者所不辞也"，当指鲁隐公为始受命王。何休对之的解诂为："滕，微国，所传闻之世未可卒，所以称侯而卒者，《春秋》王鲁，托隐公以为始受命王，滕子先朝隐公，《春秋》褒之以礼，嗣子得以其礼祭，故称侯见其义。"完全以"王鲁"为说。但庄存与在下文中，却将这种"以鲁隐公为始受命王"，乃至王者鲁隐公改元立号则爵命诸侯之事（称滕"子"为"侯"），仅仅局限在《春秋》为"天子之事"上，亦即其后文的"以《春秋》当新王"之意，而不愿只字提及"王鲁"。可见他宁愿"托诸空言"，寄予理想，而不愿"见诸实事"，落在鲁国。但这种剥离，在面对依鲁史所作的《春秋》时，自然很难彻底实现，故庄存与于此亦颇显含混小心，可谓字字称量而出。庄存与之所以如此矜慎和拿捏，当然必非无故，其以夫子自道："苟非其人，'天无二日，民无二王'，不免于篡弑之诛，死罪之名。"说白了，即不敢背上僭越大一统

---

① 《孟子·滕文公下》："《春秋》，天子之事也。"

王权而已。

再如隐十一年"滕侯、薛侯来朝",庄存与的解读依旧矜慎而隐晦:

> 此滕子、薛伯也,曷谓之"滕侯、薛侯"? 王者改元立号,则爵命诸侯。《颂》所谓:"我应受之"也。隐公之策,以改元立号始之,以爵命诸侯终之,皆非常事也。夫子曰"其辞,则某有罪焉"。苟非至圣,可以作《春秋》自命乎! 古人有言:"犹吴楚之君僭号称王,盖诛绝之罪也。"(《内辞中》"来朝"经例)

以"王者改元立号,则爵命诸侯"来解释滕、薛称"侯",同样是以鲁隐公为始受命王,此非"王鲁"而何? 但他坚不明言,而是更愿意将这种王鲁虚化,强调隐公的改元立号和爵命诸侯,皆因《春秋》乃天子之事("非常事"),亦即依旧是"以《春秋》当新王"。但这种不着实,终究无法改变《春秋》是依鲁史而作这一事实,因此这二者间的纠葛颇难彻底撇清。故后引孔子"其辞,则某有罪焉",庄存与之义,当指"以《春秋》当新王"有僭越之嫌,并非指"王鲁"有僭越之嫌。即便如此,他依旧要强调,苟非至圣,此乃僭号称王的诛绝之罪。在在彰显出庄存与拿捏于毫厘幽微之间,抵死不愿承认王鲁的矜慎不敢放肆的态度。

综上可以看出,就通三统一义而言,庄存与看重其本义"取鉴前代",却不敢大肆发挥其推广义"新王改制"。并且在新王改制这一意涵之下,虽然亦默认"以《春秋》当新王",却不愿明白显言这一理想的落实形态"王鲁"。凡此种种,盖与"新王改制""王鲁"与大一统王权存在矛盾有关,生活在乾隆朝的庄存与,或自有其不得不如此的时代感知。

第三节 墨守"张三世"

所谓"张三世",亦有二义,其基本义为"三世异辞";其推广义为"三世渐进"。

三世异辞,是指按照孔子的所见、所闻、所传闻而将《春秋》十二公分为三世,对其间同类的历史事件在书法上有着不同,以体现"恩有厚薄""义有深浅"之类的内涵。如何休对《公羊传》隐公元年"所见异辞,所闻异辞,所传闻异辞"的解诂即称:

> "所见"者,谓昭、定、哀,己与父时事也。"所闻"者,谓文、宣、成、襄,王父时事也;"所传闻"者,谓隐、桓、庄、闵、僖,高祖、曾祖时事也。"异辞"者,见恩有厚薄,义有深浅。时恩衰义缺,将以理人伦、序人类,因制治乱之法。[1]

董仲舒亦有类似说法:

> 《春秋》分十二世以为三等:有见,有闻,有传闻。有见三世,有闻四世,有传闻五世。故哀、定、昭,君子之所见也。襄、成、文、宣,君子之所闻也。僖、闵、庄、桓、隐,君子之所传闻也。所见六十一年,所闻八十五年,所传闻九十六年。于所见微其辞,于所闻痛其祸,于传闻杀其恩,与情俱也。是故逐季氏而言"又雩",微其辞也。子赤杀,弗忍书日,痛其祸也。子

---

[1] 何休解诂,徐彦疏,刁小龙点校:《春秋公羊传注疏》卷1《隐公第一》,第38页。

般杀而书"乙未",杀其恩也。屈伸之志,详略之文,皆应之。①

可见此一义多为解释《春秋》中同类事件的不同书法,似重点不在大义之发挥。但在此基础上,却推广出"三世渐进"之义,即公羊家认为,在这一书法中展现了世道由衰乱至升平、太平的渐进意涵。如何休称:

> 于所传闻之世,见治起于衰乱之中,用心尚麤觕。故内其国而外诸夏,先详内而后治外……于所闻之世,见治升平,内诸夏而外夷狄,书外离会,小国有大夫……。至所见之世,著治大平,夷狄进至于爵,天下远近小大若一,用心尤深而详……。所以三世者,礼为父母三年,为祖父母期,为曾祖父母齐衰三月。立爱自亲始,故《春秋》据哀录隐,上治祖祢。所以二百四十二年者,取法十二公,天数备足,著治法式。②

《春秋》实际的历史是愈后而愈乱,故此种由衰乱至太平的渐进描述并非历史事实,而是孔子赋予鲁史的一种大义,具有抽象的义理性,所谓"文致太平"。

对于"张三世"之中的此两层意涵,庄存与皆有接纳,在《奉天辞》"张三世"小序中称:

> 次九曰张三世。据哀录隐,隆薄以恩。屈信之志,详略之文。智不危身,义不讪上。有罪未知,其辞可访。拨乱启

---

① 苏舆撰,钟哲点校:《春秋繁露义证·楚庄王》,第9—11页。
② 何休解诂,徐彦疏,刁小龙点校:《春秋公羊传注疏》卷1《隐公第一》,第38页。

治，渐于升平，十二有象，大平以成。(《奉天辞》"张三世"
小序)

"据哀录隐，隆薄以恩"，出自上引何休文，指以哀公为本，上录至隐
公，以世之远近、恩之薄厚为文之详略。

"屈信之志，详略之文"，出自上引董仲舒文，苏舆注曰："差世
之远近，为恩隆杀，此屈远而伸近也。"故与前句意涵近似。

"智不危身，义不讪上。有罪未知，其辞可访"，见《春秋繁露·
楚庄王第一》："义不讪上，智不危身。故远者以义讳，近者以智畏。
畏与义兼，则世逾近而言逾谨矣。此定、哀之所以微其辞。以故用
则天下平，不用则安其身，《春秋》之道也。"所谓"定、哀之所以微
其辞"即指《公羊传》定公元年："定、哀多微辞。主人习其读而问
其传，则未知己之有罪焉尔。"何休解诂："此假设而言之，主人谓
定、哀也。设使定、哀习其经而读之，问其传解诂，则不知己之有罪
于是。此孔子畏时君，上以讳尊隆恩，下以辟害容身，慎之至也。"
可见庄存与本句指孔子虽因全身远害而隐约其辞，但其大义依旧
有迹可循。

最后一句"拨乱启治，渐于升平，十二有象，大平以成"，概括自
上引何休文，即指《春秋》书法中所寓含的由衰乱至太平的渐进之
意。所谓"十二有象"，指"取法十二公，天数备足，著治法式"。

因《春秋正辞》在庄存与过世前并未整理完成，此条小序后无
经例，不能更详细窥见庄存与之意。仅就本小序而言，庄存与对张
三世的看法，完全墨守董、何之说，即赞同三世书法因世之远近、恩
之薄厚而有差别，又赞同这一书法中寓有从衰乱至太平的渐进
义法。

另外，"所见异辞，所闻异辞，所传闻异辞"，在《公羊传》中共见
三次，分别为隐元年、桓二年、哀十四年。《春秋正辞》中仅对前两

条经文有阐释,但均与三世异辞无涉。① 可见所谓的"张三世",亦并非庄存与《春秋正辞》所发挥的重点。

　　另据刘逢禄《春秋公羊经何氏释例》,除《公羊传》提到的三处外,何休另在 13 处经注中提到张三世之意。② 这 13 条经文,庄存与仅对其中的 3 条有阐释,但所论内容皆与张三世无涉。③

　　因此,可以断言,对历来公羊家所认可的"张三世"中的两层含义,即三世异辞与三世渐进,庄存与亦均认同,但仅限于墨守董、何之说,并未做任何发挥。甚至在一些原本发挥张三世之义的经文中,他亦对之毫无所采,可见"张三世"同样并不是庄存与公羊学的重点,仅为"但述师说"而已。他的这种墨守态度,与后来刘逢禄、康有为等人的大肆发挥有本质差别。

---

① 　隐元年"公子益师卒",庄存与主要发挥"贤贤之义""亲亲之道",见《春秋正辞》卷 5《内辞下》"大夫卒"经例。桓二年"三月,公会齐侯、陈侯、郑伯于稷,以成宋乱",庄存与主要发挥"《春秋》诛乱贼"之义,见《春秋正辞》卷 10《诛乱辞》"弑"经例。

② 　分别是:隐二年"公会戎于潜";桓五年"齐侯、郑伯如纪";僖二十六年"楚人灭隗,以隗子归";宣十一年"晋侯会狄于欑函";成十五年"叔孙侨如会晋士燮、齐高无咎、宋华元、卫孙林父、郑公子鰌、邾娄人,会吴于钟离";襄二十三年"邾娄鼻我来奔";昭三年"北燕伯款出奔齐";六年"杞伯益姑卒";十六年"楚子诱戎曼子杀之";三十年"吴灭徐。徐子章禹奔楚";定元年"立炀宫";六年"季孙斯、仲孙忌帅师围运";哀三年"秦伯卒"。(刘逢禄撰,曾亦点校:《春秋公羊经何氏释例》卷 1《张三世例第一》,第 5—8 页。)

③ 　隐二年"公会戎于潜",庄存与主要论"诸侯之度",即州伯之职守,见《春秋正辞》卷 8《外辞》"戎"经例。桓五年"齐侯、郑伯如纪",庄存与责"袭纪",见《春秋正辞》卷 7《诸夏辞》"如"经例。宣十一年"晋侯会狄于欑函",庄存与论"病晋不讨贼",见《春秋正辞》卷 10《诛乱辞》"弑"经例。

第四节 本 章 小 结

就《奉天辞》全卷所总结的 10 条义例,尤其是其中的通三统、张三世而言,庄存与语多矜慎,其间对大一统之治无甚妨害者,如通三统中的取鉴前代,张三世中的三世异辞,庄存与多有认可和解说。但对于其中与大一统王权并不能完全匹配,甚至有抵触者,如通三统中的新王改制、王鲁,张三世中的三世渐进,则要么但述师说,要么干脆不予认可,不做任何发挥,分寸感十足。其之所以如此主张,考量当依旧是政治性的,即其夫子自道:苟非至圣,如此作经,则不免于篡弑之诛,死罪之名。并且相较于《春秋正辞》全书而言,通三统、张三世并不是庄存与发挥的重点,其论说亦显得本分,不但与以"改制"为务,主张变法的康有为不可同日而语,即使与为何休复兴绝学,条列三世、三统、王鲁诸义的刘逢禄亦差别显著。其特点是明显的。

但是相对于其前的学者,庄存与确实全面恢复了公羊家法,即使其未主要发挥者,亦以但述师说的态度重修其不传之绪,改变了历代以来"妖妄迂怪""猥劣"等讥评态度,有着明确的为汉儒继绝学的特征。这是对晚唐以来群趋舍传求经的学术风气的重新反拨。其学术的精神意趣远绍汉儒,并不是出离了公羊传统,而是体现了纯正的公羊精神。如上文所述,公羊学在东汉之后,其家法或曰师法就逐渐走向衰落,不再为人所遵信,这一状况一直持续到清代中叶,并未有明显改变。因此,庄存与对公羊家法的信守和阐发,在十分强调文治大一统的乾隆朝,显得更加难能可贵而超逸绝伦。而乾嘉时人亦正是从此一角度来看待庄存与的,如朱珪为《春秋正辞》作序,即称:

　　汉兴,传《春秋》者不一家。邹、夹无师,①虞、铎微阙,②
《左氏》失之夸,《穀梁》病其短。③ 将以求微言于未坠,寻大义
之所存,其惟《公羊》乎! 公羊家世传业,平、地衍其续,敢、寿
畅其风,胡毋子都乃著条例,④董生大儒,用资讲授,邵公专精,
隐括绳墨,述三科九旨之义,依类托辅,⑤笔削之权,如发曚矣。
然在东京之世,贾、郑之徒已缘隙奋笔,⑥相与为难;戴宏《解
疑》,⑦亦随二创。⑧ 魏晋而下,经学破碎,迨及唐、宋,师儒偏

① 《汉书·艺文志》:"《春秋》所贬损大人当世君臣,有威权势力,其事实皆
形于传,是以隐其书而不宣,所以免时难也。及末世口说流行,故有公羊、
穀梁、邹、夹之传。四家之中,公羊、穀梁立于学官,邹氏无师,夹氏未
有书。"
② 《汉书·艺文志》:"《邹氏传》十一卷。《夹氏传》十一卷(有录无书)。
《左氏微》二篇。《铎氏微》三篇(楚太傅铎椒也)。《张氏微》十篇。《虞
氏微传》二篇(赵相虞卿)。"另《史记·十二诸侯年表》:"铎椒为楚威王
傅,为王不能尽观《春秋》,采取成败,卒四十章,为《铎氏微》。赵孝成王
时,其相虞卿上采《春秋》,下观近势,亦著八篇,为《虞氏春秋》。"
③ 范宁《春秋穀梁传序》:"《左氏》艳而富,其失也诬;《穀梁》清而婉,其失也
短;《公羊》辩而裁,其失也俗。"
④ 《春秋公羊传注疏·何休序》徐彦疏引戴宏曰:"子夏传与公羊高,高传与
其子平,平传与其子地,地传与其子敢,敢传与其子寿。至汉景帝时,寿乃
共弟子齐人胡毋子都著于竹帛,与董仲舒皆见于图谶。"
⑤ 《春秋公羊传注疏·隐公元年》徐彦疏:"六辅者,公辅天子,卿辅公,大夫
辅卿,士辅大夫,京师辅君,诸夏辅京师是也。二类者,人事与灾异是也。"
⑥ 《春秋公羊传注疏·何休序》徐彦疏:"贾逵者,即汉章帝时卫士令也。言
'缘隙奋笔'者,庄、颜之徒说义不足,故使贾逵得缘其隙漏,奋笔而夺之,
遂作《长义》四十一条,云《公羊》理短,《左氏》理长,意望夺去《公羊》而兴
《左氏》矣。郑众亦作《长义》十九条十七事,专论《公羊》之短,《左氏》之
长,在贾逵之前。"
⑦ 戴宏,东汉中后期名儒,著《解疑论》以难《左氏》。
⑧ 《春秋公羊传注疏·何休序》徐彦疏:"'多随二创'者,上文云(转下页)

蔽，苟取顽曹之语，①不顾师法之传，谓日月为虚设，鄙起问为无端。独逞庸臆，妄测非常。既违"偏其反而"②之旨，乌睹"析薪扢矣"③之理。使公羊之例当乖，即《春秋》之义几废，承学之士所共闵叹也。……余受而读之[《春秋正辞》]，义例一宗《公羊》，起应寔述何氏，事亦兼资《左氏》，义或拾补《穀梁》，条列其目，属比其词，若网在纲，如机省括，义周旨密，博辨宏通。近日说经之文，此为卓绝。用以诏兹来哲，庶几得所折衷。由是抉经心、执圣权，则偏惑乖方之诮，吾知免矣。

朱珪之所以详细叙述汉代的公羊学传承脉络，乃至后世的公羊学衰落状况，其目的即在于突显庄存与复兴公羊家法的重要意义。因为在他看来，"使公羊之例当乖，即《春秋》之义几废"，易言之，只有信守公羊家法，方能抉经心、执圣权，而免于偏惑乖方之诮。可见在他的眼中，公羊家法的意义，并非仅是一个无关经义的治学方法问题。庄存与在这一方面的功绩，确实远迈唐宋、直接汉儒，有截断众流、卓绝一时的气魄。其之所以在后世能被当作清代公羊学的"开创者""初祖"，其所复兴的公羊学能在晚清蔚为主潮，

（接上页）'至有背经任意、反传违戾'者，与《公羊》为一创；又云'援引他经失其句读'者，又与《公羊》为一创。今戴宏作《解疑论》多随此二事，故曰'多随二创'也。"

① 《春秋公羊传注疏·何休序》徐彦疏："颜安乐等解此《公羊》，苟取顽曹之语，不顾理之是非，若世人云'雨雪其雾，臣助君虐'之类是也。"

② 《论语·子罕》："'唐棣之华，偏其反而，岂不尔思？室是远而。'子曰：'未之思也，夫何远之有？'"何晏集解："逸诗也。唐棣，移也。华反而后合，赋此诗者，以言权道反而后至于大顺。"

③ 《诗·小雅·小弁》："伐木掎矣，析薪杝矣。"毛传："伐木者掎其巅，析薪者随其理。"郑笺："杝，谓观其理也。必随其理者，不欲妄挫折之。"

当有很大部分的原因与此有关,应当给予充分的认识和肯定。晚近以来,认为其学问更接近舍传求经的春秋学的看法,是不准确的。

第二章 《天子辞》读解

——兼论《春秋正辞》的尊王问题

《春秋正辞》全书中,第二卷《天子辞》是庄存与对《春秋》全经中与"天子"相关经文的归纳与再阐释,共分 25 辞目,其中 6 目与王自身相关: 王伐、王守、王出、王居、王入、王崩葬; 5 目与王族亲属相关: 王世子、王子、王后、王姬、王母弟; 7 目与王臣相关: 王臣内难、王臣外难、王使、王臣会诸侯、王臣会陪臣、王臣卒葬、王臣私交; 7 目与王朝制度行政相关: 王师、王都邑土田、畿内侯国邑、王命伐国、朝王、赐命、大夫见天子。25 辞目中,仅有 13 目附有经例及解说,另 12 目仅有小序而无经例,当同为整理未完成所致。虽有所缺憾,不过全辞大体已具,并不影响对庄存与意旨的探寻。由于本辞是庄存与对《春秋》中与"天子"相关经文的类举和阐释,我们借以讨论庄存与的尊王问题,当最为方便。

从孟子始,"天子"即为《春秋》一经的关键词(《滕文公下》"《春秋》,天子之事也")。后世关于天子(亦称作"天王"或"王")的种种议论,既是春秋学的核心议题,也是各位学人展现自我立场和意图的关键场域。对庄存与而言,晚清以来,梁启超等前辈多将其当作清代今文经学的开创者,以复兴"微言大义"许之。① 所谓

---

① 如刘师培称:"庄存与与张[惠言]同里,喜言《公羊》,侈言微言大义。"(刘师培:《近儒学术统系论》,徐亮工编:《中国近三百年学术史论》,上海古籍出版社,2006 年,第 150 页。)梁启超称:"存与著《春秋正辞》,(转下页)

"微言大义",在其语境中,似具有方法和内涵二义:前者指与乾嘉汉学家的"训诂考据"所对立的学术方法,后者指"张三世""通三统""绌周王鲁"等寓含"改制"意涵的诸公羊大义。但按照皮锡瑞等人的划分,所谓《春秋》大义有二,一为"诛讨乱贼以戒后世",即尊王护统是也,重在维护秩序;二为"改立法制以致太平",即改制变法是也,则重在革命更张。① 显然,梁任公等人以为庄存与之旨趣偏重后者。但晚近的研究则似与之相反,认为庄存与之旨趣实多偏向前者。由《奉天辞》的读解可知,张三世、通三统诸包含"改制"义的公羊大义,庄存与多但述师说,并非其发挥的重点,故似难将之作为庄存与学术的核心旨趣所在。盖梁任公等人的论述多受限于晚清今文经学的视野,多以清代后期的学术状况比例庄存与,故多模糊影响之谈。但晚近的研究,虽然认为庄存与意在维护大

（接上页）刊落训诂名物之末,专求所谓'微言大义'者,与戴、段一派所取途径,全然不同。其同县后进刘逢禄继之,著《春秋公羊经传何氏释例》,凡何氏所谓非常异义可怪之论,如'张三世''通三统''绌周王鲁''受命改制'诸义,次第发明。"（梁启超:《清代学术概论》,上海古籍出版社,1998年,第74—75页。）周予同亦云:"至于复兴今文学的首倡者,当推庄存与。他和戴震同时,但治学的方向完全和震不同。他著《春秋正辞》一书,不讲汉学家所研究的名物训诂,而专讲所谓'微言大义',可以说是清代今文学的第一部著作。"（朱维铮编:《周予同经学史论著选集》[增订本],上海人民出版社,1996年,第19页。）

① 皮锡瑞称:"《春秋》有大义,有微言。所谓大义者,诛讨乱贼以戒后世是也。所谓微言者,改立法制以致太平是也。"（皮锡瑞著,杨世文等笺注:《经学通论》,上海古籍出版社,2021年,第641页。）另张尔田亦称:"至于近代,一二猖狂者出,拨乱反正之书,一变而为犯上作乱之媒介,吁可叹也。"（张尔田:《与王静安论治公羊学书》,见晁岳佩选编:《民国期刊资料分类汇编:春秋学研究》,国家图书馆出版社,2009年,第125页。）民国学者陈柱标举公羊家哲学,亦首以"革命说"和"尊王说"为论。（陈柱:《公羊家哲学》,华东师范大学出版社,2014年。）

一统秩序,甚且以为整部《春秋正辞》的核心旨归即在于"尊王",①
但多停留在提出观点的层面,缺乏文本细读的支撑,并且其观点似
亦并不全面、准确,犹有讨论的余地。② 故有必要对《天子辞》文本
做一相对细致的解读,以期完整了解庄存与此一方面的意旨。

再则,本书的下一章将对《春秋正辞》的旨趣展开探讨,认为维
护君君、臣臣、父父、子子,乃至男女有别、华夷有防的"王道礼秩"
是其核心旨归,举凡政治、社会、人伦皆囊括其中。所谓"大一统",
乃至"尊王",是其意涵中偏重于政治的层面,居于重要地位。故拟
在完整讨论《春秋正辞》旨趣之前,先对其尊王特点作出说明。

第一节　庄存与的"尊王"

细读《天子辞》,庄存与似乎对"尊王"十分强调,如:

---

① 如,汤志钧先生认为庄存与、刘逢禄复兴公羊学的目的,重在维护"大一
　统",而"'大一统'的核心是尊君,是拱奉中央王室"。(汤志钧:《清代经
　今文学的复兴》,《中国史研究》1982 年第 2 期,第 151 页。)黄开国先生
　称:"在整部《春秋正辞》中,庄存与都突出了全至尊这一中心。而他所谓
　全至尊,不过是对王室、君主绝对权威的处处维护。"(黄开国:《清代今文
　经学的兴起》,巴蜀书社,2008 年,第 134 页。)郭晓东先生称:"整部《春秋
　正辞》也可以说是庄氏借说经而提出的一个有系统的政治思想与政治模
　式,并以经学的面目为其'尊王'论张本。"(庄存与撰,郭晓东点校:《春秋
　正辞》,上海古籍出版社,2014 年,"前言",第 3 页。)
② 如黄开国先生即认为,庄存与尊王的目的不在大一统秩序的维护,与传统
　的公羊家有别。这与本章的结论恰好相反。(见氏著:《清代今文经学的
　兴起》,第 137—138 页;氏著:《公羊学发展史》,人民出版社,2013 年,第
　472 页。)再如,郭晓东先生以为整部《春秋正辞》,即是为"尊王"论张本
　(庄存与撰,郭晓东点校:《春秋正辞》,"前言",第 3 页),亦与笔者的认识
　有别,参见本书第三章。

"王伐"条中,后文仅附一则经例,为桓公五年"秋,蔡人、卫人、陈人从王伐郑"。

据《左传》,"周郑交恶"乃一连串事件的结果,①最终导致周郑开战,即桓公五年"王夺郑伯政,郑伯不朝。秋,王以诸侯伐郑,郑伯御之"。但是郑伯在得胜之后,并未听从祝聃乘胜追击的建议,而是称"君子不欲多上人,况敢陵天子乎?"并于当夜"使祭仲劳王,且问左右"。②故依《左传》所述,本次战役似曲在周桓王,郑伯反若有礼有节。

《公羊传》只对"从王"作解,认为"从王正也",寓含尊王之意。何休除强调此点之外,进而标出"刺王"之意:"称'人'者,刺王者也,天下之君,海内之主,当秉纲撮要,而亲自用兵,故见其微弱。"③

《穀梁传》亦以为是"举从者之辞也",并称此为:"为天王讳伐郑也。郑,同姓之国也,在乎冀州,于是不服,为天子病矣。"范宁注:"郑,姬姓之国,冀州则近京师,亲近犹不能服,则疏远者可知。"④可见,《穀梁传》亦以本条有讥王之意。

综上可知,三传皆以周王而非郑伯为本条经文的阐释重点,且除公羊子"从王正也"一语略有尊王之意外,皆指出周王的不当之处,含讥刺之意。同时皆并未讥贬郑伯。

《胡传》从"王"不称"天王"入手,认为:

---

① 分别见《左传》隐公三年、六年、十一年及桓公五年。
② 杜预:《春秋经传集解》,上海古籍出版社,1978 年,第 83—84 页。另,下文所涉相关经传引文,如果依《春秋》经文逐年检索十分便利,则只在首次引用时标明所据版本,之后除非必要不再出注,以免繁琐。
③ 何休:《春秋公羊传解诂》卷 4,中华书局影印四部备要本,2014 年,第 27 页。
④ 范宁:《春秋穀梁传集解》卷 3,中华书局影印四部备要本,2014 年,第 20 页。

　　《春秋》书王必称"天"者，所章则天命也，所用则天讨也。王夺郑伯政而怒其不朝，以诸侯伐焉，非天讨也，故不称天。或曰：郑伯不朝恶得为无罪！曰：桓公弑君而自立，宋督弑君而得政，天下大恶人，理所不容也，则遣使来聘而莫之讨。郑伯不朝，贬其爵可也，何为愤怒自将以攻之也？移此师以加宋、鲁，谁曰非天讨乎！《春秋》，天子之事，述天理而时措之也，既讥天王以端本矣。①

　　可见，胡安国对周桓王的贬责在三传基础上加详加厉，认为此次征讨算不得"天讨"，故不称"天"王。并认为讥天王即是正本，故无必要再讥刺郑伯。但他的这一说法，却遭到庄存与的反驳，庄存与首先从根基处否定了其对"王不称天"的论述："以天下言之，曰天王，王承天也，系王于天，一人匪自号曰天王也；自侯氏言之，从王焉，朝于王焉，至尊者王也，不上援于天。若王后、王世子、王子、王姬，系于王则止，皆不得以不称天为疑问矣。"即认为王不称天，乃缘于是从诸侯角度的书法，故上援于王即止，用不着上援于"天"。进而，他将此条经文批判的重点由周桓王转移至郑伯，认为"郑伯当诛矣""诸侯不知有天子，此可忍言，孰不可忍言！"这种严厉的批判在前四传中是不曾出现的。反而对周桓王的讥贬，只剩下"王躬不可以不省，不可以不重。轻用其民，王室危；轻用其身，天下危。从命、拒命，不竟录也。郑罪既盈于诛，《春秋》之义，务全至尊而立人纪焉。月不系王，伤三王之道坏也"。② 似已算不得谴责，而可看作是对王道崩坏的悲叹与哀婉了。

---

① 　胡安国著，钱伟强校点：《春秋胡氏传》，浙江古籍出版社，2010 年，第 56—57 页。
② 　庄存与：《春秋正辞》卷 2《天子辞》，道光七年（1827）宝砚堂《味经斋遗书》六种本。

庄存与解经的这一转折，是否别出心裁，一空依傍，恐怕亦不尽然。

官方的《日讲春秋解义》对此条经文的解释，虽主要承袭自《胡传》，认为"王不称天，非天讨也"，周桓王对鲁、宋弑逆之乱不加讨伐，却因细故对郑国兵戈相加，故以为经文主要谴责周桓王。但在此基础上，首次明确提出"郑抗王师之罪亦不可掩"。而《御纂春秋直解》则直接否定了胡安国"王不称天"的解释，认为此处的不称天，并无特别，是惯常"恒辞"："属辞之法：首举王而事系于下，则称天王，其不称天者，特文也；先举其事以属于王而不称天者，恒辞也。"且将对周桓王的谴责，变为一种设身处地为桓王的着想；桓王的错误，变为一种失策："周弱久矣，桓王一旦欲振其威，当权其轻重。郑之不朝固有罪矣，然视宋、鲁篡逆，楚僭王号，戎执王臣，罪孰重乎？不择罪而致讨，非义也。天子之征，内使卿士，外任方伯，郑庄狡而善战，宜简元老以壮其猷，不命将而亲征，非计也。且大国无从焉，只蔡、卫与郑有怨，陈佗计图定位，又皆称'人'，将卑师少，以微者行也。卒之不战而衄，重挫王灵，自后王命益不行于天下矣。"可见将四传以来对周桓王的谴责，改变为一种仰体圣怀、深惜不计的哀叹。转而对郑庄公，则在《日讲》的基础上变本加厉，认为"郑致王伐而又不服，可胜诛哉！"

由此可见，庄存与在这一条经义阐释出现转折的两个关键点上，皆承袭了《日讲》至《直解》的解经路线，而与前四传相反。即，一，将讥贬的重点，从周王转移到郑公；二，将"王不称天"解释为一种正常的书法，从而否定了其中所寓含的胡安国等认为的讥王之意。乃至阐释中所流露出的惋惜和体贴周王之意，亦一脉相承。

故可认为，虽然"尊王"乃《春秋》大义，在四传中屡有表述，但庄存与与之相比，其尊王的程度仍显得突出。更多的例证尚可证明此点，如：

"王后"条的两条经例，皆与桓公八年至九年的周王派祭公逆王后于纪相关，第二条经文为"春，纪季姜归于京师"。

《左传》称："纪季姜归于京师。凡诸侯之女行，唯王后书。"解释书法，无经义的发挥。

《穀梁传》亦仅有一句传文："为之中者，归之也。"范宁注："中，谓关与婚事。"依钟文烝的解释，意为做中间媒人的鲁国归王后于京师。① 可见《穀梁传》亦仅为补充事实，并无经义的发明。

仅《公羊传》有所发挥，称："其辞成矣，则其称纪季姜何？自我言纪父母之于子，虽为天王后，犹曰吾季姜。京师者何？天子之居也，京者何？大也，师者何？众也。天子之居，必以众大之辞言之。"在桓公八年"祭公来，遂逆王后于纪"中，《公羊传》对书作"王后"的解释为："女在其国称女，此其称王后何？王者无外，其辞成矣。"因此，上引文中"其辞成矣"，依旧指这一书法。可见，《公羊传》包含两层意涵：一是对经文何以书作"纪季姜"做出解释，认为是从其父母角度的称法；二是对"京师"做出解释，认为天子居所，"必以众大之辞言之"，隐有尊王之意。

《胡传》基本承袭《公羊》而加详，主要解释两条经文中何以有"王后"和"纪季姜"的书法差别，另附带一句"京师者，众大之称"，并无太多新见。

《日讲》除沿袭《胡传》之外，另认为《春秋》有两处逆王后之文，仅此处书"归于京师"，是因鲁主婚的缘故。此乃旁采《穀梁》义，并无更多发挥。

《直解》除照录《胡传》之外，另引高闶之语，认为纪季姜非嫡女，更引程端学之语，认为："纪畏齐而纳女，鲁弑贼而主婚，王娶纪之季女，皆非也。"隐约有责王之意。

---

① 钟文烝：《春秋穀梁经传补注》，中华书局，1996 年，第 108 页。

　　庄存与并未承袭《直解》的责王之意，而是继续承袭《公羊传》的两条解经路线，围绕"纪季姜"和"京师"做文章。他认同"季姜"是从其父母角度的称法，但进一步认为："'王者无外'，则王后无出也。曰季姜，本之于父母以见其贵。"尊大季姜之意甚为明显，与《直解》"非嫡女"的批评态度有别。另外，同样认为"京师"乃"众大之辞"，但却博征典籍，彻底阐衍何为"众大"：

　　　　"天子所居，必以众大之辞言之"曰京师，辞不失旧，晋士知之矣。① 将有其名而已乎！夫子告哀公曰"强蓑未亏，人民未变，鬼神未亡，水土未绑，糟者犹糟，实者犹实，玉者犹玉，血者犹血，酒者犹酒"，②此所谓"天子之在者，惟祭与号"③也。虽然，生死之服物采章，轻重布之者，④其数尚如初也。贾谊有言："五伯征而诸侯从"，春秋之世也；"内守外附而社稷存"，战

---

① 《左传·襄公二十六年》："晋韩宣子聘于周，王使请事，对曰：'晋士起将归时事于宰旅，无他事矣。'王闻之曰：'韩氏其昌阜于晋乎！辞不失旧。'"杜预集解："请事，问何事来聘。""起，宣子名。礼：诸侯大夫入天子国称士。时事，四时贡职。宰旅，冢宰之下士，言献职贡于宰旅，不敢斥尊。"

② 《大戴礼记·少闲》："[哀]公曰：'然则何以谓失政？'子曰：'所谓失政者：疆蓑未亏，人民未变，鬼神未亡，水土未绑，糟者犹糟，实者犹实，玉者犹玉，血者犹血，酒者犹酒。优以继慴，政出自家门，此之谓失政也。'"卢辩注："言疆域与草木皆未易于常也。民神犹依附之。绑，犹乱，《韩诗外传》曰：'阴阳相胜，氛褙绑氳'也。糟以喻恶，实以喻善，亦言善恶之物仍错乱也。玉以喻善人，言尚贤其贤。血，忧色也，酒以喻乐，犹忧其可忧而乐其所乐。慴，犹忍也。言天下安然，人物不乱，方优佚乐，继之出其忍政也。"

③ 《穀梁传·昭公三十二年》："天子微，诸侯不享觐，天子之在者，惟祭与号。"

④ 《国语·周语中》："亦唯是死生之服物采章，以临长百姓而轻重布之，王何异之有？"

国之世也;谓之"五序得其道"。①夏有羿、浇,②实甚于周之东
焉。京师,诸夏之父母也,"若衣服之有冠冕,水木之有本原,
人民之有谋主。"③季子闻《王风》而叹曰:"美哉,思而不惧,其
周之东乎。"④"必以众大之辞言之",而其实不诬矣。

　　原本《公羊传》的"众大",不过是"京师"二字的训诂,即:"京者何?
大也,师者何? 众也。"即何休解诂所谓"地方千里,周城千雉,宫室
官府,制度广大"之类的意涵,是一种带夸显的事实性描述。而庄
存与此处,则将之转化为一种礼法制度的根本地位,认为春秋之
世,周虽东迁,但其礼法制度("祭与号""服物采章""五序"等)并
未遭到破坏,远胜于羿、浇叛乱时的夏朝。另特别指出,京师是诸
夏之父母,乃诸夏之根本,因此,以众大言之,是"其实不诬"。可见
同样是凸显尊王,庄存与比《公羊传》的意识形态意味要浓厚得多。
　　这一解说博征典籍,一方面说明庄存与精湛的学问功夫,另一
方面亦多少显得迂曲,从反面彰显出庄存与在《公羊》基础上踵事
增华、竭力尊王的强烈衷曲。
　　此类尊王倾向,在《天子辞》,乃至《春秋正辞》全文中所在多
有,为节省篇幅,就不再繁琐引证。从上文可知,虽然尊王为《春

---

① 《史记·秦始皇本纪》引贾谊《过秦论》:"先王知雍蔽之伤国也,故置
　公、卿、大夫、士,以饰法设刑,而天下治。其强也,禁暴诛乱而天下服。
　其弱也,五伯征而诸侯从。其削也,内守外附而社稷存。故秦之盛也,繁
　法严刑而天下振;及其衰也,百姓怨望而海内畔矣。故周五序得其道,而
　千余岁不绝。秦本末并失,故不长久。"司马贞索隐:"《贾谊书》,'五'
　作'王'。"
② 羿、浇,父子二人,为夏代逐君夺位的二叛臣,详见《左传·襄公四年》。
③ 《左传·昭公九年》。
④ 《左传·襄公二十九年》。

秋》大义,但庄存与极力尊王的解经态度,不但迈四传而上之,甚至比官方的《直解》《日讲》皆有过之而无不及,其经解的特色可见一斑。

第二节　庄存与的"正王"

表面而言,庄存与在极力尊王的同时,亦十分强调"正王"。如作为全书总纲的《春秋正辞叙目》,其"正天子辞弟二"中提到"用贵治贱,挈诸王者"。《穀梁传》昭四年称:"《春秋》之义,用贵治贱,用贤治不肖。"可见庄存与此处含有责王以率下之意。同类意涵,另在别处多有表达,如:"《春秋》诛乱贼,亦非其君父乎?……'《春秋》,天子之事也',罪其君父所以正本也。"①再如:"不称天何也? 贬。天子可贬乎? 曰:以天道临之,可也。"②并曾征引何休之语,称"政莫大于正始,故《春秋》以元之气,正天之端;以天之端,正王之政;以王之政,正诸侯之即位"③云云。表明庄存与是完全赞成董仲舒、何休所建立的以天正王、以王正诸侯式的天人秩序的。

就《天子辞》而言,亦有类似表述。如"赐命"小序称:"王实承天,为天之子,隐之系之,以爵称之。为天下君,纵忍自轻,若上帝临女何?"可见庄存与从本质上认为王上承自天,而以天正王亦当是题中应有之意。

但是,细读文本却会发现,庄存与正王,往往丧失了董仲舒,乃至胡安国式严厉的特征,而是一概以含蓄语气出之,有温柔敦厚,

---

① 庄存与:《春秋正辞》卷10《诛乱辞》"弑"经例"癸巳,陈夏征舒弑其君平国"条。

② 庄存与:《春秋正辞》卷1《奉天辞》"审天命废兴"经例"王"条。

③ 庄存与:《春秋正辞》卷1《奉天辞》"建五始"经例。

哀而不怒的《诗》教特色。

如,和王自身相关的6条小序(即王伐、王守、王出、王居、王入、王崩葬),本是《天子辞》中最该体现"正王"之意的文本,但庄存与一概以哀叹周室衰乱为说,对周土毫无贬责,最多仅称周王"无辅无民,仅亦守位"。如"王伐"小序,庄存与称:"思古明王,赏善罚恶。祈父不聪,《兔爰》其作。"《诗·小雅·祈父》有"祈父,予王之爪牙。胡转予于恤?靡所止居",朱熹注:"军士怨于久役,故呼祈父而告之。"郑玄笺:"刺其用祈父,不得其人也。官非其人则职废。"《兔爰》,指《诗·王风·兔爰》,毛序:"闵周也。桓王失信,诸侯皆叛,构怨连祸,王师伤败,君子不乐其生焉。"本条辞目的经例即为上文详细分析的桓五年"秋,蔡人、卫人、陈人从王伐郑"。可见此条小序毫无上揭见于四传的谴责周桓王轻率兴师之意,而仅是在批评大臣(祈父)和闵叹周朝衰乱。

再如,"王居"(即天王因乱而暂居某地)小序称:"远有力臣,迩有亲臣。……王无一焉,曷云其居?安不言居,危不言出。《匪风》之伤,以存周室。"无非周王无援无助,危不得安,期望乱定之意。其中《诗·桧风·匪风》:"匪风发兮,匪车偈兮。顾瞻周道,中心怛兮。"毛序:"思周道也。国小政乱,忧及祸难,而思周道焉。"而本条中最应谴责的周惠王、周襄王父子两代皆因王族叛乱争立而出奔的事实,庄存与却仅称:"襄不监惠,祸乃有再。以亲屏周,忧其所恃。"其中,"以亲屏周"是周襄王欲引狄攻郑时富辰的谏语,认为周室"扞御侮者,莫如亲亲,故以亲屏周"(《左传·僖公二十四年》);"忧其所恃",语出韩愈《医说》,此处意为忧惧其所可依靠的对象(当指屏周之"亲",即诸夏诸侯)。可见,庄存与仅批评周襄王不借鉴周惠王,之后却转而对屏卫周室的诸侯,略显含蓄的谴责之意。

而在对此6条小序后所附的具体经例的阐释上,更可看出此类特点：

如，《春秋》桓四年："夏，天王使宰渠伯纠来聘。"《左传》认为渠伯纠之所以称名是因为"父在故名"，《公羊》认为是缘于"下大夫也"，《穀梁》无传。《胡传》认为渠伯纠作为冢宰，书名为贬。因为："周制，大司马九罚之法：诸侯而有贼杀其亲则正之，放弑其君则残之。桓公之行，当此二者，舍曰不讨而又聘焉，失天职矣。"进而认为此条经文与庄元年"王使荣叔来锡桓公命"，是"始而来聘冢宰书名以见贬，终而追赐王不称天以示讥，其义备矣"。胡氏主要表达"《春秋》责相之意"，但亦对天王含有讥贬。

《日讲》在《胡传》的基础上将这两种意思分疏得更加显豁，且对天王之讥贬变得严厉："桓弟弑兄、臣弑君，不类见、不请命，天王不能讨而反使冢宰下聘，天理灭、人道亡矣！……纠位六卿之长，降而书名，罪失职也。操刑赏之柄以驭下者，王也；论刑赏之法以诏王者，宰也，乃为乱首承命以聘弑君之贼乎！于来聘名宰而'天王'从其常称，示王当奉天命彰天讨也；于赐命王不称天而荣叔无讥焉，其义盖互相备。"

《直解》在此之后却降低了此类讥贬的程度："桓至是立四年矣。王不能讨，又下聘焉，失政矣；宰不能谏，复为使焉，失职矣。"并认为桓四年《春秋》经文中无秋、冬条，是经"阙也"。可见《直解》与《日讲》上升到"天理灭、人道亡"高度的谴责是不能相提并论的。

庄存与虽亦讥贬天王，但语气却隐晦委婉得多："为天下君，曾可以乱狱有所归，遂不探其情、不加诛于弑君之贼乎！积月而岁，四年于兹，力不能讨，繄可闵也，圣人不责也。""力不能讨，繄可闵也"，表现出对天王衰弱的体贴之意，即使是上引官方解经中亦不曾有，并称此天王为"圣人不责"。接着他说："崇奖乱人，岂天意哉！王使来聘，'文王作罚'于是荡然，三纲绝矣。是岁有事，举不足录也，以天时为于此焉变矣。"其中"文王作罚"语出《书·康诰》;"三纲绝矣",继承自胡安国的传文,即指此处对君臣大义有亏;"是岁有事,举不足录也",是指本年的经文中无秋、冬条。可见,此处虽表现出庄存与对天王的讥贬,但要含蓄得多,且并非针对周王个人,而是针对周王奖善罚恶之权的失落所带来的君臣之统的破坏上,易言之,在于王不承天导致的礼法秩序的崩坏上。

下文紧接着的桓五年"天王使仍叔之子来聘",即使官方《直解》亦称:"桓罪著矣,一聘已非,而况再乎!"贬责天王再次下聘弑君夺位之鲁桓公为非。而庄存与却甚为婉曲:"比年而聘,何为乎谨而志之?不可得而略也。"至于为何"不可得而略也"?庄存与将之留给了读者。

再如,隐三年三月平王崩,秋,天王之大夫武氏子来求助丧之财物,《春秋》曰:"秋,武氏子来求赙。"《左传》仅以"王未葬也"四字为传,盖解释求赙之因。《公羊传》称:"武氏子来求赙,何以书?讥。何讥尔?丧事无求,求赙,非礼也,盖通于下。"何休解诂:"嫌天子财多,不当求下。"显然《公羊传》和何休皆以新天王非礼,经文含讥。《穀梁传》意更显豁:"曰归之者,正也;求之者,非正也。周虽不求,鲁不可以不归;鲁虽不归,周不可以求之。求之为言,得不得未可知之辞也。交讥之。"盖以为交讥周、鲁。

《胡传》亦以为乃讥贬天王:"君取于臣下不言求,而曰'求赙''求车''求金',皆著天王之失道也。上失其道则下不臣矣。"《日讲》沿袭《穀梁》之说,以为讥贬周、鲁:"尺土一毛,皆天子所有,君取于臣,岂得言求!鲁不归赙而周求之,周之失道,鲁之不臣,皆可见矣。"《直解》除于后文征引《穀梁》原文外,在开头处另写道:"非礼也。仲子之赗,天王来归;天王之赙,武氏来求。比而观之,可伤矣。"显然增加了一层讥鲁,但同时不是讥周而是闵周之意。

此层意涵为庄存与所继承,称:"来求赙,何以书?讥不归赙也。天王之丧,一小不备,谨而志之,尊尊之义笃焉。有司正其过足矣,使人求之,闵宗周也。君子为禄仕,阳阳然无所用心,必至此云尔。"显然,此一从《穀梁传》以来即为"交讥"的经文,在庄存与这里只剩讥鲁闵周的"讥不归赗""闵宗周",并且所讥者从周天王,变成了"阳阳然无所用心"的武氏子。何休以来即阐扬的"正天子"之经义,变得消泯不彰。

由此可见,庄存与作为公羊学者,虽同样阐发"以天正王"之义,但其正王不但比四传含蓄得多,即使比官方的《日讲》《直解》亦含蓄得多。盖其更多继承了《直解》的官方立场,多从体谅天子而不是讥贬天子的角度立说。以至于其讥贬,亦多关注以天子上承天意所代表的礼法秩序,而非天子本人,从反面彰显出其极度尊王的态度。

第三节　"立人纪"试析

《天子辞》中,庄存与多次称:"《春秋》之义,务全至尊而立人纪焉","非所以奉至尊而立中国之人纪也","以立诸夏之人纪也"。① 所谓"奉至尊",当即指尊王;"全至尊",则似在尊王之外,另有仰体圣怀、弥缝不足之意。依庄存与所述,全至尊、奉至尊与立人纪似为一体两面之事,甚至全至尊、奉至尊的目的并不仅为"全""奉"本身,而更在于"立人纪"。如此则此处之"立人纪"当如何理解,便值得考察。

若仅就字面而言,所谓立人纪,似来自司马迁。《史记·太史公自序》称:"夫《春秋》,上明三王之道,下辨人事之纪。"此人事之纪,当即为庄存与"人纪"一词的来源,指人与事之纲纪,盖亦不离

---

① 分别见辞目"王伐""王崩葬""王后"之经例。

司马迁所谓的君君臣臣、父父子子的王道礼法秩序,①这从庄存与的经解中亦可见答案。

《春秋》隐三年:"三月庚戌,天王崩。"庄存与以为《春秋》之所以书此,是因为丧礼无大不备,只有小不备,"苟小不备而遂削不书,非所以奉至尊而立中国之人纪也"。依庄存与之意,《春秋》书此"天王崩",一为"奉至尊",二为给诸夏国家树立纲纪。此一纲纪为何,庄存与继有阐释。

原本《胡传》以为,此次周平王之崩,鲁隐公未往会葬,其罪当诛。《日讲》和《直解》皆摘抄了《胡传》此一观点。但庄存与却一反此种认识,以为东周之初,懿亲如鲁,必不会不往会葬。且平王之时,周室礼乐典章犹存,并未衰乱到与后世"四方莫或馈饷"一般。但是,庄存与并不以平王、隐公克尽厥职即为极致,称:

> 然则《春秋》何以作乎? 法文王也,"乐道尧舜之道"也。岂曰天子亦克能修其职、诸侯服享其职而遂以王迹为不熄乎? 夫王迹在朝觐、享献、贺喜、吊灾云尔乎? 在举一世而甄陶之,皞皞如也。("王崩葬"隐三年经例)

皞皞如也,语出《孟子·尽心上》:"霸者之民,欢虞如也;王者之民,皞皞如也。"朱熹注中有"举一世而甄陶之"之语。可见,在庄存与的观念里,遵守外在"朝觐、享献、贺喜、吊灾"等礼法秩序,依旧不

---

① 司马迁称:"夫《春秋》,上明三王之道,下辨人事之纪,别嫌疑,明是非,定犹豫,善善恶恶,贤贤贱不肖,存亡国,继绝世,补敝起废,王道之大者也。……夫不通礼义之旨,至于君不君,臣不臣,父不父,子不子。夫君不君则犯,臣不臣则诛,父不父则无道,子不子则不孝。此四行者,天下之大过也。以天下之大过予之,则受而弗敢辞。故《春秋》者,礼义之大宗也。"(《史记·太史公自序》)

能代表"王迹不息",王迹更在于周王和诸侯对天下的"举一世而甄陶之"。这一"甄陶",似不仅仅是表面的外在制度,而是包含王者的教化陶冶在内,亦即为引文起首所称的"法文王","乐道尧舜之道"。

因此,可以认为,所谓立人纪,对作为统治者的周王和诸侯而言,不仅在于确立一套表面的礼教制度,更在于确立甄陶一世的文王、尧舜之道。而对于作为被统治者的诸侯(诸侯的另一身份)和天下而言,这一文王之道的意涵则稍有差别,庄存与的另一处阐释可作证明。

《春秋》僖三十年:"公子遂如京师,遂如晋。"①《穀梁传》称:"以尊遂乎卑,此言不敢叛京师也。"意在维护大一统。此意被庄存与所吸收,称:"聘必以圭币受命而行,遂不生事也,其以生事之辞言之何?辟不敬之罪于君也。辟不敬之罪于君者,尊京师也。"同样意在尊君、尊京师。在此基础上,庄存与做了"天下之一乎周"的发挥:

> 以京师遂乎晋,重晋若京师也,重晋若京师则恶矣。……周公欲天下之一乎周也,二之以晋则不可。其不可于是始,君子谨而志之,欲天下之一乎周也。"发愤忘食,乐以忘忧",以君子之为《春秋》,有所愤乎?此也;亦有所乐乎?此也。("大夫见天子"僖三十年经例)

周公作为文、武之道的光大者("周公光大,成文武德",见《春秋正辞叙目》),不过"欲天下之一乎周",②乃至孔子所"愤"所"乐",亦

---

① 第二个"遂",乃《春秋》中固定书法,《公羊传·桓公八年》:"遂者何?生事也。"何休解诂:"生,犹造也,专事之辞。"即指因一事而擅生另一事。

② 此一"一乎周"亦并非庄存与独抒新见,而是源自《公羊传》文公十三年:"周公曷为不之鲁?欲天下之一乎周也。"

无不以此。故所谓文王之道,对被统治者而言,则是效法文王、周公维护以尊王为核心的大一统礼教秩序。合此统治者和被统治者两面而言,所谓"立中国之人纪",盖可断言,乃不离包含大一统在内的王道礼法秩序。这当为庄存与不论尊王还是正王的最终落脚点,也是其经说的核心旨趣所在。关于此点,本书下一章还会有进一步的论述。

第四节 本 章 小 结

在公羊学传统中,原本即有尊王、正王二义。如《公羊传》称:

> 僭诸公,犹可言也。僭天子,不可言也。(《公羊传·隐公五年》)
>
> 卫侯朔何以名? 绝。曷为绝之? 得罪于天子也。(《公羊传·桓公十六年》)
>
> 曷为不言晋败之? 王者无敌,莫敢当也。(《公羊传·成公元年》)

反对僭天子,以为王者无敌等等,皆为尊王之表现。其本质,盖为对现实王权的尊奉。而与之一体两面的则是"抑臣",即通过抑臣来尊王,来维护君君臣臣、父父子子,礼乐彬彬的王道礼秩。如孟子曰:

> 世衰道微,邪说暴行有作,臣弑其君者有之,子弑其父者有之。孔子惧,作《春秋》。《春秋》,天子之事也。是故孔子曰:"知我者其惟《春秋》乎! 罪我者其惟《春秋》乎!"……昔

> 者禹抑洪水而天下平,周公兼夷狄、驱猛兽而百姓宁,孔子成
> 《春秋》而乱臣贼子惧。(《孟子·滕文公下》)

在孟子看来,春秋时期礼崩乐坏后犯上作乱不断,是孔子作《春秋》的直接动因。孔子不惜僭越天子之权,①来禁暴诛乱,其目的即是要恢复西周君君臣臣、父父子子的王道礼教秩序,这是尊王的出发点和落脚点。民国陈柱亦云:"公羊家言《春秋》,岂特责人之尊王而已哉?王者所以行此大一统之法者也。《春秋》为尊此大一统之法,故尊此大一统之王。"②

而正王之义,董仲舒则多有表达,常以天正王,屈君伸天,如:

> 《春秋》之法,以人随君,以君随天。……故屈民而伸君,屈君而伸天,《春秋》之大义也。(《春秋繁露·玉杯》)
> 《春秋》之道,以元之深正天之端,以天之端正王之政,以王之政正诸侯之即位,以诸侯之即位正竟内之治,五者俱正而化大行。(《春秋繁露·二端》)

董仲舒屈君以伸天,其目的即在于以天道正王,维护王道秩序。他的这一意图经司马迁转述更为显豁:

> 上大夫壶遂曰:"昔孔子何为而作《春秋》哉?"太史公曰:"余闻董生曰:周道衰废,孔子为鲁司寇,诸侯害之,大夫壅之。

---

① 对于"无王位不制法"之意,《礼记·中庸》有明确表达:"非天子,不议礼、不制度、不考文。今天下车同轨、书同文、行同伦,虽有其位,苟无其德,不敢作礼乐焉。虽有其德,苟无其位,亦不敢作礼乐焉。"正是出于此一原因,孔子才有天子之事、知我罪我之言。

② 陈柱:《公羊家哲学》,华东师范大学出版社,2014年,第33页。

孔子知言之不用,道之不行也,是非二百四十二年之中,以为
天下仪表,贬天子,退诸侯,讨大夫,以达王事而已矣。"(《史
记·太史公自序》)

为了"达王事",即心中理想的王者之道,"贬天子"原本即题中应
有之意。

可见,表面上对立的尊王和正王,实则相反而相成,它们的终
极旨归都是要构建一套符合天道(或曰王道)的理想秩序,在这一
秩序之下,君臣、父子、强弱、众寡都各安其分,守礼奉法,天下
熙熙。

由此可见,仅就"天子"一义而言,庄存与与公羊家惯有的通过
"正王""尊王"来强调"王道礼秩"(涵括"大一统"在内)的解经路
线并没有质的差别。故将之看作是清代公羊学的开创者实有确
据。但庄存与亦存在如下个人特点:一是极力尊王,甚至有迈四
传、《日讲》、《直解》而上之的倾向,在这一过程中,他往往表现得
与《胡传》的解释路线相反而与官方的《直解》相承;二是其正王之
意,很少有其他经解般上纲上线、严正凌厉之指斥,而更多表现出
仰体圣怀、嗟乱闵周的情绪,更多将"正"的重点放在宗周礼法秩序
而非周王个人之上。可以看出,庄存与此类倾向,是自觉站在王室
立场之上的,与官方的学术趣味保持一致,有着明确的维护王室、
维护大一统、维护王道礼秩的特点。此类特点,当与其长期做学政
和皇子师傅的人生经历,以及乾隆朝的政治文化环境有必然关系,
本书第五章还会继续讨论。

第三章 《内辞》《二伯辞》《诸夏辞》读解

——兼论《春秋正辞》的旨趣问题

　　《内辞》《二伯辞》《诸夏辞》，分别为《春秋正辞》九"辞"中的第三、四、五辞。其中《内辞》是该书中最大的篇章，分为上中下三卷。所谓"内"，指鲁国，故本"辞"主要讨论《春秋》中与鲁国相关的内容。其上卷主要围绕鲁公及其夫人、子女展开，共有16辞目，其中5目与鲁公相关：公继世、公继故、君薨葬、君薨故葬故、君孙；7目与夫人相关：夫人、夫人薨葬、夫人绝、妾母、夫人宁、夫人逾竟、绝夫人逾竟；4目与子女相关：子卒、子卒故、子生、内女。中卷围绕鲁国行政事务展开，共有33辞目，其中4目与鲁国祭礼相关：宗庙、郊、雩、用牲；3目与鲁国大政相关：改制、土功、搜狩；5目与会晤等相关：公会诸侯、公遇诸侯、外臣与会、公会外臣、公适诸侯；13目与战伐等相关：公以非事举、公将、公次、师、战、取国邑、土田、取邑归邑、入国邑、灭国、公行致地、公行致会、公行致侵伐；8目与朝聘等相关：来朝、来聘、平、来盟、莅盟、师加我、乞师献捷、告籴归粟。下卷围绕鲁国大夫展开，共分13辞目，分别是：大夫出疆、大夫盟会、大夫会诸侯、大夫将、大夫私行、大夫执、大夫卒、公母弟、刺大夫、大夫奔、叛邑、邦贼、邦盗。三卷小序合计，共达62条之多，可谓内容宏富。

　　《二伯辞》是庄存与讨论《春秋》齐桓公与晋文公的篇章。齐桓、晋文乃诸夏诸侯中先后崛起的霸主，定王室、令诸侯、攘夷狄，有功于诸夏礼教秩序的维护，实为诸夏诸侯之长，故庄存与将之单列一卷讨论。该辞共分 5 辞目：齐桓盟会、齐桓侵伐、齐桓救患存亡、晋文侵伐战围、晋文盟会。

《诸夏辞》是庄存与讨论《春秋》诸夏国家的篇章。共条列 24 辞目，与外交盟会相关者 12 目：特盟会、遇、次、如、胥命、参盟会、合诸侯、大夫与会、诸侯会大夫师、诸侯在大夫盟、大夫会、大夫会城；与侵伐相关者 5 目：执诸侯、执大夫、侵伐、会侵伐、戍救；与诸侯家室相关者 5 目：诸侯卒葬、未葬未逾年君、世子、母弟母兄、疑君；与小国进退绌褒相关者 2 目：附庸成子、褒封绌爵。

究其本质而言，鲁国与二伯，亦属"诸夏"。故此三辞可看作是庄存与对诸夏国家修己治家、立国理政的总检讨。由上文对辞目的简单梳理，亦可看出其内容之宏富，小到一家，大到一国，举凡人伦日用、内政外交皆囊括无遗，如祭、丧、婚、葬、战、伐、救、灭，朝觐、会同、盟誓、聘问、僭越、奔叛、弑逆、暴乱等《春秋》中的重要事类和问题，皆涵盖其中，完整体现出庄存与《春秋》"长于治人"之取向的体认和把握。因此，本章期望在上一章的基础上，详细读解此三辞，来正面探讨庄存与《春秋正辞》的学术旨趣，谅不致有举偏概全之失。

第一节 奉 天

若细读《内辞》《二伯辞》《诸夏辞》，会发现"奉天"之义处于庄存与所言义理的最高层，地位十分显要，盖与公羊家以天正王、以天道正人事的做法雷同。这一义法，庄存与在《春秋正辞》第一卷《奉天辞》中已完整提出过，在《内辞》等三辞中亦有论说，例举如下。

其一，《春秋》隐公卷的开篇文字书作"元年春王正月"，何以不书"公即位",《左传》释为"摄也"。杜预集解:"假摄君政,不修即位之礼,故史不书于策。"即认为是隐代桓立(因桓公年幼),暂居君位,且未行即位之礼的缘故。《穀梁传》的解释为:

> 公何以不言即位? 成公志也。焉成之? 言君之不取为公也。君之不取为公,何也? 将以让桓。让桓正乎? 曰:不正。《春秋》成人之美,不成人之恶,隐不正而成之,何也? 将以恶桓也。其恶桓,何也? 隐将让而桓弑之,则桓恶矣。桓弑而隐让,则隐善矣。善则其不正焉,何也?《春秋》贵义而不贵惠,信道而不信邪。孝子扬父之美,不扬父之恶。先君之欲与桓,非正也,邪也。虽然,既胜其邪心以与隐矣,己探先君之邪志,而遂以与桓,则是成父之恶也。兄弟,天伦也,为子受之父,为诸侯受之君,己废天伦而忘君父,以行小惠,曰小道也。若隐者,可谓轻千乘之国,蹈道则未也。

概略而言,穀梁子以为,不书"公即位",是为了成全隐公之志且恶桓公。但同时以为隐公非正,因其尊父之邪命让位于桓公,"是成父之恶也",究其实质是"废天伦而忘君父"。《公羊传》对此的解释为:

> 公何以不言即位? 成公意也。何成乎公之意? 公将平国而反之桓。曷为反之桓? 桓幼而贵,隐长而卑,其为尊卑也微,国人莫知,隐长又贤,诸大夫扳隐而立之,隐于是焉而辞立,则未知桓之将必得立也。且如桓立,则恐诸大夫之不能相幼君也。故凡隐之立,为桓立也。隐长又贤,何以不宜立? 立适以长不以贤,立子以贵不以长。桓何以贵? 母贵也。母贵则子何以贵? 子以母贵,母以子贵。

同样以为是成全隐公之意。隐公代桓暂立,是出于替桓公着想,并非真即位也。与《穀梁》相比,《公羊》似重在陈述事实与礼法,不但未责备隐公,甚且多有夸赞"隐长又贤"的意思。

而在《胡传》看来,不书"公即位",是"仲尼削之也",原因在于"内不承国于先君,上不禀命于天子,诸大夫扳己以立而遂立焉,是与争乱造端,而篡弑所由起也"。即认为隐公所立不正,有篡夺之嫌,故孔子削之不载。似将《公羊传》体察隐公初衷的用心完全舍弃。

综合而言,四传的解释大概可分为三种:《左传》《公羊传》类似,以为是隐公暂摄君位,故不书"公即位",杜预并将之具体为"不修即位之礼";《穀梁》同样以为摄位所致,但批评隐公未蹈道;《胡传》则以隐公篡夺,孔子削之。

《日讲》与《直解》皆批驳胡氏之说,而采杜预之说,以为"未行即位之礼,故不书即位"。庄存与却并未因袭《左传》《公羊传》一直到官方经解的解释路线,而是综合《胡传》和《穀梁》之说,认为书"元年",既已行即位之礼,但依旧不书即位,是:

> 斥隐公即位与"卫人立晋"同实矣,不为让且为篡矣。① 大惑不解?盍观夫子之贤伯夷、叔齐乎!伯夷尊父命,人知之;伯夷逃父丧,人不知之;愍自处于不孝,所以尊父之命而全之也。叔齐重天伦,人知之;叔齐尊父命,人不知之;立己非正命也,亦且逃之,宁犯二不孝,亦所以尊父之命而全之也。以是

---

① 卫宣公名晋。《春秋·隐公四年》:"冬十有二月,卫人立晋。"公羊子传:"晋者何?公子晋也。立者何?立者不宜立。其称人何?众立之之辞也。然则孰立之?石碏立之。石碏立之,则其称人何?众之所欲立也。众虽欲立之,其立之非也。"何休解诂:"立、纳、入,皆为篡。"

求仁而各得焉。① 善乎穀梁子之言，隐公"成父之恶"以为让，所由与伯夷、叔齐异矣。尝得而推言《春秋》之志，天伦重矣，父命尊矣。让国诚则循天理、承父命；不诚矣，虽行即位之事，若无事焉。是以不书即位也。（《内辞上》"公继世"经例）

卫公子晋因众大夫之力而立，被《春秋》斥为篡。庄存与以为隐公与之同实。伯夷因父遗命立弟叔齐为君，故虽为长子而逃位不居，并未以众大夫之力而立。叔齐以父命不正（废长立幼），亦逃位不居，并未从父之邪命而立。是以庄存与以为二人实质上是皆"尊父之命而全之也"。隐公在此两点上，皆有愧于伯夷、叔齐。可见，虽然"天理""父命"交相为重（"天伦重矣，父命尊矣"），但并不能以父命而逆天理，即如果众志为邪、父命为邪，循天理完全可以违背众志与父命，这当是其善乎穀梁子之言的原因。盖体现出庄存与奉天正人的学术主张。

其二，桓公弑君兄得位，依照《公羊》"继弑君不言即位"之例，《春秋》当不书"公即位"。但《春秋》桓公元年却书"元年春王正月公即位"。《左传》对此无传。《穀梁》以为是缘于"与闻乎弑也"，《公羊》以为是"如其意也"，何休解诂："弑君欲即位，故如其意，以著其恶。"其意盖与《穀梁》近似。《胡传》《日讲》亦皆从此一角度立说。而《直解》以为："桓自正其即位之礼也。……以见乱贼之得志也，天王之失讨也，方伯之废职也，鲁人之臣仇也。"庄存与同样批评其他诸侯不讨鲁桓公，称"同世相接之大小侯，不得委于不知

---

① 《论语·述而》："冉有曰：'夫子为卫君乎？'子贡曰：'诺。吾将问之。'入，曰：'伯夷、叔齐何人也？'曰：'古之贤人也。'曰：'怨乎？'曰：'求仁而得仁，又何怨。'出，曰：'夫子不为也。'"朱熹集注："盖伯夷以父命为尊，叔齐以天伦为重。其逊国也，皆求所以合乎天理之正，而即乎人心之安。"

贼矣"。并在此基础上进一步称:"上天神明,先王、先公之灵,其可欺哉!以元年春王正月临之于祖庙,而公之即位无异'致刑于甸人'矣。"(《内辞上》"公继故"经例桓公条)其中甸人乃周官,掌田野之事及公族死刑。而所谓"以元年春王正月临之",即指以"五始"之前四"始"正之,易言之,体现了庄存与以天道祖德正王的态度。

由以上例证可知,公羊学中"五始"之义,尤其是其中以天正王,以天道正人事之义,庄存与是完全赞同的,在其学说中具有根本地位。

第二节 尊　尊

在《内辞》《二伯辞》《诸夏辞》中,庄存与阐述最多的似为尊尊和亲亲之义。在庄存与看来,"不以亲亲害尊尊,亦不以尊尊害亲亲,是用内和而家理"(《诸夏辞》"母弟母兄"隐七年经例)。本节拟对庄存与的尊尊之义略作梳理,下节将对其亲亲之义做出考察。

质言之,庄存与的尊尊,多为强调对天王、二伯、诸侯等人的尊奉,同时讥贬僭乱,护卫礼制等级秩序,有充分的具体例证可说明此一问题。

一、尊王

尊奉天王是庄存与的核心观念之一,既是其所认为的《春秋》大义所在,亦是其褒贬进退一切人事的重要标准。对于其尊王的特征,前章对《天子辞》的读解中已有所说明。本节拟通过对《内辞》等三辞的读解,继续对此一问题略作补充说明。

在庄存与看来,"监一国曰守臣,长一州曰力臣"(《内辞中》

"公将"小序),诸侯尊奉天子乃其职分所定。如《春秋》隐三年"齐侯、郑伯盟于石门",《左传》仅传本事,《穀》《公》无传,《胡传》以为"凡书盟者,恶之也",《日讲》抄《胡传》,《直解》批评诸侯结党营私,而"天下始多故,诸侯遂无王矣"。庄存与亦沿此一解经路线,以诸侯私盟为说,但特别责其不率职尊王:"噫嘻!齐侯,州伯也;郑伯,王卿士也;各率厥职,奚为于石门而盟诸!祭伯不正其私交,则齐侯、郑伯不正其私盟矣。"(《诸夏辞》"特盟会"经例)

再如,对于将周桓王战伤的郑庄公,按照惯例,当贬不书葬,但《春秋》桓十一年却书:"秋七月,葬郑庄公。"《左传》仅叙述本事,对此无解说;《公》《穀》《胡》亦皆无说;《日讲》乃推测之辞,称:"卒逾两月而葬,虑有争也。"《直解》全抄《日讲》。庄存与却未采纳官方之解,而是给出全新的解释:

> 然则何以不去葬?曰寤生之辟有议焉,五庙之孙,于诸姬为近,桓公死难,武公佐平王以东迁,郑以《缁衣》立国乎天下,其功有诛而无绝,则寤生之诛,礼为之变且隐者也。诛之必续其子孙,奚为不志其葬!(《诸夏辞》"诸侯卒葬"桓十一年经例)

郑庄公寤生的祖父郑桓公死于犬戎攻周之难,父亲郑武公又有佐平王东迁之功,父祖两代竭力王室,庄存与以为"其功有诛而无绝",故郑庄公得以因祖荫而书葬。可以看出,庄存与对郑国三代人的褒贬皆以尊王与否为准衡。

而与卫侯朔一样出奔又返国,两度为君的郑厉公姬突,《春秋》曾书名以"绝"之,依例亦当不书葬。但《春秋》同样书其葬。四传对此无说。《日讲》亦未做解释,但指出郑突有功王室,而犹谥作"厉",是"周室虽衰,公议尚在",《直解》袭之。只有庄存与对其书

葬给出解释,但却暗袭官方有功王室之论:

> 绝之而又见入焉,郑伯突也,卫侯朔也,皆不容于诛。朔
> 不葬,突何以葬?功以除突之罪也。突之功奈何?定王室也。
> 惠王辟子颓之难,居于温,郑伯诛子颓而王室定,罪固可得而
> 除矣。(《诸夏辞》"诸侯卒葬"庄二十一年经例)

所谓定王室之功,盖即意在尊王矣。

再如,《春秋》文元年"卫人伐晋",若依《春秋》讳伐盟主之
例,①当讳而不书,但卫人此伐乃因晋人伐卫而起,庄存与认为此为
不以晋为盟主之辞,因为晋襄公"位在藩臣,见人之不朝事己,而辄
伐之,非所以安臣节而奉帅天子也。于是乎以人从欲而专行乎中
国者,累世焉,卒以卑周室而启吴、楚之心,晋襄公始为之也。不主
晋于是始,而王道行矣"(《诸夏辞》"侵伐"文元年经例)。可见庄
存与同样以奉帅天子,维护王道立论。

再如,《春秋》成三年:"晋侯使荀庚来聘。"诸传或无说,或皆解
释此一具体事件,庄存与却将《春秋》志王使和晋使的频次做了总
结,认为鲁人已经以王使待晋使:

> 隐、桓之《春秋》,志王使聘五焉;成、襄之《春秋》,志晋使
> 聘九焉。鲁人之所以荣且喜者,移于晋矣。以共京师者共晋,
> 圣人之所甚惧也。舍隐、桓,则志王使也罕,自成而下,王使亦
> 绝不见,"章疑别微以为民坊",《春秋》之大教也。《春秋》终
> 不使鲁人以待王使者待晋使,绝之若不相见者然,以尊王而抑

---

① 《春秋·定公九年》:"秋,齐侯、卫侯次于五氏。"杜预集解:"五氏,晋地。
不书伐者,讳伐盟主,以次告。"

晋。微故尊之,僭故抑之,王聘屡于隐、桓,晋聘屡于成、襄,皆以为非常焉尔。(《内辞中》"来聘"成三年经例)

所谓"不使鲁人以待王使者待晋使","尊王而抑晋"等,皆将庄存与尊王而贬诸侯之意明白道出。

上引诸例说明,庄存与已将"尊王"与否作为褒贬诸侯行为的重要标准。因此,凡是对周王有所僭越的行为,皆当在其讥贬之列。如鲁国的国家大型祭祀:宗庙、郊、雩、用牲等,庄存与即皆讥其僭越:

《诗》有指焉:"周公皇祖,亦其福女。"愍忘周公之礼,其福女哉。"禘于大庙",以禘为非;"吉禘于庄公",以吉为非。言"大事"、言"有事",终以为不可言而不言也。(《内辞中》"宗庙"小序)

庄存与以为《春秋》僖公八年的"禘于太庙"和闵公二年的"吉禘于庄公",皆属僭礼行为。而文公二年"大事于太庙,跻僖公";宣公八年"有事于太庙";昭公十五年"有事于武宫"等祭祀行为,亦皆属"不可言"的僭越礼制的行为,故《春秋》讳而以"大事""有事"代之。再如"郊":

鲁之郊禘,自僖公始也。成王建鲁,"锡之山川,土田附庸",《诗》言止矣。既而言曰:"周公之孙,庄公之子,龙旂承祀,六辔耳耳。春秋匪解,享祀不忒。"乃遂曰:"皇皇后帝,皇祖后稷,享以骍牺"。嗟叹之曰:"是飨是宜,降福既多。"继之曰:"周公皇祖。"若曰吾君,周公之孙也。可谓善颂,可谓善规者乎!《春秋》隐、桓、庄、闵之策书,无言郊者。人曰:

"僖公,鲁之盛君也。"①圣人曰:"周公其衰矣!"(《内辞中》
"郊"小序)

所谓郊禘,乃以祖先配祭昊天上帝的祭礼,春秋时为专属周天子之
礼,鲁用郊禘属僭越行为。《礼记·礼运》:"孔子曰:'於呼哀哉!
我观周道,幽、厉伤之,吾舍鲁何适矣? 鲁之郊禘,非礼也,周公其
衰矣! 杞之郊也,禹也;宋之郊也,契也;是天子之事守也。故天子
祭天地,诸侯祭社稷。"因杞、宋作为二王之后,依旧被允许实行先
代天子郊禘之礼,但鲁作为周公之后,只该祭社稷,行郊禘礼是僭
越的。故庄存与引《诗·鲁颂·閟宫》,暗讽僖公为周公之后裔却
不遵守周公之礼制,以其当政时期为周公之道衰败的开始。责僭
越之意依旧是明显的。再如:

> 雩以大为僭,过则书。昉于桓,成于僖。有以渎书,有以
> 旱书。(《内辞中》"雩"小序)
> 失礼于社,止此乎? 举其可道者,亦僭矣。(《内辞中》"用
> 牲"小序)

庄存与以为,书于《春秋》之"雩"祭,除了以"渎""旱"所书者外,皆
以超越规格的僭越而书。("雩以大为僭,过则书。")《春秋》之"用
牲于社",庄存与亦以其因僭越礼制而书。质言之,所谓僭越,依旧
是庄存与尊王维护礼制的具体体现而已。
　　除国家的大型常设祭典外,其他活动中的僭越行为亦受到庄
存与批评。如隐五年"初献六羽",乃鲁桓公之母仲子之宫落成,将
举行安主祭祀仪式,乃初次使用"六羽"。诸传皆以僭越释之,《公

---

① 《魏书》卷43《房法寿传》记房景先语。

羊传》所释尤为详明,称:"初献六羽何以书?讥。何讥尔?讥始僭诸公也。六羽之为僭奈何?天子八佾,诸公六,诸侯四。……僭诸公,犹可言也。僭天子,不可言也。"即以仲子僭用了本该鲁公使用的六羽,则暗示鲁公当僭用了本该周天子所用的八羽。庄存与因袭之,称:

> 何以书?讥。何讥尔?用诸侯之盛乐也。曰"考仲子之宫"且"献六羽"乎?惠宫将以何献矣?周公之庙,鲁公之室,又将何以献矣?献六羽可言也,以妾僭君不可言也。不可言而言之,且目之曰"初",以鲁之用乐,为所有大不可言者矣。僭天子也,讳之而不书矣,因事以书。(《内辞上》"妾母"经例)

综合以上诸例可以看出,庄存与的尊王,既有对现实王权的尊奉,又更多是对等级礼法制度中王制的尊奉,体现出个人特点。

二、奉戴二伯及诸侯

除尊奉周天王之外,庄存与亦严格维护诸夏诸侯对二伯、附庸小国对州伯、臣子对诸侯的奉戴。

具体而言,庄存与之所以褒扬齐桓公,即看重其却奸尊义、救患存亡等安诸侯修礼乐的作为,如称:

> 经营二十余岁,中国诸侯拟议观望,意未决也。存三亡国,而天下咸谕乎桓公之志。再为义王,[1]克尽臣节。修礼诸

---

[1] 《大戴礼记·保傅》:"齐桓公得管仲,九合诸侯,一匡天下,再为义王;失管仲,任竖刁、狄牙,身死不葬,而为天下笑。"王聘珍解诂:"卢注（转下页）

侯,官受方物,①"鲁人至今以为美谈,犹望高子",②则修《春秋》之时也。"邢迁如归,卫国忘亡",③非以文、武、成、康之世近,周礼无恙故邪! 虽曰未粹,苗莠粟秕。晋文慊焉,则不算矣。(《二伯辞》"齐桓救患存亡国"小序)

虽然庄存与赞赏齐桓公经营中国,是以其"克尽臣节"为前提的,但显然在此前提下,他亦赋予齐桓诸侯之长的地位,赞赏其他诸侯对齐桓的翼戴。

再如《春秋》庄二十五年"春,陈侯使女叔来聘",诸传或围绕"陈",或围绕"女叔",或围绕"来聘"为说,只有庄存与以为书此为"录齐桓之功":

"陈侯使女叔来聘",何以书? 录齐桓之功也。桓公"纠合

(接上页)云:'阳谷与召陵也。'聘珍谓:'义王'者,以义正王室也。再为义王,谓首止与洮之会也。左氏僖五年传曰:'会于首止,会王太子郑,谋宁周也。'僖八年传曰:'盟于洮,谋王室也。'杜彼注云:'惠王以惠后故,将废大子郑而立王子带,故齐桓帅诸侯会王大子以定其位。'又云:'王人会洮还,而后王位定。'"

① 《左传·僖公七年》:'管仲言于齐侯曰:'臣闻之,招携以礼,怀远以德,德礼不易,无人不怀。'齐侯修礼于诸侯,诸侯官受方物。"杜预集解:"携,离也。诸侯官司,各于齐受其方所当贡天子之物。"

② 《春秋·闵公二年》:"冬,齐高子来盟。"公羊子传:"高子者何? 齐大夫也。何以不称使? 我无君也。然则何以不名? 喜之也。何喜尔? 正我也。其正我奈何? 庄公死,子般弑,闵公弑,比三君死,旷年无君,设以齐取鲁,曾不兴师徒,以言而已矣。桓公使高子将南阳之甲,立僖公而城鲁,或曰自鹿门至于争门者是也,或曰自争门至于吏门者是也,鲁人至今以为美谈,曰:'犹望高子也。'"

③ 《左传·闵公二年》:"僖之元年,齐桓公迁邢于夷仪。二年,封卫于楚丘。邢迁如归,卫国忘亡。"

诸侯,谋其不协",①玉帛之使,盛于中国,不可胜书,书必于其简者。陈,三恪之封也,②自我言之,迩与戚不若宋、卫;自陈言之,齐桓没而日役乎楚矣。齐桓主中国,则陈不知有楚患,国家安宁而志一以奉王事,嘉好之使接于我焉。志陈之聘我,则中国诸侯见矣。终《春秋》而一志聘者,陈与郑尔。何言乎"陈侯使女叔来聘"?言齐桓之力,安中国而义睦诸侯也。(《内辞中》"来聘"经例)

虽然同样以"志一以奉王事"为前提,但齐桓的"主中国"行为,及其背后诸夏诸侯对齐桓的服从,皆得到了庄存与的赞赏。而对于晋文公,庄存与认为难拟齐桓公,"晋文拟焉,则不算矣"(《二伯辞》"齐桓救患存亡国"小序),并赞同孔子"晋文公谲而不正,齐桓公正而不谲"之说,称"曰正曰谲,一夺一予"(《春秋正辞叙目》)。但同样对晋文定周室、存诸夏,多所认可,如城濮之战晋大败楚,有捍御楚国之功,则云"鄉微晋文,诸夏遂熄"(《内辞中》"乞师、献捷"小序);"微晋公子,鲁、卫、曹、郑,懿亲上邦,惟楚是听"(《二伯辞》"晋文侵伐战围"小序)。

因此,虽然庄存与认为"有天子存,则诸侯不得主诸侯命也"

---

① 《左传·僖公二十六年》:"桓公是以纠合诸侯,而谋其不协,弥缝其阙,而匡救其灾。"

② 《左传·襄公二十五年》:"昔虞阏父为周陶正,以服事我先王。我先王赖其利器用也,与其神明之后也,庸以元女大姬配胡公,而封诸陈,以备三恪。"杜预集解:"周得天下,封夏、殷二王后,又封舜后,谓之恪。并二王后为三国,其礼转降,示敬而已,故曰三恪。"一说封黄帝、尧、舜之后于蓟、祝、陈。《诗·陈风谱》孔颖达疏:"案《乐记》云:'武王未及下车,封黄帝之后于蓟,封帝尧之后于祝,封帝舜之后于陈;下车乃封夏后氏之后于杞,投殷之后于宋。'则陈与蓟、祝共为三恪,杞、宋别为二王之后矣。"

（《二伯辞》"齐桓盟会"庄十六年经例），"礼乐征伐有天子存，圣人必不愿其自诸侯出矣。"（《诸夏辞》"参盟会"隐八年经例）但出于春秋时期周室衰微，无伯只会带来诸侯力正的结果，即"桓、文作而《春秋》有伯辞，实与而文不与也；桓、文没而《春秋》无伯辞，以为是诸侯之力正者尔"（《诸夏辞》"侵伐"文元年经例）。庄存与还是对二伯"主诸侯命"的行为，亦即天下诸侯对二伯的畏服，给予了肯定。其本质不离对王权与礼制的维护。

除二伯之外，诸夏大国，皆有小国附庸。二伯受诸夏诸侯尊奉，此类州伯亦当受其附庸尊奉。如桓十五年[1]"邾人、牟人、葛人来朝"，庄存与曰："何以曰朝？ 附庸固曰朝矣。"（《内辞中》"来朝"经例）体现出庄存与对此一诸侯间等级秩序的强调。

对于州伯，庄存与以为亦当以分灾救患、安定一方为事，如《春秋》隐四年"夏，公及宋公遇于清"，诸传皆围绕"遇"作发挥，庄存与除此之外，另强调州伯职责，称：

> 诸侯非民事不举，《诗》曰："之子于征，劬劳于野，爰及矜人，哀此矜寡。"此侯伯劳来，万民还定而安集之诗也，是以不及期相见而如是其急。分灾救患如此，讨罪亦必如此。公及宋公有讨卫乱之心乎？ "遇于清"，不闻有一事焉，相得者何志矣？ 交讥之。（《内辞中》"公遇诸侯"经例）

据《左传》，本年"卫州吁弑桓公而立。公与宋公为会，将寻宿之盟。未及期，卫人来告乱。夏，公及宋公遇于清"，并未明确鲁、宋相会所为何事，故庄存与以为鲁、宋急于"不及期相见"（即"遇"），既非

---

① 原文误作"十有四年"，《皇清经解》本亦误，据《春秋》原文改。另此条经例重见于《外辞》"小国"。

分灾救患,亦非讨罪,有悖侯伯之职,《春秋》交讥之。透露出庄存与对侯伯职分的理解。

庄存与在主张诸侯奉戴王室的同时,亦主张大夫奉戴诸侯,反对大夫僭越专权,以为"为人臣者必使臣也"(《内辞中》"来聘"经例),"大夫微也,微则以为大夫之宜"(《内辞下》"大夫盟会"隐元年经例)。故对淆乱诸侯与大夫界限的举动,一律致以贬责,如:

> 诸侯多在,晋大夫一人,会斯人也,称斯师焉,盾犹知为人臣乎!大夫五人,荀偃主兵,郑伯亲之,率之乎?从之乎?伯、子、男与人臣夷乎?(《诸夏辞》"诸侯会大夫师"小序)

引文前半段指文十四年:"六月,公会宋公、陈侯、卫侯、郑伯、许男、曹伯、晋赵盾。癸酉,同盟于新城。"乃一大夫会盟众诸侯。后半段指襄十六年:"叔老会郑伯、晋荀偃、卫宁殖、宋人伐许。"乃一诸侯会众大夫。从引文辞气可看出,庄存与对此类等夷诸侯与人臣行为的斥责之情。

再如,襄八年"晋侯使士匄来聘",襄十二年"夏,晋侯使士鲂来聘"等经例,诸传皆从当时形势出发,解释来聘的事由或目的,而庄存与却以为:"何以书?非常事也,以大夫答公也。""何以书?非常事也,以君答大夫也。"(《内辞中》"来聘"经例)即从报聘者的地位悬殊着眼,斥责等夷晋大夫与鲁君的行为。

另外对大夫参与盟会的行为,亦皆严厉批评,其缘由还在于大夫僭越,如:

> 聘,大夫之礼;会,则焉得有大夫之礼?《论语》不云乎:"宗庙会同,非诸侯而何?"盟必以其君之身及其国家为之质,大夫读其书,可乎?信在大夫,可乎?"及宋人盟于宿",乱之

大者。"据乱而作",有指哉! (《内辞下》"大夫盟会"小序)

会盟皆属诸侯之礼,大夫自不得有份。《春秋》据乱而作,书大夫会盟意在贬责大夫僭越的乱行。此类论述,尤不体现出庄存与严君臣之分的坚定立场。再如:

歃必称名,君乎? 臣乎? 鸡泽疑矣,溴梁擅矣,盟者不义,逃者义矣。(《诸夏辞》"诸侯在大夫盟"小序)

庄存与所批评的"诸侯在大夫盟",一指襄公三年:"六月,公会单子、晋侯、宋公、卫侯、郑伯、莒子、邾子、齐世子光。已未,同盟于鸡泽。陈侯使袁侨如会。戊寅,叔孙豹及诸侯之大夫,及陈袁侨盟。"另一指襄公十六年:"三月,公会晋侯、宋公、卫侯、郑伯、曹伯、莒子、邾子、薛伯、杞伯、小邾子于溴梁。戊寅,大夫盟。"襄公十六年之会,齐大夫高厚逃归不盟,庄存与以为逃者义,盟者不义,其关键原因还在于盟会礼节上的僭越,即所谓"歃必称名,君乎? 臣乎?"显示出庄存与维护君臣之统的态度。在庄存与看来,大夫与会,只会带来三种结果:

诸侯之大夫不摄君,听命于会可,列于会不可。有三而已:专也,甚者乱,穷诸贼。(《诸夏辞》"大夫与会"小序)

《公羊传·文公十六年》:"大夫弑君称名氏,贱者穷诸人;大夫相杀称人,贱者穷诸盗。"所谓"穷诸",意为"推至极致"或"追究到极致"。故庄存与以为大夫列于会,只会导致三种结果:轻则专权,重则叛乱,更甚则弑君(所谓"贼")。可知庄存与反对大夫与会的着眼点,依旧在防止专权,维护秩序上。

综上可以断言,庄存与之所以奉戴伯主和侯伯,反对僭越,其目的固不离对礼教等级秩序的维护。

三、贬乱贼

所谓据乱而作的《春秋》,原本即对"君不君、臣不臣、父不父、子不子"类事件多有记录,此类事件大多有悖于尊尊之义,故亦成为庄存与讥贬的重点。如对专权的季氏家臣阳虎,庄存与云:"陪臣执国命,不见于异邦。惟此一人而夫子究之,穷诸盗矣。"(《内辞下》"邦盗"小序)所谓穷诸盗,此处指对位卑犯罪者的穷治,其贬斥蔑视之意显然。阳虎作为季氏的家臣,上执鲁国命,跃升了两级,故云。

再如,昭三十一年"季孙意如会晋荀跞于适历",《公》《穀》无传。《左传》只记本事:晋侯欲伐季孙意如以纳被其所逐的昭公于鲁,晋国执政范鞅召意如相会以沮之。故胡安国称,晋侯主盟,不能讨意如,"而宠以会礼,不亦逆哉!"《日讲》主要责范鞅"表里为奸,多方把持"。《直解》亦以为:"书会,责晋侯也,诛晋臣也。"可见阐释的重点皆在责晋国君臣,但庄存与却将之完全扭转到责季孙意如上来:

> 此非君命,曷为以会言之如恒辞然? 意如无君也,不以恒辞言之则无用见意如之志也。成其志著其恶,然后曰其卒,故曰"定、哀多微辞"。(《内辞下》"邦贼"经例)

凸显出庄存与更注重责逆乱之臣而非侯伯,表明其对君臣之统的重视。同样是此逐君之季孙意如,庄存与在"君孙"小序中论之曰:

> 诸侯出则绝,我可以旷八年无君乎?《春秋》之辞恒有君。安于无君,意如之心也;若犹有君,意如之迹也。圣人诛其心

因其迹,未尝绝昭公于鲁焉。(《内辞上》"君孙"小序)

昭公外奔的八年,《春秋》每年皆书有昭公的行迹。故庄存与以为此为季孙意如表面之作态(意如之迹),其心中早安于无君。孔子因之而书,乃"诛其心因其迹,未尝绝昭公于鲁焉"。庄存与所推原的孔子之意,盖即为他对此类叛君悖逆行为的态度。

比此类叛乱行为更严重的,当为弑逆。庄存与称:"弑逆大恶,无所容于天地矣。"(《内辞中》"公会诸侯"桓十七年经例)可见其严谴的态度。再如"邦贼"小序称:

士之八成,九刑不忘。圣人之辞,严于铁钺。口授弟子,不著竹帛。(《内辞下》"邦贼"小序)

所谓邦贼,揆诸后文庄存与所附之经例,当指逐君、弑君之卿大夫。据《周礼·秋官·士师》郑玄注,八成为依以判罪决事的八种成例,"邦贼"为其中之一。据《左传·昭公六年》杜预集解,称:"周之衰,亦为刑书,谓之《九刑》。"故庄存与之意,以为邦贼在圣人严谴之列。正因为孔子对其当身的"邦贼"有所讥刺,才口授弟子,以避笔祸。而在更多对具体事例的阐说中,更见庄存与对此类弑逆者的讥贬态度,如:

庆父诛,宣公享;庆父略,宣公详。伏其罪者,恶易尽也;享其利者,恶难尽也。宣公生,不若庆父死也。(《内辞上》"子卒故"小序)

庆父,即共仲,孟孙氏(三桓之一)之祖,鲁国上卿。庄公去世后,他派人先后杀死继位的子般和闵公,欲图自立。季友拥立僖公后,他逃奔至莒国,后在莒国将其送回的途中自缢而死。宣公,即姬俀。文公卒,大夫襄仲(即公子遂)在齐惠公默许下,杀嫡子子赤(此处从《公羊》之说,《左传》以被杀者为恶、视二人),立庶子俀,即宣公。《史记·十二诸侯年表》称:"鲁立宣公不正,公室卑。"

同样是弑君夺位,庆父伏诛,宣公却得位获利,庄存与对之的看法是"宣公生,不若庆父死也",已近乎咒骂了。

另如桓三年"九月,齐侯送姜氏于讙",乃鲁桓公新娶之夫人文姜自齐来归,三传及《直解》《日讲》皆以齐侯亲送为非礼作解,而庄存与却新添所嫁非人之意:

> 何言乎"齐侯送姜氏于讙"?讥。何讥尔?爱不以德也。自古之道,"男有分,女有归",虽及庶人,必择良人而耦之,况诸侯乎!《日月》之诗曰:"乃如之人兮,德音无良。"卫庄姜伤己,岂遽忘于齐侯之耳乎!"送姜氏于讙",何异委此子于蒺藜矣。鲁侯之恶,非卫庄公比。("夫人"桓三年经例)

卫庄公无良,宠庶子州吁,致使身后州吁作难,弑嫡兄卫桓公而自立。庄姜以《诗·邶风·日月》一诗伤己不为庄公待见,致使难作。① 庄存与以为,齐侯不鉴于此,依旧不谨慎选婿,而嫁女于弑君之贼,(卫庄公身后难作,鲁桓公亲弑君兄,故曰:"鲁侯之恶,非卫庄公比。"②)何异"委此子于蒺藜"。然而齐侯所送来之文姜,乃鲁

---

① 毛序:"《日月》,卫庄姜伤己也,遭州吁之难,伤己不见答于先君,以至困穷之诗也。"

② 《春秋正辞》全书对鲁桓公弑君兄多痛下讥贬,如,《天子辞》"王使"桓四年经例"天王使宰渠伯纠来聘",庄存与称鲁桓公为"弑君之贼",而悲叹周王不能"加诛";《内辞中》"公会诸侯"桓十七年经例"公会邾仪父盟于趡",庄存与论鲁桓公曰:"弑逆大恶,无所容于天地矣。"

国历史上有名的不守妇道之夫人,最终与兄长齐襄公通奸而谋杀了亲夫鲁桓公。即使是这样一位夫人,庄存与依旧以为其所嫁非良,可见其对乱贼鲁桓公的痛恨程度。

总之,乱贼仅是僭越行为恶性发展的结果。庄存与对乱贼的讥贬,同样是尊尊的一种体现。

第三节 亲 亲

庄存与在主张尊尊的同时亦主张亲亲。详参庄存与的相关文本,其旨意似有二:一是人道当亲亲,二是亲亲当以礼。试为之缕述如下。

一、人道亲亲

除了在本章所读解之《内辞》《二伯辞》《诸夏辞》外,庄存与在其他"辞"中,对亲亲之义亦多有表述,如《天子辞》称:

> 正王母弟曰:人道亲亲,念我二人。天子亦无多所厚,所厚惟世子母弟。推而放之,准乎四海。富而贵之,常常见之。同其好恶,曷问是非。一人果有所私,则万姓咸喜。翊有师保,养以圣度。如何不思,亦莫不顾。(《天子辞》"正王母弟"小序)

以为天子当厚其母弟,甚至不惜不问是非而富贵纵容之,且以为"一人果有所私,则万姓咸喜"。庄存与亲亲的态度是明确的。

再如《诛乱辞》"逐世子母弟"定十四年经例,庄存与称"子无去父之义,凡民愚不肖尽知之","子无拒父之事,凡民愚不肖尽知之"，亦展现出庄存与对亲亲的态度。

而对于失亲亲之道者，则多给予讥评，即使是大贤如子产亦未能幸免。如鲁昭公二年，子产诛"郑之乱人"其同族兄弟公孙黑，并"尸诸周氏之衢，加木焉"。庄存与曰："尸之加木焉，则是以兄弟为国人也。不议自司寇则无法，身质其辞则伤恩，惜其有救世之才而愧于王者之道也。"（《诛乱辞》"杀大夫"昭二年经例）再如隐元年，郑庄公杀其弟段，庄存与曰：

> 杀世子母弟则何以必目君？伤其天性也，何异自杀其身矣。一体之戚，何至不可并生于天地，岂必在忍人，一端失所以教，否不复通，逝不复还，断不复续，是故遭人伦之变者，必以舜为法于天下后世，而周公且曰有过也。①（《诛乱辞》"逐世子母弟"隐元年经例）

舜的父亲、母亲、弟弟皆傲狠，欲杀舜，但舜却愈发恭卑孝顺，最终将之感化。庄存与以为此为遭人伦之变者的正道。在这一方面，甚至诛杀兄弟管叔、蔡叔的周公，也不能无过。庄存与在亲亲上的主张可见一斑。

而在本章所读解的《内辞》等三辞中，庄存与延续了此类认识。如

> "君子不施其亲"，三刺之法，非所论于八议之辟也，季子正矣。（《内辞下》"刺大夫"小序）

---

① 《孟子·公孙丑下》："见孟子问曰：'周公何人也？'曰：'古圣人也。'曰：'使管叔监殷，管叔以殷畔也，有诸？'曰：'然。'曰：'周公知其将畔而使之与？'曰：'不知也。''然则圣人且有过与？'曰：'周公弟也，管叔兄也，周公之过，不亦宜乎？'"

《论语·微子》:"周公谓鲁公曰:'君子不施其亲,不使大臣怨乎不以。故旧无大故,则不弃也。无求备于一人。'"朱熹注:施,弛,遗弃也。三刺之法,为《周礼·秋官》司刺所执掌,指"一曰讯群臣,二曰讯群吏,三曰讯万民",以此来定当刑杀否。八议之辟,指对八种人犯罪后从宽处理的办法,《周礼·秋官·小司寇》称:"以八辟丽邦法,附刑罚。一曰议亲之辟;二曰议故之辟,三曰议贤之辟,四曰议能之辟,五曰议功之辟,六曰议贵之辟,七曰议勤之辟,八曰议宾之辟。"庄存与以为,君子不弃其亲,对于亲故的惩罚也当依八议之法从宽处理,而不应采取三刺之法询诸众人。故其赞赏鲁庄公末年季友酖公子牙,逼庆父自尽,为得正。因尽管二人谋划、参与弑君,但皆为季友庶兄,故处理当顾及亲亲之义。显然此一出发点与上揭讥刺子产是一致的。

再如,对于遭遇人伦之变者,庄存与同样主张隐忍含受,不废亲亲。如鲁宣公弑公子赤而得位,其弟叔肸颇不以之为然,《穀梁传》宣十七年称:"其曰公弟叔肸,贤之也。其贤之何也?宣弑而非之也。非之,则胡为不去也?曰:兄弟也,何去而之?与之财,则曰:'我足矣!'织屦而食,终身不食宣公之食。君子以是为通恩也,以取贵乎《春秋》。"这一立场得到庄存与的完全赞同:

> 骨肉之亲无绝,不受禄亦不去国。叔肸遭变而不失弟之道,以取贵于《春秋》,系之公,以公尚知愧乎!(《内辞下》"公母弟"小序)

叔肸虽然不以宣公为然,但"不受禄亦不去国",不失弟道,故为庄存与所赞赏。另如《春秋》庄元年仅书"元年春王正月",《左传》称:"不言即位,文姜出故也。"即指与齐襄公谋害丈夫鲁桓公之后,文姜依旧躲在齐国未归。《公羊》以"君弑子不言即位","隐之也"

为说。《胡传》称"内无所承,上不请命",盖讥鲁庄公有篡夺之嫌。皆未将父子亲亲作为阐释的重点,唯《穀梁传》称:

> 继弑君不言即位,正也。继弑君不言即位之为正,何也?
> 先君不以道终,则子不忍即位也。

庄存与对此条经文的解说全抄《穀梁传》,完全赞同其间所突出的父子亲亲之义。[①] 这一立场与官方的经解类似,《直解》引《穀梁》继弑君不忍即位之说后,并称:"然所谓不忍者,必矢志复仇,死生以之,岂仅以不即位明不忍已哉。"已在《穀梁》基础上过度发挥。但此时与弑鲁桓公者包括其妻文姜,对其子鲁庄公而言,此无异于遭人伦之大变,可知此类"矢志复仇"的发挥,有失庄存与隐忍含受之态度,故不为其解说所取。

综上可认为,庄存与一是主张人道亲亲,二是在遭遇两难的人伦之变(如亲人叛变、弟弑兄、母弑父等)时,则主张伸张正义需照顾到亲亲之义,鼓励低调或隐忍的处置方式,尤其反对毫不顾及亲亲之义而只遵循刑罚的彻底处理。

二、亲亲以礼

庄存与虽然主张亲亲,但并非毫无限勒,其依据的标准似不离"礼"。如妾母能否升格为夫人?庄存与是反对的:"妾母必不可夫人也,子必不可不亲其母而事之也,天性也。"(《诸夏辞》"母弟母兄"小序)"庶子为侯必尊君母而亲其母,不以亲亲害尊尊,亦不以尊尊害亲亲,是用内和而家理。"("母弟母兄"隐七年经例)可见虽

[①]　庄存与:《春秋正辞》卷3《内辞上》"公继故"经例庄公"元年春王正月"条。

然主张其子应亲其妾母,但这种亲亲并不是无限度的。再如:

> 齐桓明天子之禁曰:"无以妾为妻。"人道所以异于禽兽,此其几希。胡康侯曰:"以妾媵为夫人,徒欲尊宠其所爱而不虞卑其身;以妾母为夫人,徒欲崇贵其所生而不虞贱其父。卑其身则失位,贱其父则无本。"《春秋》之指正矣。(《内辞上》"妾母"小序)

即这样的亲亲有害尊尊,易言之,有妨于礼教等级秩序的稳固,这当是庄存与反对的原因。

再如,桓九年"曹伯使其世子射姑来朝",除《左传》仅叙本事,无所讥贬外,诸传皆讥曹伯、世子或鲁国失礼。如《榖梁》称:"朝不言使,言使非正也。使世子伉诸侯之礼而来朝,曹伯失正矣。诸侯相见曰朝,以待人父之道待人之子,以内为失正矣。内失正,曹伯失正,世子可以已矣,则是故命也。"《公羊传》以为:"《春秋》有讥父老子代从政者,则未知其在齐与,曹与?"庄存与继续沿此一视角,称:

> 诸侯世子也,会同则可摄,朝则不可以摄。射姑非摄,曹伯使之,非礼也。……曹伯老矣,不重其子;世子亲矣,不念其君。危国乱家之道,二百四十二年,惟一曹世子。(《诸夏辞》"世子"桓九年经例)

并于桓十年"春王正月庚申,曹伯终生卒"之时,继续旧事重提:

> 曹伯老矣,曷为见之?以其使世子来朝,不可以不之见,乱之阶也。……当时不日,而不谓之正,何也?莫之致而至

者,命也,虽乱,不咎其人,谓之"天作孽";致之而幸不至,非命也,虽不乱,必正其失,谓之"行险以徼幸"。噫,彼坏国、丧家、亡人,不过先去其礼也①,亦奚其丧失全而后全亡。子曰:"言不可以若是,其几也。"(《诸夏辞》"诸侯卒葬"桓十年经例)

可见庄存与将重点放在讥曹伯和世子的失"礼"之上。曹伯使世子代己来朝,有伉诸侯之礼之嫌,射姑代父来朝则有僭越乃父之嫌,故庄存与讥为坏国、丧家、亡人的"去其礼"之举。可见虽亲为父子,亦不能以亲亲而害尊尊,进而丧其礼。

总之,庄存与既不主张因尊尊而不顾及亲亲,亦不主张因亲亲而有碍到尊尊,其间的分寸皆在于依礼裁断。

第四节 贤 贤

庄存与在主张不以亲亲害尊尊的同时,亦主张不以亲亲害贤贤。其所主张之贤贤,亦可分为两点:一为讥世卿,二为善遇大夫。试申述之如次。

一、讥世卿

讥世卿作为公羊大义,庄存与有完整因袭。如称"世卿乱本"(《诛乱辞》"大夫奔"小序)、"官人以世,实违天纪"(《天子辞》"正王臣内难"小序)。另在《天子辞》中对《春秋》隐三年"夏四月辛卯尹氏卒"的阐说称:

---

① 《礼记·礼运》:"故唯圣人为知礼之不可以已也。故坏国、丧家、亡人,必先去其礼。故礼之于人也,犹酒之有蘖也,君子以厚,小人以薄。"

尹氏无讥焉？何以氏之而不名？且终氏其末孙之奔楚者亦终不名，公羊子曰："讥世卿，世卿非礼也。"其圣人之志乎？制《春秋》以俟后圣，后世之变，害家凶国不皆以世卿故，圣人明于忧患与故，岂不知之，则何以必讥世卿？告为民上者知天人之本、笃君臣之义也。告哀公曰："义者宜也，尊贤为大。"①述汤武之书曰："帝臣不蔽，简在帝心"，"虽有周亲，不如仁人"。②是故非贤不可以为卿。君不尊贤，则失其所以为君。彼世卿者，失贤之路、蔽贤之蠹也。不然好贤如《缁衣》，③岂曰世卿而讥之乎？伊陟、巫贤，非"保乂有殷"④之臣乎？世卿非礼，讥不尊贤、养贤，不必其害家凶国。则凡国家之大患，靡不禁于未然之前矣，其善志哉！世禄，文王之典也；世卿，非文王之典也。"无故无新，惟仁之亲"，⑤尊贤、养贤之家法也。保其宗庙、守其祭祀，卿、大夫、士之孝也。圣人诲之矣。如曰仕者不可世禄，国可以无世臣，则非讥世卿之指矣。（《天子辞》"王臣卒葬"隐三年经例）

本条经文，《公羊》《穀梁》《胡传》《日讲》《直解》皆以"讥世卿"为说。《胡传》另首倡讥世卿不讥世禄之说，称："禄以报功也，故其世可延；位以尊贤也，故其官当择。"庄存与基本因袭众人之说，以为讥世卿的目的在于尊贤、养贤，同时亦并不讥世禄。体现出庄存与

---

① 《礼记·中庸》。
② 《论语·尧曰》。
③ 《礼记·缁衣》："子曰：好贤如《缁衣》，恶恶如《巷伯》，则爵不渎而民作愿，刑不试而民咸服。"
④ 语出《书·君奭》。
⑤ 《后汉书·申屠刚传》："无旧无新，唯仁是亲。"李贤注："《尚书大传》曰：武王入殷，周公曰：'各安其宅，各田其田，无故无新，唯仁之亲。'"

对贤贤的态度。

而在《内辞》中,庄存与亦同样讥贬蔽贤之蠹。如《春秋》文十年"春王三月辛卯臧孙辰卒",庄存与曰:

> 先孔子未生,独有一人曰柳下惠,鲁公族,而伊尹、大公之伦也。盖其盛哉,用天之降命复文武之统于鲁国,何不可得反者。而孔子因之,则世世犹三代也。鲁世卿臧孙辰,闻人也,以其言为鲁大夫师,自知弗若季,①则护其故以蔽之,俾不通然后已。以王者之法正之,蒙显戮者,辰其首也,辞乌得无贬乎?曰:义在指矣,曷不学乎《春秋》!庄公季年迄于兹,辰也日在卿位,告籴②之外无见焉。鲁人皆崇之矣,圣人皆削之矣。季友卒,僖政衰;仲遂恣,宣愿伏。鲁无人焉。孰知辰之至是始卒也,享卿禄者又五十年矣,不为不久矣。噫,后之君子,钦念之哉。以臧孙辰之为良大夫,当世谓之不朽,而闵、僖、文之《春秋》削之无一事可录者,则知蔽贤之罪大,而小善不足以自赎也,甚绝之也。义在指矣,曷不读乎《春秋》!(《内辞下》"大夫卒"文十年经例)

本条经文,四传、《直解》皆无传。唯《日讲》称:"臧孙,鲁之名大夫也。知柳下惠之贤而不与立,自庄公末已与闻国政,四十余年,鲁政多疵,安在其为贤哉!"即谴责臧孙蔽贤,于鲁政无补。庄存与踵之而更恣肆。原本孔子即指责臧孙辰障蔽柳下惠,如《论语·卫灵公》:"子曰:'臧文仲其窃位者与?知柳下惠之贤,而不与立也。'"《左传·文公二年》:"仲尼曰:'臧文仲其不仁者三,不知者三。下

---

① 柳下惠,展氏,名获,字禽,一字季。
② 《春秋·庄公二十八年》:"大无麦禾,臧孙辰告籴于齐。"

展禽、废六关、妾织蒲,三不仁也。'"杜预集解:"展禽,柳下惠也。文仲知柳下惠之贤而使在下位。"臧孙辰,谥文,故称文仲。可见庄存与此处的阐发,确得夫子之意。同时亦彰显出庄存与主张贤贤的明确态度。

二、善遇大夫

庄存与以为,大夫为国体,荣辱与国家相关,所谓"大夫荣辱,国之荣辱也"(《内辞下》"大夫执"小序)。同时大夫又命于天子,①故自当有其特殊之地位,不可随便任用,更不可随便处置。如《春秋》隐元年"公子益师卒",庄存与称:

> 曷为录大夫卒?国体也,命于天子者也。曷为以大夫录公子?鲁无异姓大夫也,且见成、襄而下,公子无复为大夫者也。知其国体,择之不可不慎,任之不可不重,礼之不可不厚;知其命于天子,则不可以置私人,不可以不请命,不可以专废置生杀。天子有司士官,"凡邦国,三岁则稽士任而进退其爵禄"。② 诸侯之三大夫也,况生杀之柄乎!见鲁无异姓大夫,则贤贤之义缺矣;见成、襄而下公子无复为大夫,则亲亲之道缺。而世卿之害家凶国,为王法所必禁矣。富哉,《春秋》之辞之指乎!(《内辞下》"大夫卒"隐元年经例)

本条经文,四传及《日讲》皆主要关注何以不日,并各自为解,互不相袭。唯有《直解》将其重点置于"益师"上,称:"内臣书卒者,皆卿也。大国之卿三命,受王命而为君佐,国之治乱与有责焉。卒之

---

① 《礼记·王制》:"大国三卿,皆命于天子。"
② 《周礼·夏官·司士》。

者,重之且以尊君命也。"并认为同时有讥世卿之意。显然这一立场亦为庄存与所继承,庄存与持重大夫的根本理由,同样是维持一国之治体、尊王、贤贤而已。正是出于此一视角,庄存与主张善待大夫:

> 古人之厚终也,建国数百千岁,强诸侯欲行天子之礼于小国之臣,不果内。自是以下,公卿巽懦,发蒙振落矣。如遇犬马,犬马自为;如遇官徒,官徒自为。犬马有劳于人,尚加帷盖之报,亲贤大臣何如哉!桓、庄之篇不卒大夫,伤已。(《内辞下》"大夫卒"小序)

《战国策·赵三·秦围赵之邯郸》记齐闵王出游,欲鲁、邹二国以天子之礼接待,被鲁、邹大臣拒之门外,"不果纳"。贾谊《新书·阶级》:"人主遇其大臣,如遇犬马,彼将犬马自为也;如遇官徒,彼将官徒自为也。"庄存与引此二典,意在伤叹后世诸侯待大臣之薄。再如,《春秋》隐五年"冬十有二月辛巳,公子彄卒",庄存与云:

> "古之人君于其大臣,疾则临视之无数,死则往吊哭之,临其小敛大敛,已棺涂而后为之锡衰麻绖,亲者以其亲服,三临其丧,未殡不饮酒食肉,未葬不举乐,当宗庙之祭而死,为之废乐。"《春秋》于仲遂、叔弓,谨而志之,则文王之法,其不尽熄于当年矣。故曰:"鲁一变,至于道。"(《内辞下》"大夫卒"经例)

庄存与所引古之人君临大夫丧尽礼一段,出自《汉书》卷51《贾山传》。盖庄存与以为此方为人君待大臣的正确态度。故对于《春秋》宣八年和昭十五年,因仲遂与叔弓之丧,鲁公将正在举行的宗庙祭祀活动损乐卒事,庄存与心存赞赏,认为其近于道。

综上,可以看出,庄存与既主张尊尊,讥贬大夫僭越;又主张贤贤,提倡善遇大夫。既主张亲亲,以为人道如此;又主张贤贤,而讥世卿敝贤。此类表面看来似乎冲突的提法,之所以能够动态平衡毫不矛盾,盖缘于其完全以礼制裁之。此一认识亦并非庄存与自创,而是来自儒籍,如《中庸》哀公问政,子曰:"仁者人也,亲亲为大;义者宜也,尊贤为大;亲亲之杀,尊贤之等,礼所生也。"即亦以礼为最后之折中。由此亦可见出庄存与深于经义的治学特征。

第五节　谨男女之别

在庄存与看来,男女无别,乃"夷狄行",而"人道必始于别男女也"(《禁暴辞》"用人"僖十九年经例)。而所谓的男女无别,实际上是逾越礼教大防,即不依礼行事所造成的结果。因此,庄存与在有关男女的守礼、悖礼方面,多严辞褒贬,亮明态度,以维护男女礼制。下文将试从对守正的褒扬,对失礼和淫乱的讥贬等方面,窥测庄存与在此一方面的意旨。

一、褒守正、贬失礼

春秋史上,有一著名的守正之女,即伯姬,鲁宣公之女,后嫁与宋共公瑕,亦称共姬。关于该女的事迹,三传无异辞,皆讲述了其待姆不下堂,最终蹈于火的故事。其中《穀梁》襄三十年所传最为详实,称:"取卒之日加之灾上者,见以灾卒也。其见以灾卒奈何?伯姬之舍失火,左右曰:'夫人少辟火乎?'伯姬曰:'妇人之义,傅母不在,宵不下堂。'左右又曰:'夫人少辟火乎?'伯姬曰:'妇人之义,保母不在,宵不下堂。'遂逮乎火而死。妇人以贞为行者也,伯姬之妇道尽矣。详其事,贤伯姬也。"可知伯姬乃一不惜以生命代价来恪守妇道礼制之人。故《穀梁》乃至《公羊》皆"贤"之。

对于此一恪守妇道礼制之人,庄存与亦十分称赞,称:"若宋共姬,守死善道之君子,不是过也,录之详且明。"(《内辞上》"内女"小序)彰显出庄存与对持守男女礼法大防者的态度。

《春秋》作为据乱而作之书,守正者似难得一见,而失礼者却比比皆是。如《春秋》哀十二年:"夏五月甲辰,孟子卒。"此孟子为鲁昭公违背礼法,所娶的同姓夫人。不书"夫人"与"氏",四传皆以为是"讳娶同姓"。但官方《日讲》和《直解》另以季氏专权,不以夫人之礼待之为解。庄存与未采官方,而是依照四传的解释,讥昭公娶同姓为失礼:"然则何言尔? 讥失礼也。曷为不于其取焉讥? 盈乎讳也。"(《内辞上》"夫人薨葬"哀十二年经例)存与维护礼教的态度可见一斑。再如:

> 父母在,夫人宁,礼也,礼则致。"女子及日乎闺门之内,不百里而奔丧",奔丧则犯礼,犯礼则轻重皆不致。非奔丧也。(《内辞上》"夫人宁"小序)

此条小序后文无经例,似指《春秋·文公九年》:"夫人姜氏如齐。……三月,夫人姜氏至自齐。"何休解诂:"奔父母之丧也。不言奔丧者,尊内,犹不言朝聘也,故以致起得礼也。"即指姜氏因奔丧而归齐。而庄存与引《大戴礼记·本命》之文,以为女子不百里而奔丧。故奔丧为犯礼,犯礼则《春秋》不会书致(即书写"某人至自某地")。故以为此次姜氏如齐,非为奔丧(反何休之解),而是归宁。可见庄存与不但强调尊奉礼制,更依礼制解经。

再如,"夫人逾竟"小序称:

"妇人既嫁不逾竟,逾竟,非正也。"①是谓与乱同事,虽不败国,实小恶也。

按照礼法,夫人不逾境。故庄存与批评逾境夫人,"与乱同事"。虽未造成恶果,但仍为小恶,显示出防微杜渐的明确态度。

二、讥淫乱

防止淫乱,无疑是男女大防最为基本,亦最为主要的目的。庄存与对不守礼教的淫乱行为,亦常痛下针砭。如鲁僖公十四年,鲁季姬"要遮鄫子淫泆"于防,并使鄫子至鲁国请己为夫人。② 一年后,季姬嫁于鄫。这一整个过程,显然与礼法有碍。并且仅过一年,十六年"夏四月丙申,鄫季姬卒"。对于本条经文,《左》《公》《穀》《直解》俱无传,《日讲》以为"义不可考"。唯独《胡传》以为不书其葬,乃"谨夫妇之道,正人伦之统,明下教之始也"。隐有对季姬夫妇婚配不正的批评。庄存与在此基础上踵事增华,对季姬及鄫子严厉批评,甚至认为季姬早卒是"天之示人戒也,莫著于是矣";"往岁九月归,今兹四月卒,敝又若是速而鄫之祸未止,可以戒乎,否乎? 曷为卒之? 为天道卒之也"。又以为其咎由自取,则"虽贵且富谓之天之戮民,而人道之所弃也。曷为卒之? 为人道卒之也"(《内辞上》"内女"僖十六年经例)。可谓借天道、人道而厉声

---

① 《春秋·庄公十九年》:"夫人姜氏如莒。"《穀梁传》:"妇人既嫁不逾竟,逾竟,非正也。"
② 《春秋·僖公十四年》:"夏,六月,季姬及鄫子遇于防,使鄫子来朝。"《公羊传》:"鄫子曷为使乎季姬来朝? 内辞也,非使来朝,使来请己也。"何休解诂:"使来请娶己以为夫人,下书'归'是也。礼,男不亲求,女不亲许。鲁不防正其女,乃使要遮鄫子淫泆,使来请己,与禽兽无异,故卑鄫子使乎季姬,以绝贱之也。"

呵斥了。

而对于逾境淫乱的夫人，庄存与更多有批评，称："史尽其恶，圣人不削，'尽而不污'①也。"（《内辞上》"绝夫人逾竟"小序）如《春秋》庄十五年："夏，夫人姜氏如齐。"此姜氏，即为与庶兄齐襄公通奸而谋害丈夫鲁桓公的文姜。此次如齐，齐国的国君已为齐桓公小白。《左传》《公羊》《胡传》对本条经文皆无说，《穀梁》以"妇人既嫁不逾竟，逾竟非礼也"为说。官方的《日讲》以齐、鲁欲通好，故姜氏得"复启越境之恣"为说。《直解》在此基础上，另责备齐桓不当"以一时之利而决万世之妨"。庄存与沿此思路，而发挥更彻底：

> 齐恶尽矣，则何言乎"夫人姜氏如齐"？以齐之有大灾，②不可不志其故也。化不时则不生，男女无辨则乱生，③此卫所以灭也。④ 或乃以为不害伯，谁为此言者？人道熄矣。君子录桓公之功，而伤其无本，谓三纲缺焉。乱男女之别，《春秋》所不忍书也，而不忍不书。若曰"人之无良，我以为君。"⑤桓公

---

① 《左传·成公十四年》："故君子曰：'《春秋》之称，微而显，志而晦，婉而成章，尽而不污，惩恶而劝善，非圣人谁能修之。'"
② 《春秋·庄公二十年》："夏，齐大灾。"《公羊传》："大灾何？大瘠也。大瘠者何？痢也。何以书？记灾也。外灾不书？此何以书？及我也。"
③ 《礼记·乐记》："化不时则不生，男女无辨则乱升，天地之情也。"郑玄注："辨，别也。升，成也。"
④ 《诗·卫风·氓》毛序："刺时也。宣公之时，礼义消亡，淫风大行，男女无别，遂相奔诱。华落色衰，复相弃背，或乃困而自悔，丧其妃耦，故序其事以风焉。美反正，刺淫泆也。"《礼记·乐记》："郑、卫之音，乱世之音也。"
⑤ 《诗·鄘风·鹑之奔奔》。

始伯,①其遽忘襄公之祸而又以姑姊妹接之乎? 可谓与乱同事
矣。盖天灾应是而予之也。《春秋》之志行,天下并兴于贞信,
"男有分,女有归",民人无偏丧者,父不哭子,兄不哭弟。桓公
不谨于礼,而四境之内大痎焉。若之何? 既不若德,又不听
罪,②而以是为数之适然也。(《内辞上》"绝夫人逾境"庄十五
年经例)

庄存与以为,齐之大灾,应在姜氏如齐上。并谴责齐桓公乱男女之
别,可谓"与乱同事"。并称若《春秋》之志行,则:"天下并兴于贞
信,'男有分,女有归',民人无偏丧者,父不哭子,兄不哭弟。"其态
度彰彰可见。

再如,同样是此文姜,于庄十九年、二十年两次如莒(《春秋》
"夫人姜氏如莒"),庄存与云:

> 于莒乎? 又何讥? 则曷为再言乎"夫人姜氏如莒"? 志
> 女祸之易于后嗣子孙也。姜氏生庄公,庆父孟也,牙叔也,友
> 季也。友也贤,庆及牙也恶。庆为国贼,莒实受之。牙也莒
> 甥,卒亦奔莒。仲之系援乎莒也,孰为之? 姜氏为之也。疾
> 之盅者,惟甘杀其身不已也,又将杀其子孙。内主兵而外要
> 援于迩国,庆父之祸鲁也,重志乎《春秋》。姜氏再适莒,仲
> 之父子亦再奔莒,祸所从来矣。(《内辞上》"绝夫人逾境"
> 经例)

---

① 《春秋·庄公十五年》:"春,齐侯、宋公、陈侯、卫侯、郑伯会于鄄。"《左
　传》:"复会焉,齐始霸也。"
② 《书·高宗肜日》:"民有不若德,不听罪。天既孚命,正厥德。"

此两则经文《左传》《公羊》俱无传。《穀梁》皆以妇人逾境非礼为说。《胡传》责庄公失子之道，"不能防闲其母"。《日讲》大旨抄《胡》，另称："非惟鲁之辱，亦齐之羞也。"盖并责齐、鲁。《直解》与之雷同。庄存与显然并未着眼于批评齐或鲁，而是将关注的重点放在了男女大防的"女祸"之上，称其非"惟甘杀其身不已也，又将杀其子孙"，严谴的态度可见一斑。其中，庆父乃文姜子，弑闵公，后逃莒国。又称共仲，简称仲。敖，指庆父之子公孙敖，因爱恋莒国女子己氏而奔莒。这当是庄存与责文姜祸乱后嗣子孙的事由所在。

综上可知，庄存与对男女之防的态度是严肃的。其背后的出发点，依旧是出于对礼教秩序的维护。

第六节　严夷夏之防

严夷夏大防，为庄存与的一贯主张。如上所述，其之所以认可晋文公，很大原因即出于晋文公以城濮之战挡住了楚国对诸夏的进逼，所谓"微晋公子，鲁、卫、曹、郑，懿亲上邦，惟楚是听"（《二伯辞》"晋文侵伐战围"小序）。再如，僖二十六年鲁国"公子遂如楚乞师"，庄存与称：

> 《鲁颂》曰："戎狄是膺，荆舒是惩。"亡何而不然！闻之董生论其指曰"直乞师楚尔"，可谓舛矣，且国之耻也。（《内辞中》"乞师"经例）

庄存与引《诗经·鲁颂》之语，以为膺惩戎狄楚蛮，本为鲁国之责，鲁不但不能履行职责，反乞师于楚，简直"国之耻"。庄存与对夷夏大防的坚守可谓明确。再如,《春秋》书"公如齐"13 次,"公如晋"21 次,"公如楚"2 次,庄存与以为如楚有所讳而未全书,乃圣人有心存天下之大防:

> 公适诸侯皆书之,以非常事书也。"齐""晋"云尔,"如楚"谓何?然而有所不书,存天下之大防也。(《内辞中》"公适诸侯"小序)

再如,对春秋后期,吴国实力上升,进与诸夏争胜,庄存与同样十分痛心,称:"诸侯畏楚,移而畏吴,尚忍言之乎!"(《内辞中》"告籴归粟"小序)但吴国虽然僻陋在夷,实为周文王伯父泰伯之子孙,与鲁为同姓国。故对于其北上伐鲁,庄存与尤为痛恨:

> 楚讳其侵,吴遂云"伐",圣人去鲁,戚之而不言四鄙。南夷之丑,甚于荆楚。俗之不臧,泰伯不享焉,同姓云乎哉!(《内辞中》"师加我"小序)

"南夷之丑""泰伯不享"等用词,显示出庄存与态度之激烈。

再如《春秋》隐八年:"九月辛卯,公及莒人盟于浮来。"其中"莒人"何指?《左传》无说。《穀梁》以为是莒大夫。《公羊》尤其是何休解诂以为是"莒子"。《胡传》以为是"微者"。可见四传即有四说。《日讲》《直解》从《穀梁》,以为乃莒大夫。但庄存与却从《公羊》及何休,称:

> 莒人乎?莒大夫乎?非大夫也,略其君之辞也。曷为略其君?不使若邾仪父之渐进也。莒人曾有善事乎?以其君录之,则将与邾、宿、滕、薛比,必略不见其君,则与戎比而仅称人

尔。圣人谨于名伦等物，无一辞不尽其心焉。①（《内辞中》
"公会诸侯"隐八年经例）

莒国近夷②，庄存与以为《春秋》略其君，是使其不能够与邾、宿、
滕、薛等在《春秋》中书君者相比，而将之比于戎狄（《春秋》惯以国
名加"人"称戎狄）。因为莒国乏善可称，故夫子"谨于名伦等物"，
严夷夏大防，而用不着褒进。

　　详参庄存与文本，其之所以严夷夏大防，似出于夷狄无礼教而
华夏有礼教之故。如《春秋》所书之"遇"，《公羊传》以为："遇者
何？不期也。"《穀梁传》同样认为："不期而会曰遇。"但是庄存与
却从《礼记·曲礼》"诸侯未及期相见曰遇"之说，认为"先期曰
遇"，其原因为：

　　　　及期曰会，不及期曰如会，先期曰遇。苟"不期"焉，地无
　　常所，焉得告命而志诸策书乎！……必期以地，否则诸侯而为
　　匹夫行也，安得曰礼！礼不备，有事焉而不书，贵诸夏也，不然
　　杞何贬乎！③（《诸夏辞》"遇"小序）

即认为诸夏诸侯必守礼而"期"，否则乃夷狄之行，《春秋》必讳而
不书。所谓"杞何贬乎"指杞作为夏朝王者之后，在《春秋》中本应
称侯，但是僖二十三年和僖二十七年皆书"杞子"，《左传》以为：

---

① 《春秋繁露·精华》："《春秋》慎辞，谨于名伦等物者也。是故小夷言伐而
　　不得言战，大夷言战而不得言获，中国言获而不得言执，各有辞也。"
② 《左传·成公八年》莒子自称莒国"辟陋在夷"。
③ 《春秋·僖公二十三年》："冬，十有一月，杞子卒。"杜预集解："杞入《春
　　秋》称侯，庄二十七年绌称伯，至此用夷礼，贬称子。"《春秋·僖公二十七
　　年》："春，杞子来朝。"《左传》："春，杞桓公来朝，用夷礼，故曰子。"

"用夷礼,故曰子。"是对其接近夷狄,不用诸夏礼仪的贬斥。由此可见,庄存与严夷夏大防,还是出于对礼制的维护。

庄存与严夷夏之防的状况,本书下一章对《外辞》的读解中将有更多分析,此处不再赘述。

第七节　责秕政惜民命

在《内辞》《二伯辞》《诸夏辞》中,庄存与亦对鲁国及诸夏的秕政多有批评。其原因既有对个别举动、政策的反对,又有对礼制的维护,但更多的还是对民力、民命的护惜。试缕述如下。

一、责秕政

鲁公作为鲁国的核心人物,其一言一动必与鲁政相关。故庄存与常批评鲁侯有悖当为,如:

> "不轨不物,谓之乱政",臧僖伯之谏不幸而中。"书而不法,后嗣何观",可教百世,曹子之言。"女有家,男有室,无相渎也,谓之有礼",申繻道其常而已矣。其可曰礼为小人设哉。(《内辞中》"公以非事举"小序)

臧僖伯所谏之事为隐公五年"公观鱼于棠"。曹子(曹刿)所谏之事为庄公二十三年"公如齐观社"。申繻所谏之事为桓公十八年"公与夫人姜氏遂如齐",后桓公被齐襄公谋害。庄存与列举此三事,意在谴责鲁公不守礼。("其可曰礼为小人设哉。")

另外,庄存与对鲁公结党鄙争、虚内事外尤多指摘。认为"邦国之有约,王命也,伯职也,民事也"(《内辞中》"公会诸侯"隐元年经例),凡与此无涉之会面,皆当贬责。而对"徒要结外援"("公会诸侯"隐六年经例)、"不事国事而惟外患之防"(《内辞中》"土功"哀六年经例)者,以及相盟会的目的是"实心而亟于争夺、相杀"("公会诸侯"隐九年经例)者,多严厉批评。

如,桓元年"夏四月丁未,公及郑伯盟于越",庄存与云:

> 三月会,①四月盟,两君相见必先会而后盟,抑既会而乃继之以盟,情状睹矣。已致柔服于人,人待其柔服而后许,且必犯非礼以相与,然后交坚党合,不可破矣。夏后铸鼎象物,使民知神奸②,君子之作《春秋》犹是也。《春秋》岁记一事,不以他事乱之,以其余为无足道焉。(《内辞中》"公会诸侯"经例)

本条经文《公羊》无传。《左传》以为:"结祊成也。"即指是鲁郑私自交换汤沐邑之后的结盟。《穀梁》称:"及者,内为志焉尔。"意指此盟为鲁桓公所欲。《胡传》认为鲁桓公弑君兄得位,欲结郑以自安。《日讲》《直解》大旨同《胡》。庄存与亦沿此路线,讥贬鲁桓公鄙交结党。所谓"必犯非礼以相与",即指鲁、郑私自交换天子所赐汤沐邑之事。"使民知神奸",彰显出庄存与对此事的态度。

而对于鲁国在大政举措方面的其他秕政,如改制、土功等,庄存与亦多所批评。如:

> 革制度曰畔,君讨而不讳,畔者在下也。病民之政不可终日,至哀公极焉。十余世而后亡礼教,信义未尽也。不言数

---

① 指《春秋·桓公元年》:"三月,公会郑伯于垂。"
② 《左传·宣公三年》:"昔夏之方有德也,远方图物,贡金九牧,铸鼎象物,百物而为之备,使民知神奸。"杜预集解:"象所图物,铸之于鼎。图鬼神百物之形,使民逆备之。"

何？若深没其文,虑后世或且仿而行之也,知什一为天下之中正而已矣。问焉必告之以其制,问改制则必告之以不知,圣人有敬心焉。(《内辞中》"改制"小序)

《左传·哀公十一年》:冬,"季孙欲以田赋,使冉有访诸仲尼。仲尼曰:'丘不识也。'三发,卒曰:'子为国老,待子而行,若之何子之不言也?'仲尼不对。而私于冉有曰:'君子之行也,度于礼,施取其厚,事举其中,敛从其薄。如是则以丘亦足矣。若不度于礼,而贪冒无厌,则虽以田赋,将又不足。且子季孙若欲行而法,则周公之典在。若欲苟而行,又何访焉?'弗听"。《春秋·哀公十二年》:"春,用田赋。"何休解诂:"田,谓一井之田;赋者,敛取其财物也。言用田赋者,若今汉家敛民钱,以田为率矣。不言井者,城郭里巷亦有井,嫌悉赋之。礼,税民,公田不过什一;军赋,十井不过一乘。哀公外慕强吴,空尽国储,故复用田赋,过什一。"但史无明文具体数量是多少。庄存与认为此为病民之政,故孔子不言,以提防后世仿行。再如:

卫民居,爱民力。轻百姓,饰城郭,大禁也。功重录之,不时甚焉。(《内辞中》"土功"小序)

土功过重、"不时"(即在农忙的春、夏、秋三季兴筑),皆为病民之政。庄存与另称:"力役之暴,亚于师旅。"(隐七年"夏,城中邱")可见其在此一问题上的态度。再如:

狩有常所,有常度。大阅有恒岁。昭、定之世,玩无震矣。病其国之以虚声立也。"天事武",不以诚,恶得不旷。(《内辞中》"搜狩"小序)

所谓搜狩,乃围猎性军事演练活动。庄存与以为,昭、定之世,搜狩无节,已接近嬉戏,有旷武之嫌。而对搜狩的妨民后果,庄存与亦多有讥贬,如《春秋》桓四年"春正月,公狩于郎",庄存与云:

> 以仲冬狩,非不时也,则何以书? 狩不以地也。诸侯之狩有常所矣。郎,近郊邑也。三郊之田,为民恒产,下地犹当以牧,实仓廪、修武备,以为民也。为田驱兽曰田,反致兽于田,俄且以稼穑之地为禽兽之地,筑台焉、筑圃焉,恣为佚游,取近于国而朝夕往焉,郎不远也。仿于桓之狩,淫于庄之台,卒于昭之圃,而鲁之国恤孰经营之乎!《春秋》之义行,则"庶土交正",禹之明德也①。非圣人谁能修之! (《内辞中》"搜狩"桓四年经例)

本条经文,《左传》称:"书时,礼也。"杜预集解:"郎非狩地,故唯时合礼。"《公羊》:"此何以书,讥。何讥尔? 远也。"何休解诂:"以其地远。礼,诸侯田狩不过郊。"《穀梁》:"四时之田,皆为宗庙之事也。"可见三传除《穀梁》外,皆讥狩不以地。《胡传》《日讲》《直解》亦同此说。庄存与亦同诸家,并以鲁桓公之搜狩,鲁庄公之筑台、鲁昭公之筑圃,皆为怠政荒民之举,故《春秋》讥之。

可以看出,庄存与对秕政的批评,主要是站在王政、民本的立场上,谴责荒怠政事、僭越礼制、文恬武嬉、病民害政等。所论皆正大堂皇,有说教气息。

二、讥侵伐惜民命

在诸多秕政中,庄存与尤责因贪利侵夺而发动的战争。如,

---

① 语出《书·禹贡下》。孔安国传:"交,俱也。众土俱得其正,谓壤、坟、垆。"

《春秋》隐八年:"冬十有二月,无骇卒。"无骇何以不氏?《左传》仅叙其死后被赐"展氏"的经过,未有解说。《穀梁》称:"未有闻焉。"《公羊》称:"疾始灭也。"即指缘于其灭别国之罪。《胡传》《日讲》《直解》皆以"未赐族"为解。可见诸传多有异说,庄存与却以《公羊》为准:

> 《春秋》有追书。赐族矣,不追书,贬之也,疾始灭国也。灭国,先王所必诛而不赦,岂徒曰"我善为战"而已乎。(《内辞下》"大夫卒"隐八年经例)

再如,《春秋》桓十年:"冬十有二月丙午,齐侯、卫侯、郑伯来战于郎。"齐、卫、郑并于战胜后即结盟,即桓十一年:"春正月,齐人、卫人、郑人盟于恶曹。"庄存与曰:

> "人"之,贬之也。《春秋》恶兵,所尤痛者,糜烂其民而战之也。日以志之,痛此苍生同日而就死也。我之救死扶伤不给,彼三国者,独不寡人之妻、孤人之子、独人父母乎!以战胜为荣,彼所以放其良心者,犹斧斤之于木矣。称之曰人,问其好恶,尚有与人相近者乎,而为此盟也!(《诸夏辞》"参盟会"桓十一年经例)

责问以战胜为荣的齐、卫、郑三国,其好恶是否"尚有与人相近者",可见庄存与态度。此条经文,《左传》仅叙本事,《公》《穀》无传。《胡传》《日讲》《直解》皆大多以同恶相党为说。皆与庄存与责战争痛民命之义有间,可见其在这一方面的特出。此类意涵,庄存与屡有表达,如"重民故重师"(《内辞中》"师"小序);"受王嘉师,兵死痛矣"(《诸夏辞》"侵伐"小序);"多其力者多其恶,师未加于敌,民已残矣"(《诸夏辞》"会侵伐"小序)等。再如《春秋》桓十二年"十有二月,及郑师伐宋。丁未,战于宋",庄存与云:

> 公将也,讳之而不书。曷为为桓公讳?殄民之罪大矣,义不可不并而列之。民者,王者所甚重也。《春秋》重民,不以桓公而不讳其败,则不以桓公而不讳其恶矣。(《内辞中》"战"经例)

此一经文,诸传皆解说此一具体战事,唯庄存与以"重民"为说。甚至在庄存与看来,天子设州伯的目的即在保民:

> 交邻有道保其国,保其国者保其民。天子设州伯,凡州之国、国之民,皆其职也。亳城北之载辞曰:"无蕴年,无壅利,无保奸,无留慝,救灾患,恤祸乱,同好恶,奖王室。"略具矣。不然冠带之伦,安有宁宇哉!此非一州之伯能专之,两州之伯实同之者也。(《诸夏辞》"胥命"小序)

依庄存与之见,睦邻保民,原本即为诸侯之职责,乃"两州之伯实同之者也"。不过,虽然爱惜民命为庄存与反对诸侯发动战争的主要原因,但似并不为全部,庄存与称:

> 诸侯相侵伐,恶也。轻用民死,谓之殄民;专命不请,谓之侵主权;作寇虐于中原,谓之败王略。(《诸夏辞》"侵伐"隐二年经例)

可见庄存与以为侵伐有三恶:一殄民,二侵主权(即侵害天王或诸侯之职权），三败王略。盖延续了其一贯的尊尊主张，依旧意在维护礼教等级秩序耳。

此外，庄存与不但痛斥已实现的战争，而且对预谋战争，亦明确贬责，认为："其恶未成，其志可诛。"（《诸夏辞》"如"小序）如桓五年"夏，齐侯、郑伯如纪"，《左传》称："夏，齐侯、郑伯朝于纪，欲以袭之，纪人知之。"显然并未偷袭成功，庄存与云：

> "外相如不书，此何以书？"非如纪也，袭纪也。饰好貌，怀寇心，庶人犹谓之贼，况诸侯乎！则何以无贬？庶人行则人之，此非人所为，不可以称人矣。予以侯伯之名，庶几其以愧愤死乎！往不得所欲，事已行矣，行而不得，下得者一等也。（《诸夏辞》"如"经例）

"此非人所为""愧愤死"等语，已近诟詈。庄存与以为行而不得，仅下得者一等而已。因此对于蓄谋侵伐并获成功者，庄存与固自严谴，如《春秋》隐十年"春王二月，公会齐侯、郑伯于中丘"，此为谋伐宋之会，庄存与云：

> 此则谋动干戈之恶成矣。比周而党，愈少鄙争而名愈辱。兄弟昏姻之国，卒于相怨一方，《诗》所谓"如蛮如髦"者乎！（《诸夏辞》"参盟会"经例）

此一经文，《左传》称"为师期"，即补叙相会的目的。《公》《穀》《胡》无传。《日讲》以为："此礼乐征伐自诸侯出之始事也。"《直解》则讥鲁纳贿好利。可见庄存与着眼于党同伐异，乃独抒大义。其责诸夏之国已沦入夷狄之域的态度，亦为严明。

庄存与在《春秋正辞叙目》中论《诸夏辞》曰：

自天地生民以来,神圣有攸经纬,于是焉在。圣所贵,贵其民,循厥理。惟庶邦君,以厥臣续大命,孳孳其无殆。黜乃心,毋厎罪。

大命,即王命。伪《书·太甲上》:"天监厥德,用集大命,抚绥万方。"孔安国传:"天视汤德,集王命于其身。"

黜乃心,语出《书·盘庚》:"王若曰:'格汝众,予告汝,训汝猷,黜乃心,无傲从康。'"孙星衍疏:"言去汝傲慢从安之心。"

厎,同厎。《左传·昭公元年》:"厎禄以德,德钧以年,年同以尊。"厎,一本作"厎",杜预集解:"厎,致也。"

可见庄存与自己总结其《诸夏辞》的核心思想,不外落在神圣所经纬的"民"之上。圣人所贵者,亦此民也,亦此民循其理也。诸夏诸侯,应当率领其臣子续接王命孳孳无殆。去其傲慢之心,莫获罪耳。

这从另一方面印证了上文的分析,即不论责秕政、贬侵伐,其最大目的还在于对民命的护惜。

第八节 本 章 小 结

董仲舒述《春秋》之义法归趋云:

《春秋》之法,以人随君,以君随天。……故屈民而伸君,屈君而伸天,《春秋》之大义也。(《春秋繁露·玉杯》)
《春秋》明得失,差贵贱,本之天。(《春秋繁露·重政》)

太史公述《春秋》之作意云(史公明言亦本之董生):

夫《春秋》,上明三王之道,下辨人事之纪,别嫌疑,明是非,定犹豫,善善恶恶,贤贤贱不肖,存亡国,继绝世,补敝起废,王道之大者也。……夫不通礼义之旨,至于君不君,臣不臣,父不父,子不子。夫君不君则犯,臣不臣则诛,父不父则无道,子不子则不孝。此四行者,天下之大过也。以天下之大过予之,则受而弗敢辞。故《春秋》者,礼义之大宗也。(《史记·太史公自序》)

概言之,在董仲舒和司马迁看来,《春秋》之作意即在"屈民而伸君,屈君而伸天","上明三王之道,下辨人事之纪"二语。具体而言,伸天、三王之道,似多陈述理想;人事之纪,则应多规范现实。规范的内容,不离其别嫌明微,乃至"善善恶恶,贤贤贱不肖,存亡国,继绝世,补敝起废"及以"礼义"为核心的君君、臣臣、父父、子子等内容。易言之,依董生、司马迁所述,所谓《春秋》的作意,是为了恢复一套上本天道、三王,下辨君君臣臣、父父子子的礼教秩序。显然这一秩序既体现形而上的天道,又是形而下的政治、社会、伦理的组织模式,为一结构天人的礼法安排。

此一对《春秋》作意的理解,在后世广有知音。如宋人孙觉曾论《春秋》之旨趣即云:

孔子之年益老,而天下之乱不止,至于臣弑君、子弑父,而天子不加诛、方伯不致讨,三纲五常,扫地俱尽;孔子于是因鲁之史以载天子之事,二帝三王之法于是乎在。《春秋》之所善,王法之所与也;《春秋》之所恶,王法之所弃也;至于修身、正家、理国、治天下之道,君臣、父子、兄弟、夫妇之法,莫不大备。①

---

① 孙觉:《春秋经解自序》,朱彝尊撰,林庆彰等主编:《经义考新校》,上海古籍出版社,2010 年,第 3339 页。

《春秋》之大义,在"二帝三王之法"而已。析言之,则举凡君臣、父子、兄弟、夫妇,乃至修身、正家、理国、治天下之道,莫不大备。上可至国家政治,下可至人伦纲纪。浅近言之,乃是以君君臣臣、父父子子为核心的大一统秩序,三纲五常亦包含在内;大而言之,则为二帝三王之道,家、国、社会、政治、人伦、政教,皆一以贯之。不得不承认,这一理解与司马迁基本匹合无间。即在他们看来,《春秋》乃一综合的,囊括天道、王政、人事在内的总纲纪,所谓《春秋》大义,即为这一套可措诸政治、社会、人伦的礼制安排,若觅一名词称之,则"王道礼秩"庶几近之。

　　而反观上文所梳理的庄存与旨趣,其奉天、尊尊、亲亲、贤贤、谨男女之别、严夷夏大防、责秕政惜民命的立场,同样是纳天道、政治、社会、人伦于其中,盖同样意在维护君君、臣臣、父父、子子,乃至男女有别、夷夏有防的礼教秩序,或曰"王道礼秩"耳,[1]用庄存与自己的话言之,则为"中国之人纪""诸夏之人纪"。究其本质,盖继承了董仲舒、司马迁,乃至传统公羊家对《春秋》大义的理解。需要注意的是,此一理解虽不悖于大一统君王的统治要求,但并不完全无原则地一味尊王,而是更看重以"礼义"为中心的秩序安排,并含有以天正王的学术祈向。故亦更具有意识形态性,显示了继承传统儒生精神的阔大气象。晚近学界认为尊王大一统为庄存与学术旨趣的核心所在,是并不全面的认识,仅是其中偏重于政治的层面,绝非全璧。在乾嘉短于风议、长于求是的时代氛围中,庄存与这种笔下议论风发、结构天人的大儒气象,尤显得难能可贵。故

---

[1]　庄存与门弟子邵晋涵对此已有体察,称存与"麟义公羊,折中王道"。(邵晋涵:《庄养恬先生祭文》,《南江文钞》卷10,《续修四库全书》,上海古籍出版社,2003年,第1463册,第514页。)

时人称其"所贵儒者,天人贯通",①"当代之儒宗,士林之师表",②
虽下语分量颇重,但应绝非虚誉。

厘清这一学术旨趣,不但对理解庄氏学术本身较为重要。对
我们重新理解春秋学之学术旨归亦有较大参考价值。我们知道,
晚清以来,由于言今文者,喜以经术作政论,尤其是康梁一派以公
羊大义为变法张本,使得《春秋》大义,几近三科九旨(或被称作
"微言")的代名词,而三科九旨,不过即改制革命之题面而已。流
风所及,今日言庄存与及公羊学者,依旧以为公羊学主要特色即在
改制革命而已。③ 显然这样的公羊学理解,是晚清以来时代形势与
学人互动的结果,乃一偏之见,别有所图,并不能当作学术之真。
今日亟需从此类理解中求得解放,不为古人所欺。

另一方面,晚清以来,确有一派学者认识到公羊大义两歧一
本,义属双全,如皮锡瑞称:"《春秋》有大义,有微言。所谓大义者,
诛讨乱贼以戒后世是也。所谓微言者,改立法制以致太平是也。"④
而其他与康有为立场相左,暗施讥抨的学者,亦多强调公羊学的尊
王大一统之义。⑤ 及至民国学者陈柱标举"公羊家哲学",亦首以
"革命说"和"尊王说"为论。⑥ 然而此类认识,虽较变法者较为全
面,但与公羊真意依旧尚存一间未达。盖仿之庄存与可知,所谓

---

① 邵晋涵:《庄养恬先生祭文》,《续修四库全书》,第 1463 册,第 514 页。
② 朱珪:《春秋正辞叙》,庄存与:《春秋正辞》卷首。
③ 黄开国:《庄存与〈春秋〉学新论》,《哲学研究》2005 年第 4 期。
④ 皮锡瑞著,杨世文等笺注:《经学通论》,上海古籍出版社,2021 年,第
641 页。
⑤ 朱一新:《无邪堂答问》,中华书局,2000 年,第 21 页;张尔田:《与王静安
论治公羊学书》,晁岳佩选编:《民国期刊资料分类汇编:春秋学研究》,
国家图书馆出版社,2009 年,第 125 页。
⑥ 陈柱:《公羊家哲学》,华东师范大学出版社,2014 年。

"尊王"之义,不过是王道礼秩(或曰"人纪")的一端而已,溯诸以往,最多近乎宋人积弱态势下对《春秋》大义的理解而已,与讲求天人感应、五行灾异、奉天正王、礼制秩序的汉人相较,则迥乎不侔。而庄存与所继承的汉人儒学精神,也正是在这些地方才更显得堂庑正大,这是我们应该特别留意的。

第四章 《外辞》读解
——兼论《春秋正辞》的夷夏问题

　　《外辞》是《春秋正辞》九"辞"中的第六"辞"。所谓"外",在春秋学中指夷狄。庄存与本卷的分类和阐释,既包括《春秋》中的夷狄国家,又包括被"狄之"的诸夏国家,共分16辞目,其中6目为夷狄大国:楚、戎、狄、徐、吴、越;4目为被狄之的诸夏国家:秦、杞、郑、晋;另外6目为夷狄小国:东夷、小国、群舒、淮夷、诸戎、长狄。可见,本卷当为庄存与集中阐述其对夷夏问题看法的篇章,其在诸夏和夷狄之间持开放态度,即夷狄可进至于诸夏,诸夏亦可沦落为夷狄。16辞目中,仅有6目有经例及解说,其余10目同样仅存小序。其中对"楚"和"戎"的解说最多,占据一半以上篇幅。

　　由于春秋学的影响力,内外、夷夏之辨,往往成为历史上中央政权处理同周边民族关系的准则。而在少数民族入主的朝代,这一观念则多少会显得尴尬而遭到压制,常会沦为官方和民间的敏感话题。清代自然亦不例外。自太祖努尔哈赤以下,几乎每位皇帝皆对此一问题有所属意,①甚者如雍正帝更以《大义觉迷录》公开与天下士人辩驳,以消弭此一观念对清政权合法性的挫伤。凡此种种,皆体现了夷夏问题在清代的敏感与重要。

　　对于清代公羊学者的夷夏观,前人已有成说。如章太炎即责刘逢禄"以《公羊传》佞谀满洲",责康有为"大同之说兴,而汉虏无

---

① 　参见张双志《清朝皇帝的华夷观》,《历史档案》2008年第3期。

畔界",同时丑诋包括魏源在内的"常州汉学":"妖以诬民,夸以媚虏,大者为汉奸、剧盗,小者以食客容于私门。"[1]所谓"佞谀满洲""汉虏无畔界""媚虏""汉奸"等语,盖批评刘逢禄以来之公羊学高唱大一统之调,泯内外之旨,轻夷夏大防,有取容于清代统治者之嫌疑。章太炎实际上为我们描述出一条清代夷夏观念的转折痕迹。即原本从清初开始,晚明遗民无不将清朝看作神舟陆沉、蛮夷猾夏的产物,故而纷纷或遁迹山林,或埋身土室,采取了不合作的态度,但从清代后期开始,士林则主动对清政权给予认可,在大一统的高调下,以天下一家的态度,消泯夷夏之防。

这一士人间夷夏观念发生转变的关键阶段,正是乾隆朝。原本经过雍正帝的一番打压和辩驳,再辅之以乾隆帝酷烈的文字狱,彼时的士林在此一问题上的言论空间已全然丧失。但公羊学者转而从传统经义出发,在强调遗民们所重视的夷夏大防的同时,又充分阐扬维护大一统的官方论旨,开创了绾合士林与官方的全新道路。以往研究或多关注夷夏观念在清代的流变,或重视其在清末民初西方新思想引介后的种种变化,而较忽视此一观念在清中期得以转折的过程中公羊学者的真正贡献。实际上,正是公羊学者的努力,才为夷夏观念在清代的转变开拓出煌煌大道,直接主导了晚清百余年的思想意识。而庄存与,作为清代公羊学的开山,正是使这一转变得以发生的关键人物。以往论者对此一论题关注较少,更未对此一转折的内部详情,亦即庄存与公羊学视域中的夷夏观,展开具有经学内部视野的细致讨论。[2]　因此本章即拟借对《外

---

[1]　章太炎:《检论·学隐》,《章太炎全集》,上海人民出版社,2014年,第491页。

[2]　如汪晖、萧敏如等学者皆注意到庄存与在夷夏观上的主张,有将种族问题转换成文化问题,为清代政权的合法性做论证的倾向。但由于缺乏公羊学的内部视野以及对《春秋正辞》文本的详实梳理,致使所论尚 （转下页

辞》的读解,同时结合其他辞中的相关内容,对此一问题做一检视。

第一节 "异内外"及庄存与的内外之旨

内外,或曰夷夏问题,原本即为公羊学的基本问题。《公羊传》成公十五年称:"《春秋》内其国而外诸夏,内诸夏而外夷狄。"公羊家将此类对诸夏和夷狄的差别对待称为"异内外",与张三世、通三统一起,被称为"三科九旨"。析言之,所谓"异内外"包括三层含义①:

一为书法义,即所谓《春秋》书法中的"内外之辞"和"内外异辞"。如《公羊传》隐十年载:"于外,大恶书,小恶不书;于内,大恶讳,小恶书";僖二十八年载:"内讳杀大夫,谓之刺之也"等是也。②对夷狄和诸夏的褒贬进退之辞,如吴为夷狄而忧中国则褒进之曰"子",③杞为夏后而即于东夷,则贬称"子"等亦是也。

二为政治义,即强调内外有别,夷夏大防。所谓内外有别,即"自近者始",④指治内为先,治外为末,所谓"躬自厚而薄责于人",

(接上页)可细化。参见汪晖《现代中国思想的兴起》第二部上卷《帝国与国家》,北京三联书店,2008年,第551—573页;萧敏如《从"华夷"到"中西":清代〈春秋〉学华夷观研究》,台北花木兰文化出版社,2009年,第245—250页。

① 此三种划分,借鉴了陆宝千先生对"张三世"的划分,参见陆宝千:《清代思想史》,华东师范大学出版社,2009年,第239—240页。

② 段熙仲先生对此有详细总结,参见段熙仲:《春秋公羊学讲疏》第三编第五章第一节《内外之辞》、第三节《内外异辞》,第四编第一章第四节《内外例》,南京师范大学出版社,2002年,第193—197、199—201页。

③ 《公羊传·定公四年》:"吴何以称子?夷狄也而忧中国。"

④ 《公羊传·成公十五年》:"《春秋》内其国而外诸夏,内诸夏而外夷狄。王者欲一乎天下,曷为以外内之辞言之?言自近者始也。"

"仁以安人、义以正我",不治夷狄、不勤远略之属是也;所谓夷夏大防,乃"救中国而攘夷狄","不与夷狄之主中国","许夷狄者不一而足"(进则以渐),"中国而夷狄则夷狄之"等是也。[1] 此二者皆为实际政治运作中之主张,故曰政治义。

三为史观义,即为"张三世"原则在空间上的展开。即所谓"于所传闻之世,见治起于衰乱之中,用心尚麤觕,故内其国而外诸夏","于所闻之世,见治升平,内诸夏而外夷狄","至所见之世,著治大平,夷狄进至于爵,天下远近小大若一"。[2] 张三世乃一由衰乱、升平到太平的时间性渐进过程,在此一过程中,随着德化所被的远近程度不同,在空间上展开时有如下差别,即所传闻世(隐、桓、庄、闵、僖)以鲁为内,诸夏为外;所闻世(文、宣、成、襄)以诸夏为内,夷狄为外;而所见世(昭、定、哀)则华夷远近小大如一。但这一渐进过程并非实际的历史发生状况,而是孔子的理想表达,即"文致太平",故曰史观义。

可见,前两义重在区别夷夏,似可看作是严华夷之防的一种体现,后一义虽在前两"世"也突出夷夏之别,但终极目标是消泯夷夏而达致远近小大如一。"异内外"的此三层含义分属不同层面,既相互区隔又紧密相连。在公羊学发展史上的不同时段,对此三义曾有不同偏重,如宋代,乃至民国抗战时期的春秋家,即多偏重政治义,常发"尊王攘夷"之论。而刘逢禄、康有为等人,则更偏重史观义,故招致主张种族革命的章太炎的讥评。

对庄存与而言,仅从《春秋正辞》的结构安排,如全书分有《内辞》《二伯辞》《诸夏辞》《外辞》等篇章,我们即可看出其有明确的

---

[1] 参见段熙仲:《春秋公羊学讲疏》第五编第七章第一节《自近者始》、第二节《救中国,攘四夷》,第504—533页。

[2] 何休解诂,徐彦疏,刁小龙点校:《春秋公羊传注疏》卷1《隐公第一》,上海古籍出版社,2014年,第38页。

内外意识。

若参照上文所析"异内外"的三层意涵来进一步考察庄存与之学,则会发现,他对书法义完全赞同,如云:

> 内有大恶,臣子当为君父讳。(《天子辞》"王臣会陪臣"僖二十九年经例)
>
> 《春秋》略外录内。(《内辞上》"夫人"桓三年九月经例)
>
> 《春秋》之辞,于我君曰"公薨",于人之君爵之而皆曰"卒",尊己卑人,本臣子之恩自致于君亲,而不贰其敬,义之大者也。(《诸夏辞》"诸侯卒葬"隐三年经例)
>
> "内不言战",言战、言败,大戒存焉。(《禁暴辞》"战"小序)
>
> "内大恶讳"。取小邑也,取大国也,言伐,取则邑著;不言伐,取则国犹不著。(《禁暴辞》"取国、邑"小序)
>
> 君子于内必志而晦,于外则惩恶而已矣。(《诛乱辞》"弑"桓二年三月经例)
>
> 《春秋》详内略外,详尊略卑,详重略轻,详近略远,详大略小,详变略常,详正略否。(《春秋要指》)

庄存与认同《春秋》详内略外、讳内惩外、内外异辞等书法,并以此为推测《春秋》褒贬意旨的工具,这与传统公羊家并无差别。不仅如此,庄存与同样认为《春秋》对华夷有进黜褒贬之辞,如对即于东夷的夏朝之后裔杞国,即称"贬之者三,志在扶微"(《外辞》"杞"小序),所谓"贬之者三",指《春秋》中三次贬杞为"子"。① 而对于小

---

① 《春秋·僖公二十三年》:"冬十有一月,杞子卒。"左氏传:"十一月,杞成公卒。书曰'子',杞,夷也。不书名,未同盟也。"《春秋·僖公二十七年》:"春,杞子来朝。"左氏传:"二十七年春,杞桓公来朝,用夷(转下页)

国"东夷",则称"来则名,侵则人",指《春秋》对之书法有异,"名"
以褒之,"人"以狄之。

对于"异内外"的政治义,庄存与亦有明确表述,如称:

> 内有小恶,君子当先自详正,"躬自厚而薄责于人"。(《天
> 子辞》"王臣会陪臣"僖二十九年经例)
> 《春秋》责人,先自厚也。(《内辞中》"来聘"成十八年
> 经例)
> 《春秋》以内辞录公、侯、伯、子、男之丧,小大有等,近远有
> 别,往来有报,薄厚有分。当礼焉,失礼焉,过礼焉,在我者躬
> 自厚,在其主人者薄责之。(《诸夏辞》"诸侯卒葬"隐三年
> 经例)

可见庄存与亦以为《春秋》先于治内,缓于治外,躬自厚而薄责于
人,所谓"自近者始"也。以上三例庄存与皆以鲁为内、诸夏为外。
不过他亦有以诸夏为内、夷狄为外者,所发乃不治夷狄之义,如:

> 楚,蛮夷也。《春秋》内诸夏而外夷狄,天子微,中国不式
> 命,北则狄,南则吴,西则秦,皆以狄道治其臣民,其为淫刑也
> 多矣。《春秋》未有言其杀大夫者,而专言乎楚,正楚之杀大夫
> 则皆正矣。以夷狄之刑治中国,则中国乱矣;以中国之刑治夷
> 狄,则夷狄畔矣。《春秋》不讥楚专杀者,不以中国责楚也。不
> 志专杀而志淫刑,以夷狄治楚也。(《诛乱辞》"杀大夫"成十
> 六年经例)

(接上页)礼,故曰子。公卑杞,杞不共也。"《春秋·襄公二十九年》:"杞
子来盟。"左氏传:"杞文公来盟,书曰'子',贱之也。"

不以治中国之刑治夷狄,则不以责中国之法责夷狄,亦即对待内外有别。职是之故,庄存与亦讥勤远略之举,如《春秋》庄三十年:"齐人伐山戎。"僖十年:"夏,齐侯、许男伐北戎。"庄存与论之曰:"重人之死,哀族之亡,而凡有血气者,莫不尊亲矣,而非驰骛乎兼容并包也。山戎、北戎,讥远略也。"(《外辞》"诸戎"小序)"驰骛乎兼容并包"语出司马相如《难蜀父老檄》,此处庄存与依旧指内外当差别对待,有所限勒,讥贬驰骋任臆、并吞荒蛮之举。

由此,庄存与多有贬夷狄卫诸夏之语,对夷夏大防亦多有强调,如对于"犯中国甚,与中国并"的楚国,虽然鲁昭公、襄公皆曾如楚,且孔子困于陈、蔡,经楚昭王救援,才得以脱困至楚,但《春秋》依旧"外之",庄存与引《论语》释其原因曰:"夷狄之有君,不如诸夏之亡也。"(《外辞》"楚"小序)夷夏大防甚切。因此,庄存与盛赞齐桓、晋文扞御楚国之功,如称"微晋公子,鲁、卫、曹、郑,懿亲上邦,惟楚是听。"(《二伯辞》"晋文侵伐战围"小序)

再如,《春秋》僖二十六年夏"公子遂如楚乞師",冬"公以楚師伐齐",庄存与论之曰:

> 《鲁颂》曰:"戎狄是膺,荆舒是惩。"亡何而不然!闻之董生论其指曰:"直乞师楚尔。"可谓舛矣,且国之耻也。则曷不以为公子遂之私行? 公自将楚师以伐齐,则不可得讳矣。君子不得已,于此录晋文之功也。将言"公以楚师",则先言"如楚乞师",以承君命而往者,大不忠于国矣。回遹其谋,以辱社稷,侵败王略,虽曰君命,焉用彼相,朝无人焉,则公子遂责也。以为公子遂之私行,则罪在三卿,君子伤国之空虚也。任一公子遂云尔已矣。(《内辞中》"乞师"经例)

庄存与以为扞御戎狄与荆舒,乃鲁作为州伯之责,不以此为职反而乞师于楚,是"国之耻也"。不但责鲁公,且责乞师的公子遂,以为鲁国空无人。庄存与严夷夏大防的态度班班可考。

综上可知,庄存与对于"异内外"政治义中的内外有别、夷夏大防亦是同样坚守而信奉的。

对于"异内外"中的史观义,庄存与则似乎并不重视。由本书第一章可知,对于史观义所倚重的"张三世"原则,庄存与多墨守董仲舒、何休之说,并非《春秋正辞》的论述重点,且未提及内外之义。可见庄存与并未将异内外当作"张三世"原则的空间展开。

最直接的例证是,在属于所传闻世的隐公时期,按照张三世原则,当以鲁为内,诸夏为外,庄存与有时亦同,如隐八年"宋公、卫侯遇于垂",庄存与云:"略内则何以录外? 瓦屋之盟,逾岁而寒矣。"(《诸夏辞》"遇"经例)所谓"内",指鲁国;所谓"外",指宋、卫,即诸夏。但同样是隐公时期,庄存与有时又以诸夏为内,夷狄为外,如隐二年"郑人伐卫",庄存与曰:

> "外大恶书",内何以不讳而亦书? 将毋郑人伐卫为恶小乎? ……伐卫,意之恶者也;将卑师少,恶之轻者也。(《诸夏辞》"侵伐"经例)

可见庄存与以"郑人伐卫"为"内小恶书"之例,即以郑为内,易言之,乃以诸夏为内。这明显违背了"张三世"于所传闻世以鲁为内、诸夏为外的原则。足见庄存与的异内外,并不以"张三世"原则为判准,亦不认可其为"张三世"原则在空间上的展开。再如,对于《春秋》中的"杀大夫",庄存与亦并未按照张三世之义来划分内外,而是笼统地称:

> 大夫国体,内曰专杀,外曰淫刑。辞同事异,以事见之。

（《诛乱辞》"杀大夫"小序）

从本条小序后文庄存与所附之经例可知，杀大夫在《春秋》中从僖公时期一直延续到昭公时期，即横跨所传闻世、所闻世和所见世，而庄存与所谓之"内"一概为诸夏（所引经例涉及郑、陈、卫、宋、晋），所谓之"外"一概为楚。可见庄存与亦并未以"三世"原则分别内外。故可以断言，庄存与对异内外的史观义多属漠然，并不赞同。

综上所述，庄存与对"异内外"的阐释主要注重书法义和政治义，关注的是《春秋》对内外的判分，强调华夏和夷狄的界限，这与注重史观义而突出夷狄进至于爵、天下远近小大如一的刘逢禄、康有为等人有所不同。但庄存与此类判分华夷之别，是否延续了清初遗民的一般认识，而与清代官方意识形态有所抵触？欲考察此一问题，则不得不追问庄存与判分华夷的标准为何。

第二节　以礼划分夷夏

细检《春秋正辞》全书，庄存与判分夷夏的标准，盖在于"礼"。如对本为夏后之杞国在《春秋》中或称"伯"、或称"子"，庄存与云：

> 杞公而"伯"，天王绌之。"伯"云，夏也；"子"云，夷也。因其礼也，圣无私也。（《诸夏辞》"褒封绌爵"小序）

可见夷夏之别在于"其礼"。① 再如对《春秋》所书之"遇"，《公》

---

① 此一划分标准似承袭自《左传》。如《春秋·僖公二十七年》："春，杞子来朝。"左氏传："二十七年春，杞桓公来朝，用夷礼，故曰子。公卑杞，杞不共也。"

《榖》皆认为"不期"而会为遇,庄存与则采用《礼记·曲礼》之说,①
以"先期曰遇",其理由为:

> 必期以地,否则诸侯而为匹夫行也,安得曰礼！礼不备,
> 有事焉而不书,贵诸夏也,不然杞何贬乎！(《诸夏辞》"遇"
> 小序)

礼不备不书,此为"内诸夏"的一种表现,因为杞国即以礼不备而被
贬为夷。言下之意,如若书之,亦当贬不备礼的诸夏为夷狄。可见
礼为华夷判别的根本标准。再如庄二年"冬十有二月,夫人姜氏会
齐侯于禚",此乃鲁夫人文姜与其异母兄齐襄公通奸之会,庄存与
自问曰:

> 何以异于戎狄之俗矣？鲁秉周礼,教莫纯焉,而比于戎
> 狄,其不可以莫之辨也。(《内辞》"绝夫人逾境"经例)

文十一年"冬十月甲午,叔孙得臣败狄于咸",庄存与引刘向之
语云:

> 不行礼义,大为夷狄之行,将必败亡。(《奉天辞》"牛朕"
> 经例)

由上可见,庄存与确以秉礼与否为华夷判别的标准。但此一"礼"
之具体内涵为何,则尚可搜讨。《外辞》作为集中体现庄存与对华
夷问题看法的篇章,为继续探究庄存与所言之"礼"为何提供了方

---

① 《礼记·曲礼下》:"诸侯未及期相见,曰遇。"

便。细参《外辞》的 16 子目，庄存与所重之礼，不外乎君臣、父子、夫妇之间：

> 夫楚之为楚，不知君臣之义、父子之亲、夫妇之别，蔡实亲而习焉。久而不知，与之化矣。……为人之祖若父，莫不欲其子孙之仁且孝。欲其子孙之仁且孝，必以中国之法为其家法。蔡惟楚是亲，则惟楚是师，于是乎其家果与楚同祸。（《外辞》"楚"文十年经例"楚子、蔡侯次于厥貉"）

推原庄存与之意，君臣之义、父子之亲、夫妇之别乃中国之家法，夷狄之楚"不知"此。则中国与夷狄的判别当亦在此，故此君臣之义、父子之亲、夫妇之别，当属判别夷夏之"礼"的具体内容。再如楚始入《春秋》称"荆"，至僖公时方称"人"，庄存与论之曰：

> 楚何以称人？入僖之篇始人之也。其称人曷为始于此？论齐桓之功也。四夷病中国莫楚若，近也，不自以为天子臣。桓公为召陵之盟，复职贡于周室焉。来盟以定约束，举其臣之名且氏之，[①]列为诸侯以承天子，故于僖之篇始人之也。君子以桓之与楚不逾节矣。自时厥后，虽犯中国，不敢叛天子，于是乎楚恒称人。然不言楚子也，《春秋》于病中国甚者，辨其等也严，而王制正无缺矣。（《外辞》"楚"经例）

以为楚国在齐桓的压力之下，参与召陵之盟，以奉戴王室，故称"人"。同时以其病中国甚，故不称"子"，所维护者乃"王制"耳。可见夷狄之楚蒙获"渐进"，其缘故乃在于尊王，即明了"君臣之

---

① 《春秋·僖公四年》："楚屈完来盟于师，盟于召陵。"

义"耳。

再如,对于晋、郑二国被《春秋》狄之,庄存与亦以其原因不离君臣之义、父子之亲,称:

> 阴败王师,生居父爵。晋之为狄久矣。(《外辞》"晋"小序)
> 子之称爵已速,父之从楚已果。(《外辞》"郑"小序)

"阴败王师",指《春秋》成元年"秋,王师败绩于茅戎",《公》《穀》以为乃晋败王师。"生居父爵",指《春秋》成十年"五月,公会晋侯、齐侯、宋公、卫侯、曹伯,伐郑"。据《左传》,"晋侯有疾,五月,晋立大子州蒲以为君,而会诸侯伐郑"。前者昧君臣之义,后者违父子之亲,故庄存与称"晋之为狄久矣"。

"子之称爵已速",指《春秋》成四年"三月壬申,郑伯坚卒",当年冬天其子即已称爵,《春秋》书"郑伯伐许"。按照《公羊传》庄三十二年所言之礼法,"君存称世子,君薨称子某,既葬称子,逾年称公"。则伐许之"郑伯",即郑悼公费,显然太急切了。同样有昧父子之亲,故其作为诸夏国家而被庄存与夷狄视之。

至于"夫妇之别",庄存与亦以之为分别夷夏的标准,如《春秋》僖十四年:"夏六月,季姬及鄫子遇于防,使鄫子来朝。"公羊子传:"鄫子曷为使乎季姬来朝?内辞也,非使来朝,使来请己也。"即鲁季姬因与鄫子遇于防,互生爱慕(何休以为乃淫泆),故使鄫子至鲁提亲求己。最终于僖公十五年"季姬归于鄫"而缔结姻缘。但此种结合有悖礼法。僖公十九年,鄫子参加盟会时被邾子残杀用以衅社,庄存与论此事曰:

> 《春秋》有不忍书,用人,所不忍也,而书之,则将有所大不

忍者乎？著有夷狄行者，必及其身，而人道必始于别男女也。
所不忍者一人，所大不忍者天下万世之人。（《禁暴辞》"用
人"经例）

本条经文，除《胡传》《日讲》无传外，《左传》《穀梁》《公羊》《直解》
皆讥邾子无道。唯独何休另增鲁"当痛其女祸而自责之"之说，似
为庄存与所采，但庄存与将讥鲁改为讥鄅子。以为鄅子有乱男女
之别的"夷狄行"，故殃及其身，《春秋》不忍书而书之，乃为天下万
世计耳。可见，男女之别亦为夷夏之畔界，庄存与对之的重视之情
亦彰彰在目。

综上所述，庄存与用以判别夷夏之"礼"，盖依旧落实于君臣、
父子、夫妇之间。其所维护者，依旧不离皇权社会的礼教纲常等级
秩序，或曰"人纪"，这不但不悖于大一统王权，且对之多有护卫
之实。

不过，庄存与的这一主张亦非独抒新意，而是有更深的经典依
据。如《礼记》即云："男女有别，而后夫妇有义。夫妇有义，而后父
子有亲。父子有亲，而后君臣有正。故曰：'昏礼者，礼之本也。'"
（《昏义》）《孟子》亦曰："饱食暖衣，逸居而无教，则近于禽兽，圣人
有忧之，使契为司徒。教以人伦，父子有亲，君臣有义，夫妇有别，
长幼有叙，朋友有信。"（《滕文公上》）即使在传统公羊家那里，也
以"礼"为判别夷夏的标准，公羊子、董仲舒、何休莫不如此，[1]如
《公羊传》隐公七年有"不与夷狄之执中国"之语，何休解诂：

中国者，礼义之国也。执者，治文也。君子不使无礼义制

---

① 汪高鑫：《论汉代公羊学的夷夏之辨》，《南开学报》（哲学社会科学版）
2006 年第 1 期。

治有礼义，故绝不言执。

可见有礼无礼，同样是判别夷夏的核心标准。这一标准同样体现在君臣、父子、夫妇之间，如《公羊传》昭二十三年有"中国亦新夷狄也"之语，何休解诂：

> 中国所以异乎夷狄者，以其能尊尊也。王室乱莫肯救，君臣上下坏败，亦新有夷狄之行，故不使主之。

是以君臣之义为夷夏大防。再如《孟子·滕文公下》论《春秋》之作意云：

> 世衰道微，邪说暴行有作，臣弑其君者有之，子弑其父者有之。孔子惧，作《春秋》。……昔者禹抑洪水而天下平，周公兼夷狄、驱猛兽而百姓宁，孔子成《春秋》而乱臣贼子惧。

将孔子作《春秋》与周公兼夷狄相比，则其贬弑君、弑父者，亦欲使诸夏自脱于夷狄之义法耳。可见除君臣大义外，父子之亲亦为夷夏之堤防。而对于以男女之别为夷夏大防，《公羊传》即有明文。《春秋》定四年："庚辰，吴入楚。"公羊子曰：

> 吴何以不称子？反夷狄也。其反夷狄奈何？君舍于君室，大夫舍于大夫室，盖妻楚王之母也。

原本吴在入楚之前，因"夷狄也而忧中国"，已被《春秋》书作"吴子"。此处则因"妻楚王之母"之类的乱男女之别的行为，又被贬回夷狄而称国。此一义《穀梁传》亦有所发，《春秋》僖三十三年："夏

四月辛巳,晋人及姜戎败秦师于殽。"榖梁子曰:

> 不言战而言败,何也? 狄秦也。其狄之何也? 秦越千里之
> 险,入虚国,进不能守,退败其师徒,乱人子女之教,无男女之
> 别,秦之为狄,自殽之战始也。

秦之为狄,盖因其"乱人子女之教,无男女之别"。

综观而言,庄存与判分夷夏的根本标准在"礼"。其核心内涵不离君臣之义、父子之亲、男女之别,亦即华夏礼教等级秩序,或曰王道礼秩。与此同时,这一立场和标准在传统典籍尤其是公羊家那里皆有渊源可寻,彰显出庄存与经学渊深精湛之特点。庄存与所持守的这一标准,虽在"异内外"这一大义之内看来,似乎更重视强调夷夏之别的书法义和政治义,而对主张融合华夷而达致远近小大如一的史观义有所漠然,故表面上似乎与"夷狄"入主中夏的清王朝在意识形态上有所抵触,但究其实质,这一护卫王道礼秩,主张君君臣臣、父父子子、男女有别的"礼"教标准,原本即是对官方大一统秩序的有力维护,不但不会悖离官方意识形态,甚且必为其所喜闻乐见。

第三节　以君臣取代夷夏

清代作为少数民族入主的多民族统一王朝,夷夏问题,一直是朝野敏感且重要的现实问题。那么庄存与将夷夏判别的标准认定为"礼",具有何种重要意义? 与官方的具体关系为何?

在对《春秋》文十年"楚子、蔡侯次于厥貉"的阐释中,庄存与以君臣之义、父子之亲、夫妇之别判别夷夏,谴责蔡侯从楚而"与楚同

祸",即指蔡多君被弑。庄存与的这一阐释并非独出己见,而是因袭官方的阐述。对于本条经文,《左传》仅叙本事,《公》《穀》无传。《胡传》以为是讥蔡侯"志在从夷狄,甘为楚役","见其弃诸夏之恶也",即以夷夏大防为说。《日讲》大体抄《胡传》,但将"夷狄"二字抹去,仅责蔡侯"附楚",似在弱化夷夏的身份意识。《直解》同样讥蔡侯附楚,称"正其从逆之罪"。由《胡传》的"夷狄"变为《日讲》的"楚",再到《直解》的"逆",已将责楚的重点从夷狄身份转变为"楚子"弑君得位之"逆"行。这一阐释转换实为偷天换日,即所谓的夷夏身份问题已转换成君臣礼教问题。易言之,转变为有无君臣之义、父子之亲、男女之别的问题。可见,庄存与后来的阐释正是沿官方的这一视角而来。

从更多的例证中,还可看到庄存与对官方的因袭,如对上引楚入僖之篇始称"人",即《春秋》僖公元年、二年、三年的"楚人伐郑""楚人侵郑""楚人伐郑",三传无说。《胡传》以为缘于楚"浸强也"。《日讲》袭之。《直解》称:"从周封之名,则可以王法正之,故从王爵以正名。"盖指因欲以王法正其罪,故从周之封号,即意在尊王大一统。庄存与的"不敢叛天子,于是乎楚恒称人"之说,乃同为因袭官方之论。显然,夷夏问题,再次被转换为君臣问题。

再如,《春秋》僖二十一年"秋,宋公、楚子、陈侯、蔡侯、郑伯、许男、曹伯会于盂,执宋公以伐宋"。此为楚在《春秋》中首次称"子"。《左传》仅叙本事。《穀梁》仅以"'以',重辞也"四字为传,盖解释书法。《公羊》称:"孰执之?楚子执之。曷为不言楚子执之?不与夷狄之执中国也。"具有明确的夷夏大防意识。《胡传》以为:"何以不言楚子执之,分恶于诸侯也。"可见四传皆未关注何以称"子"。《日讲》首次注意到此一问题,称:"楚子使宜申来献捷称楚人,此则书爵何也?执宋公不可称执宋人,爵宋公而人诸国,则疑若君与大夫会,故皆称爵。"即以为是出于书法方面的考量。《直解》称:"诸国皆称爵者,荆蛮陵诸夏而执会主,其变为大,不得不详之也。楚书子,正名也。"即以荆蛮陵夏为说,以为称"子"乃楚本爵,其中隐有夷夏大防之意。可见官方经解亦未将《公羊》以来的夷夏大防之义转换为君臣之义,但庄存与却称:

> 然则州举之而复称爵何?曰州举之者,著其本,圣人之所贬也。子云者,著其分也,不得过是之辞也。不得过是之辞者,以其僭王与?曰虽侯伯不得而假焉。(《外辞》"楚"僖二十一年经例①)

庄存与同样以为称"子"是"著其分",以为"不得过是",即不能僭越。此一不能僭王的职分,即使侯伯亦不得有所含糊。尊王之意显然。盖再次将《公羊》《直解》的夷夏身份问题转换为君臣礼教问题。

再如,《春秋》文九年"楚子使椒来聘",楚作为夷狄,首次书大夫。《左传》仅传本事。《穀梁》称:"楚无大夫,其曰萩("椒"之异文),何也?以其来我,褒之也。"《公羊》称:"楚无大夫,此何以书?始有大夫也。始有大夫,则何以不氏?许夷狄者不一而足也。"可见《公》《穀》皆以夷狄向化而褒进为说,《公羊》尤其突出"进之以渐"义,之所以须"渐"进,盖依旧出于对夷夏之别的谨守。《胡传》亦沿此一路线,称此为"以中国之礼待之也","思善悔过,向慕中国,则进之而不拒"。《日讲》称《胡传》之说"大非",以为此"楚子"商臣乃弑君夺位、灭国侵掠之君,曷用褒!盖鲁畏冯陵,"以待齐、晋之礼待之"。《直解》亦以为"楚子者,商臣,大逆之贼也,而进之耶!"认为是"楚势日张"之辞。可见从官方开始,已蔑弃夷狄

---

① 《春秋正辞》原文误作"二十有五年",据《春秋》改。

褒进之义,亦舍弃其背后所连带的夷夏有别之义,转而掘发君臣大义。庄存与称:

> 辞、受、取、予,义之大闲也。贤士洁其身,贤君洁其国,善人至则荣之,不肖入则耻之,宾主之辞非所以接商臣也。无父无君,周公所膺,①况俨然承其玉帛而庙受之!牢礼、委积、膳献、飧食、宾赐,②皆以中国之礼籍礼之?商臣之不讨,非鲁罪;商臣之聘而不辞,鲁之君臣乌得以无罪!楚虽强,其主负不义于天下,名其为贼,则无辞以用其众也。……然则鲁君臣宜奈何?闭关而绝楚使焉可也。(《外辞》"楚"文九年经例)

盖庄存与责鲁以宾礼待"无父无君"之商臣也,以为当"闭关而绝楚使"。殆与官方貌异心通,一脉相承。

以上诸例可以说明,庄存与所确定的判别夷夏的"礼"标准,虽然远绍公羊旧说,但实质也是官方的立场和主张。有清一代,巧妙地将夷夏身份问题,转换成君臣礼教问题,原本即为统治者的创造。与曾静"辩论"的雍正帝,即称:

> 本朝之为满洲,犹中国之有籍贯。舜为东夷之人,文王为西夷之人,曾何损于圣德乎!《诗》言"戎狄是膺,荆舒是惩"者,以其僭王猾夏,不知君臣之大义,故声其罪而惩艾之,非以

---

① 《孟子·滕文公下》:"《诗》云'戎狄是膺,荆舒是惩,则莫我敢承。'无父无君,是周公所膺也。"朱熹集注:"膺,击也。"
② 《周礼·天官·宰夫》:"凡朝觐、会同、宾客,以牢礼之法,掌其牢礼、委积、膳献、饮食、宾赐之餐牵,与其陈数。"

其为戎狄而外之也。①

　　夫人之所以为人而异于禽兽者,以有此伦常之理也。故五
伦谓之人伦,是阙一则不可谓之人矣。君臣居五伦之首,天下
有无君之人而尚可谓之人乎!人而怀无君之心,而尚不谓之
禽兽乎!尽人伦则谓人,灭天理则谓禽兽,非可因华夷而区别
人禽也。②

可见蛮夷之所以被膺惩,即因其"不知君臣之大义"。所谓五伦,尤
其是君臣之伦,已成为华夷判别的核心标准。经过雍正这样的教
导,原本主张"华夷之分,大于君臣之伦"的曾静,亦对此心领神会:

　　弥天重犯遂类推一部《春秋》也只是尊周攘夷,却不知
《论语》所云"攘"者,止指楚国而言,谓僭王左衽,不知大伦,
不习文教。而《春秋》所摈,亦指吴楚僭王,非以其地远而摈
之也。③

曾静后来被雍正"出奇料理",变为"观风整俗使",去各地现身说
法,"化导顽愚"。雍正并命将此案的有关谕旨及曾静等人的供词
编成《大义觉迷录》,"通告颁布天下各府州县远乡僻壤,俾读书士
子及乡曲小民共知之。并令各贮一册于学宫之中,使将来后学新
进之士,人人观览知悉。倘有未见此书、未闻朕旨者,经朕随时察

----

① 雍正:《大义觉迷录》卷1,王慧敏:《雍正自白》(大义觉迷录注释),民族
　出版社,1999年,第85页。
② 雍正:《大义觉迷录》卷1,王慧敏:《雍正自白》(大义觉迷录注释),第
　93页。
③ 雍正:《大义觉迷录》卷1,王慧敏:《雍正自白》(大义觉迷录注释),第
　140页。

出,定将该省学政及该县教官从重治罪"。① 从雍正七年(1729)
《大义觉迷录》编成,到雍正过世的几年中,正是庄存与读书备考的
关键阶段,自然对《大义觉迷录》有所了解。并且庄存与入仕后,多
次出任朝廷学政,其对此类敏感问题,自当更难轻忽,这或是其学
术立场多与官方接近的原因之一。下章对此点续有分析,可参看。

第四节　本 章 小 结

清代后期的民族问题,论者多分为开放和封闭两条路径,所谓
开放者,以文化分夷夏,夷夏之间可以互动;所谓封闭者,以地域、
种族分夷夏,严其大防。表面而言,庄存与强调"异内外"中更重视
夷夏之别的书法义和政治义,而对主张融合华夷而达致远近小大
如一的史观义有所漠然,似乎延续了清初遗民的惯有认识,而与官
方主张有别。但在本质上,庄存与的严夷夏大防与曾静以地域、种
族区分华夷的做法有本质差别,其判分华夷的根本标准在于君君
臣臣、父父子子、男女有别的"礼"。在他看来,楚国既可以渐进称
"人"、称"子",中国也可以被夷狄视之。这一立场的最大功绩是
巧妙地将夷夏身份问题转换成了君臣礼教问题,有力地迎合了清
朝几代帝王争相宣扬的官方主张,为清代现实政权的合法性赋予
了圣经贤传的神圣外衣。在乾隆朝文字狱勃兴而士人皆趋复古考
索的大气候下,庄存与借经义以处理现实问题的做法,无疑是高超
而有说服力的,从而能够赢得士林的普遍遵从与信服,使得民族问
题在其后百余年的时间内不再成为朝野纠结的现实大症候。此后

---

① 　雍正:《大义觉迷录》卷1,王慧敏:《雍正自白》(大义觉迷录注释),第
　　94页。

刘逢禄、龚自珍,直至康有为等人,均沿庄存与所开创的路线凿深扬高,经纶世务。不过他们的论说,皆未能超出庄存与所描定的文化民族主义的问题框架。直至章太炎、孙中山等清末革命党人重提种族民族主义之时,此一问题才脱离庄存与的轨道,也使其再次成为清代朝野瞩目的核心问题。因此可以说,庄存与的内外之旨不但从根本上扭转了清初遗民借助夷夏观来抵触清政权的局面,打通了士林与官方的隔阂,而且以全新的学术论说为消弭晚清百余年的民族矛盾提供了知识准备。

第五章 《禁暴辞》《诛乱辞》读解

——兼论《春秋正辞》与官学的关系问题

　　《春秋正辞》的第七、八两"辞",分别是《禁暴辞》和《诛乱辞》。所谓《禁暴辞》,乃庄存与对《春秋》中与诸夏诸侯"暴"行相关的内容所作的分类擘划,共有 17 辞目:灭国、国亡、失地、迁国邑、入国邑、围国邑、伐国取邑、降国邑、战、败、诈战、覆师、袭、用人、专杀诸侯、国迁、复国存祀。可见庄存与所谓的暴行,多与诸侯间的侵伐攻掠相关。所谓《诛乱辞》,乃庄存与对《春秋》中与诸侯、大夫的"乱"行相关的内容所作的分类擘划,共有 14 辞目:弑、篡、诛绝、诸侯出入、纳子、逐世子母弟、杀世子、杀君世子、杀大夫、放大夫、大夫奔、大夫归、叛人、盗。可见庄存与所谓的"乱"行,一与大夫对诸侯及天子的谋逆、叛乱相关,二与诸侯对大夫的逐放、屠戮相关。

　　作为据乱而作的《春秋》,行天子诛讨之权,"禁暴""诛乱",原本即为其大义所在,司马迁称:

> 故有国者不可以不知《春秋》,前有谗而弗见,后有贼而不知。为人臣者不可以不知《春秋》,守经事而不知其宜,遭变事而不知其权。为人君父而不通于《春秋》之义者,必蒙首恶之名。为人臣子而不通于《春秋》之义者,必陷篡弑之诛,死罪之名。(《史记·太史公自序》)

　　司马迁以为,如若君父不以《春秋》之礼义为行动原则,则"必

蒙首恶之名",臣子同样会"必陷篡弑之诛,死罪之名",其结果是
"君不君,臣不臣,父不父,子不子",即天下王道礼秩的崩解。可见
禁暴诛乱的目的,还在于对王道礼秩的维护。故以此二"辞"探讨
庄存与同官方学术立场的关系,当有如下便利:一是此一探讨建基
于《春秋》的根本作意之上,当可避免举偏概全的问题;二是此二辞
所蕴含的《春秋》旨趣,原本即为大一统君王所重点阐扬者,考察庄
存与在此方面与官方的离合异同,当更容易见出二者之关系。目
前对《春秋正辞》与官学关系问题的讨论,尚为少见,更缺乏立足于
文本比对的专门讨论,本章即拟在此一方面做出尝试。

第一节 清官方《春秋》经解的旨趣

清代官方,尤其是康、乾两朝,热衷学术文化的大一统之业,御
纂有多部经解,凭借政治威势使"圣贤大义变作帝王家学,御定经
解成为权威文本"。① 这些集学术、政治、教育等功能于一体的权威
文本,是官方屡次推广的士子研习之新典范,对清代的学术文化有
着明确的导引限制作用。一生与士子、皇子的教育联系在一起的
庄存与,其经解取向、学术主张不可能不受其影响。

具体到《春秋》而言,如前所述,清代官方共修有三部《春秋》经
解:《日讲春秋解义》《钦定春秋传说汇纂》和《御纂春秋直解》。这
三部经解,敷陈虽出臣工,但阐绎悉尊圣训,其学术旨趣有明确的
前后继承之处,如乾隆为最后完成的《直解》作序即称该书"一以
《汇纂》为指南",四库馆臣为之提要亦谓其"与《钦定春秋传说汇

---

① 张宗友:《"表章圣经""治统所系":清初御定经解之经典化与学术影
响》,《古典文献研究》第 17 辑上卷,2014 年。

纂》宗旨同符"。① 虽然此类宣称,难免有"善继善述"式政治表演的成分,但三书确实亦存在主旨前后相继的明显痕迹。三书修成后,皆获帝王赐序,将官家对《春秋》一经的看法明白写出,告示天下,其限制与引领当朝学术文化走向的用意清晰可见。因此,欲领略清代官家的《春秋》纲领,则不可不读这些御赐序言。归纳言之,其要旨厥有数端:

第一,以《春秋》为"经世之大法",学术乃治理术之一端。

虽然儒学向来以济世安民为标的,但帝王谈学术,依旧与普通儒者,尤其是下层读书人有别,更看重学术的治理术功能,清代帝王尤其如此。康熙为《日讲》作序即谓:"朕惟《春秋》者,帝王经世之大法,史外传心之要典也。"即强调《春秋》可被帝王用以经世之功能。乾隆更因《日讲》经康、雍两朝第修而成,故谓:"两朝圣人之心法、治法,亦于斯可睹矣。"可谓对乃祖之意心领神会。故四库馆臣亦以"帝学"对该书提要:"大旨归本于王道,允足明圣经之书法而探帝学之本原。"②故对官方而言,其论《春秋》更看重其可以治世的价值。

实际上,康、雍、乾三朝,清代官方掀起一编辑御纂经解的高潮,共编辑各类经解 16 部,涵盖十三经除《尔雅》之外的全部内容。③ 另

---

① 傅恒等:《御纂春秋直解》,第 3、1 页。

② 库勒那、李光地等:《日讲春秋解义》,第 1、10 页。

③ 分别为:康熙二十二年《日讲易经解义》,康熙五十四年《御纂周易折中》,乾隆二十年《御纂周易述义》;康熙十九年《日讲书经解义》,康熙末至雍正八年《钦定书经传说汇纂》;康熙末至雍正五年《钦定诗经传说汇纂》,乾隆二十年《钦定诗义折中》;乾隆十三年《钦定周官义疏》《钦定仪礼义疏》,康熙经筵旧稿,乾隆十二年编成《日讲礼记解义》,乾隆十三年《钦定礼记义疏》;康熙经筵旧稿,雍正七年重定,乾隆二年刊刻《日讲春秋解义》,康熙五十四年敕修,六十年刊刻《钦定春秋传说汇纂》,乾隆二十三年《御纂春秋直解》;雍正五年《御纂孝经集注》;康熙十六年《日讲四书解义》。

康熙五十五年钦定《康熙字典》一部,可看作是对语言文字类《尔雅》的替补,故可说清代官方对十三经皆有撰述,有些经典一解再解,其出发点就绝不是简单的学术兴趣而已。"作为道统所系的《五经》《四书》,在康熙手中转换成了治理天下的治统之具,从而为'以经学为治法'铺平了道路,为现实政治提供服务。"①这一取向,当亦包括以绍述乃祖为荣光的乾隆。此为清官方包括《春秋》在内的所有经解的总纲领,一切学术评价莫不以此为基点、为标准。

第二,"衮钺本乎王章,刑赏原于忠厚",凸显尊王及君臣之伦。

站在君王的立场上以学术为治理术,自当以维护君主专制统治为职志,即首标尊王,维护君臣之统。康熙《日讲》序即称:"《春秋》经圣人手定,其衮钺本乎王章,刑赏原于忠厚。"盖以《春秋》之赏罚(华衮、斧钺),皆不离帝王之意旨(王章)。

可是,《春秋》作为产生于乱世的拨乱反正之书,"尊王"虽为其题中原有之意,②但绝不以"王"为止点,而另有"以天正王""屈君伸天"之义,天道才是春秋学进行褒贬的最终依据。然而在清帝的叙述中,显然"正王"之义已消泯不见,只剩下依"王章"为赏罚这一"尊王"之义。这同样不仅是康熙的圣意,亦是乃孙乾隆之旨。在《直解》书首有一篇乾隆的《御制书春秋元年春王正月事》,称:

> 王道熄而作《春秋》。《春秋》,鲁之旧史也。自隐公始,则不得不书"隐公元年",而即继之曰"春王正月",前史所无有也。盖言公之元年乃禀王之春、王之正而得,是非尊王之义

---

① 张宗友:《"表章圣经""治统所系":清初御定经解之经典化与学术影响》,第 13 页。

② 参见陈柱:《公羊家哲学》,华东师范大学出版社,2014 年,第 21—36 页。

乎！……言春王而不言王春，月可改而春不可改，亦隐寓夏之
时与王之元，所谓大一统足以一天下之心，而不可任其纷有不
能行之叹矣。兹为开宗始义，乃贯《春秋》之本末。

乾隆以为《春秋》开篇书"隐公元年春王正月"，意在表明隐公乃
"禀王之春"，即"尊王之义"。而"春王"二字，亦隐含"大一统"之
义。且尊王大一统，贯《春秋》之始末，不啻是说，尊王大一统，乃
《春秋》之核心义谛。帝王学术之家底，于此显露无遗。

　　第三，反对"以一字为褒贬"与以"例"解经，认为《春秋》以"属
辞比事"而直书见义。

　　由于帝王经学的核心关怀与评价标准围绕着以上两点展开，
故其对春秋学历来的各种学术主张皆有自己的评价，如康熙和乾
隆即反对"以一字为褒贬"，以"例"解经等旧说，而仅认可"属辞比
事"之教，康熙云：

　　末流益纷，以一字为褒贬，以变例为赏罚，微言既绝，大义
弗彰，至于灾祥谶纬之学兴而更趋于怪僻，程子所谓"炳若日
星"者不因此而反晦乎！迨宋胡安国进《春秋解义》，明代立于
学官，用以贡举取士，于是四传并行，宗其说者率多穿凿附会，
去经义逾远。朕于《春秋》独服膺朱子之论，朱子曰："《春秋》
明道正谊，据实书事，使人观之以为鉴戒，书名书爵，亦无意
义。"此言真有得者，而惜乎朱子未有成书也。①

以一字为褒贬，以"变例"解经，乃至以灾祥谶纬解经，难免会使经

---

① 康熙：《圣祖仁皇帝御制春秋传说汇纂序》，《钦定春秋传说汇纂》，《文渊
　　阁四库全书》总第173册，第1页。

典解释趋于多元化和自由化，所谓"《春秋》大义"自会纷纷不一而人言人殊，这在康熙看来，反使炳若日星的大义晦暗不明，自然难免遭其"穿凿附会"之讥。而其之所以左袒朱子据实直书使人鉴戒之论，当亦因依此解经则尊王大一统之义不纷不乱耳，盖其核心依旧不离对治术的关心。

在上引序言的结尾，康熙称《春秋传说汇纂》于所辑诸儒之论"辨之详，取之慎，于属辞比事之教或有资焉"。《礼记·经解》云："属辞比事，《春秋》教也。"郑玄注："属，犹合也。"① 因此，所谓属辞比事，即指排列辞、事，比类合观而已。其与"例"的差别在于，"例"是此一比类合观行为所总结出的结果，如胡安国曰："《春秋》之文，有事同则词同者，后人因谓之例。"② 因此，属辞比事，纯属方法，"例"则多为固定成说，如杜预有五十"凡"例之说，陆淳亦有《春秋集传纂例》之作。③ 可见康熙此处认可"属辞比事"的目的，与其服膺朱子之论并无二致，盖依旧在于打破前人歧解，拿回经典解释权而已。

---

① 郑玄注，孔颖达正义，吕友仁整理：《礼记正义》，上海古籍出版社，2008年，第1903页。

② 胡安国著，钱伟强点校：《春秋胡氏传·明类例》，浙江古籍出版社，2010年，第11页。

③ 由于此类对"例"的阐说，多有过于胶柱鼓瑟之弊，故亦引起后人批评，如赵汸即只认可属辞比事，而反对言例，称："《春秋》随事笔削，决无凡例。前辈言此亦多，至丹阳洪氏之说出，则此件公案不容再举矣。其言曰：'《春秋》本无例，学者因行事之迹以为例，犹天本无度，历家即周天之数以为度。'此论甚当。至黄先生则谓：'鲁史有例，圣贤无例，非无例也，以义为例，隐而不彰。'则又精矣。今汸所纂述，却只是属辞比事法，其间异同详略触类贯通，自成义例，与先儒所纂所释者殊不同。然后知以例说经，固不足以知圣人，为一切之说以自欺而谩无统纪者，亦不足以言《春秋》也。"赵汸：《与朱枫林先生允升学正书》，《东山存稿》卷3，《文渊阁四库全书》第1221册，第236—237页。

　　而乾隆在《直解》序中,则几乎完整重复了乃祖之意:

　　　　中古之书莫大于《春秋》,推其教不越乎属辞比事。而原
　　夫成书之始,即游、夏不能赞一辞,盖辞不待赞也。彼南史、董
　　狐,世称古之遗直,矧以大圣人就鲁史之旧,用笔削以正褒贬,
　　不过据事直书而义自为,比属其辞本非得已,赞且奚为
　　乎?……啖助、赵匡、陆淳辈,悉取经文书法篡而为例,一一引
　　微切墨以求之,动如凿枘之不相入,譬诸叔孙通、萧何增置《傍
　　章》已后,例转多而律转晦,盖曲说之离经甚于曲学之泥经也
　　审矣。

　　可见在这一点上,乾隆确称得上克绍箕裘、继志述事了。
　　第四,变攘夷为尊王。
　　清代作为少数民族入主的王朝,通过援据典籍,将“礼”作为判
别夷夏的标准,从而巧妙地将夷夏身份问题,转换为君臣礼教问
题,变攘夷为尊王,化解了《春秋》“异内外”一义给予王朝合法性
的压力。这一情况在上一章已有说明。需要补充的是,“夷狄”一
词似乎在乾隆朝的图书编撰中变得越来越敏感,如据童正伦先生
研究,在《四库全书》春秋类著作中,除三传及清代部分书籍未遭删
改外,历代大部分春秋类著作皆遭“删”“改”,问题之严重,既有换
字篡改原意,亦有整页完全删除,不但“东夷”“夷狄”遭删,甚至
“南蛮”“西戎”“北狄”亦同遭不免。[①]
　　具体到官方三部《春秋》经解,对相关文字亦皆有类似删改,甚

---

① 童正伦:《〈四库全书〉对春秋类的删改》,甘肃省图书馆、甘肃四库全书研
　　究会编:《四库全书研究文集:2005 年四库全书研讨会文集》,敦煌文艺
　　出版社,2006 年,第 311—320 页。

至连"中国""中夏"等语亦被殃及。由于此三部经解与《胡传》关系密切,故胡氏著作的相关文字亦同被改篡。① 清官方的此类举措,对当朝士人,尤其是为《春秋》解经的士人形成的压力当可想而知。

第五,痛诋胡安国《春秋胡氏传》。

论者多注意到,清官方对《胡传》,有一从大体尊奉到彻底摒弃的过程。清初沿袭明朝旧贯,科举考试亦以《胡传》为本。康熙早年编撰《日讲》,"大约以胡氏为宗而去其论之太甚者",尚许《胡传》大醇小疵,多有认可,序称:"惟宋康侯胡氏潜心二十年,事本《左氏》,义取《公》《穀》,萃诸家之长,勒成一家之书。虽持论过激,抉隐太严,未必当日圣心皆然,要其本三纲、奉九法、明王道、正人心,于《春秋》大旨十常得其六七,较之汉唐以后诸家优矣。"但到晚年编撰《汇纂》,则称信服朱子据实直书之论,而认为:"宗其[胡安国]说者率多穿凿附会,去经义逾远。"迨乾隆为《日讲》制序,则更进一步以为胡氏之说"非义理之真而于圣人笔削之旨未能吻合明矣"。并最终于乾隆五十七年十二月十八日决定自下科乡试始,废止在科考中使用。②

表面而言,似乎官方对《胡传》的看法出现转变。但若深入追究,则此一转变背后所体现的官方对《春秋》一经的立场丝毫未变。由上引可知,康熙早年之所以部分认可《胡传》,即因其"本三纲、奉九法、明王道、正人心",一言以蔽之,即"本乎王章"而已。故尚以大醇小疵许之。

---

① 详见康凯淋:《论清初官方对胡安国〈春秋胡氏传〉的批评》,《汉学研究》第 28 卷第 1 期,2010 年,第 313—317 页。

② 《清实录》卷 1419,乾隆五十七年十二月壬午,中华书局,1987 年影印本,第 26 册,第 1092 页。

　　然而胡氏春秋学中,并不以尊王为唯一义谛。其另以"正王"①
"攘夷"等为《春秋》要义,并遵循"以一字为褒贬""以例解经"等解
经方式,②这些特征与清官方的立场不但相去甚远,甚至直接对立,
必然会在清帝对其文本理解的不断深入中凸现出来,不再能够被
当做"小疵"而继续容忍。这当是清朝官方对胡传由尊转斥的根本
原因。

　　综上所述,以《春秋》为治术,是清代官方,尤其是康、乾两朝对
《春秋》的根本立场。在此一原则之下,官方以"尊王大一统"为
《春秋》第一义谛。凡对此一立场、此一义谛有所妨害者,皆在贬斥
之列。故其解经认同属辞比事之教,而反对以例解经、以一字为褒
贬,讳言攘夷大义,并因此而最终摈弃《胡传》。凡此种种,皆为清
代尤其是康乾之后的学人树立了解经的规范和标准。乾隆御极伊
始,即极力向各级教育机构推广御纂诸经,务使之成为学人和士子
研习的定本,如乾隆元年(1736)三月二十四日,即命颁发官修诸经
于太学,中有《春秋传说汇纂》。四月二十七日,更命广布官修诸
经,定生员加试经解:

　　　我皇祖圣祖仁皇帝,道隆羲顼,学贯天人,凡艺圃书仓,靡
　　不博览,而尤以经学为首重。《御纂周易折中》《尚书汇纂》
　　《诗经汇纂》《春秋汇纂》等编,又有《朱子全书》《性理精义》,
　　正学昌明,著作大备。……乃闻各省虽有刊板,而士子刷印寥

---

① 参见王江武《胡安国〈春秋传〉研究》,博士学位论文,复旦大学哲学系,
　2008 年,第 113—122 页。
② 参见宋鼎宗《春秋胡氏学》,台北万卷楼图书有限公司,2000 年,第 136—
　145、58—99 页。

窭,盖由赴司递呈,以俟批发,既多守候之劳,且一生所请不过
一部,断不能因一部书而特为发板开刷,士子所以欲多得书而
其势不能也。……着直省抚藩诸臣,加意招募坊贾人等,听其
刷印,通行鬻卖,严禁胥吏阻挠需索之弊,但使坊贾皆乐于刷
印,斯士子皆易于购买,庶几家传户诵,足以大广厥传。……
各省学臣,职在劝课实学,则莫要于宣扬圣教,以立士子之根
柢。每科岁案临时,豫饬各该学,确访生童中有诵读御纂诸经
者,或专一经,或兼他经,著开名册报,俟考试文艺之后,该学
政就四经中斟酌旧说有所别异处,摘取数条,另期发问。只令
依义条答,不必责以文采,有能答不失指者,所试文稍平顺,童
生即予入泮,生员即予补廪,以示鼓励。务宜实力奉行,以副
朕尊经育才之意。

其"大广厥传"的苦心孤诣可见一斑。不但语气谆谆,更从制度上
保证士子乐于印刷、易于购买,另挟科举之力,诱之入彀(入泮、补
廪)。这一政策,屡获乾隆强调,如乾隆三年十二月二十二日,即再
次颁谕督促督抚藩司等"善为筹划",务使御纂诸经多为印发,使士
子易获诵读。乾隆九年六月二十一日,直隶总督尚因奏请刷印康
熙间官修诸经解而得到乾隆嘉奖。直到乾隆二十九年,尚命将新
告成的官修《御纂春秋直解》等书颁发各省,依式锓板,俾士子诵
习。① 在乾隆朝官方反复谕令士子"究心经学"的风气下,此类官
修经解所形成的压制和诱导之效当不可小觑。

　　庄存与屡任试差和学政,且长期担任上书房师傅,其对时代气
候的敏感当与老死窗下的三家村学究有别,故其经解受官方的影

---

① 参见陈祖武、朱彤窗编:《乾嘉学术编年》,河北人民出版社,2005 年,第
　5、6、33、63、177 页。

响,亦是情理中必然之事。具体而言,庄存与对官方《春秋》经解的要旨,不但几乎皆不违背,甚至亦是其着力护卫之处。如本书第三章即表明,庄存与亦将维护以尊王大一统为核心的王道礼秩作为其春秋学的核心旨归,这与官方可谓桴鼓相应。

再如,庄存与《春秋正辞》附录《春秋举例》一卷,共总结十条《春秋》义例。① 表面而言,庄存与似认同以例解经之惯例,但实际却非如此。此十条"例",皆来自《公羊传》原文,与前人所总结的"日月例""名爵例""正例""变例"等全然不同,实仅为书法原则的说明而已。此外,庄存与之所以将己著命名为《春秋正辞》,是出于对赵汸的继承:"存与读赵先生汸《春秋属辞》而善之,辄不自量,为櫽括其条、正列其义,更名曰'正辞',备遗忘也。"(《春秋正辞叙目》)故可知,庄存与亦完全赞同属辞比事之法。其夫子自道亦称:"《春秋》之辞,文有不再袭,事有不再见,明之至也。事若可类,以类索其别;文若可贯,以贯异其条。圣法已毕,则人事虽博所不存也。"(《春秋要指》)可见,庄存与依旧只停留在比类合观的属辞比事阶段,对于官方反对的胡安国式以"正例""变例"解经,同样并不赞同。

再如在对待夷狄的态度上,庄存与同官方亦完全相同(参见第四章的分析)。另外,庄存与对《胡传》虽有明确征引,但相当稀少,远不能与其因袭官方相比,故其不重视《胡传》亦与官方多属一致。

因此,认为庄存与同官方春秋学在核心观点处多显一致,当距

---

① 分别为:"《春秋》贵贱不嫌,同号;美恶不嫌,同辞。""《春秋》辞繁而不杀者,正也。""一事而再见者,先目而后凡也。""《春秋》见者不复见也。""《春秋》不待贬、绝而罪恶见者,不贬、绝以见罪恶也。""贬、绝然后罪恶见者,贬、绝以见罪恶也。""择其重者而讥焉。""贬必于其重者。""讥始、疾始。""书之重、辞之复,呜呼,不可不察,其中必有美者焉。"

事实不远。为了便于更具体考察庄存与同乾隆官方《春秋》经解的关系，有必要从细部做更加细致的观察，故下文拟以《禁暴辞》和《诛乱辞》为基础，对此问题再作辨析。

第二节 庄存与对官学的踵武和发扬

将《禁暴辞》和《诛乱辞》对经例的全部解说与官方经解相比，可以发现，双方大致存在以下五种关系：一、官方经解因袭《左传》《公羊传》《穀梁传》或《胡传》，庄存与亦同，可称之为"从旧解"；二、官方经解对《左传》《公羊传》《穀梁传》或《胡传》有所论辩或驳正，庄存与接近官方，可称之为"从官方"；三、官方经解与四传有异，庄存与同官方，但有进一步发挥，可称之为"从官方而进之"；四、官方经解与四传有异，庄存与从《公》《穀》或《胡》，可称之为"弃官方"；五、庄存与一空依傍，独抒新见，可称之为"独义"。此五类经解中，"从官方而进之"与"独义"所占比例最多，二者总数超过全部经解的一半以上。

一、庄存与及官方皆因袭旧解

第一类经解，官方与庄存与之所以明显承袭四传，似与四传深契官方与庄存与之主张有关。

如鲁昭八年与十一年，楚分别"灭陈""灭蔡"，昭十三年，楚公子弃疾因陈、蔡人之力而弑君夺位后，将陈、蔡复国，《春秋》书作："蔡侯庐归于蔡。陈侯吴归于陈。"《左传》记叙本事，称："隐大子之子庐，归于蔡，礼也。悼大子之子吴，归于陈，礼也。"所谓的庐与吴，并非实封之"侯"，而是先前被杀的太子之子。故《穀梁传》称："此未尝有国也，使如失国辞然者，不与楚灭也。"所谓"失国辞"，指称爵称名的书法。《公羊传》认为："此皆灭国也,其言归何? 不与诸侯专封也。"

可见三传尤其是《公》《穀》二传,重在尊王(不与诸侯擅灭、专封)。《胡传》除撮要叙述《左氏》本事外,亦指出"不与楚虔之得灭也""不与楚子之得封也",同时另有哀叹诸夏制于夷狄之意。《日讲》亦以此二义为说。《直解》同样以为"国其[陈、蔡]应有,非楚所得制",并明确认为此类书法为"所以尊周也",同时另继承了《胡传》哀叹诸夏制于荆蛮之意。

庄存与同样继承了不与诸侯擅灭、专封二义,称:

> "蔡侯""陈侯",未尝以侯接于诸侯,于是始侯也,则谓之失地之君何? 曰:先王之所侯也,其侯无绝,非楚之所能灭也。虽灭之,适以自纳于诛,其国未尝不存,其子孙未尝不侯。非楚之所能灭,则非楚之所能侯也。(《禁暴辞》"复国存祀"昭十三年经例。)

并在下文称赞陈人、蔡人复其国为"获其义矣"。故知庄存与所拥护者,与以上诸经解并无不同,固在尊王而已。

再如,鲁庄八年,公孙无知弑齐襄公而代之。但鲁庄九年,无知即因私憾被雍廪所杀,《春秋》书:"春,齐人杀无知。"《左传》仅传本事,《公羊》无传。《穀梁》称:"称人以杀大夫,杀有罪也。"所谓"有罪",即指其弑君而言。

《胡传》明确认为称人是"讨贼之辞也",并以为弑君之贼,人人得讨。《日讲》承《胡传》而加详,同样以讨贼为说,以为齐非无人。《直解》称此讨乃雍廪行私,非"义讨",但"能声其罪而以贼讨之,即以讨与之,所以尊君父、广忠孝而绝恶逆也"。可见诸传皆以"讨贼"为说,尤其是《直解》,更将这一解说背后"尊君父"的意蕴明白揭出。

庄存与全同诸传,称:

> 孰杀之?雍廪杀之。雍廪以报其虐,其以讨贼之辞予之
> 何?不逆诈废正法也。不地,在内也;不月,略之也。略之何
> 也?以为未足乎讨也。未足乎讨而亟予之,人得讨之之义也。
> (《诛乱辞》"弑"庄九年经例)

可见,所谓"尊君父、广忠孝而绝恶逆",亦当为庄存与的出发点。此外,其他庄存与和官方皆从众的经解,所发亦不离此义。如《春秋》隐四年夏"宋公、陈侯、蔡侯、卫人伐郑","九月,卫人杀州吁于濮",桓二年"三月,公会齐侯、陈侯、郑伯于稷,以成宋乱",襄三十年"冬十月,葬蔡景公"(以上俱见《诛乱辞》"弑"经例)等经例的解说,庄存与亦皆与包括官方经解在内的众经解相似,以诛乱贼而尊君父为务。

可以认为,官方经解之所以与四传相同,乃在于四传亦阐发了官方所赞同的尊王大义。庄存与承袭官方乃至四传,其原因亦不离此。

二、从官方,弃四传

官方的某些解说,与旧解或存在差异,或隐含论辩。庄存与时常左祖官方,所论与之大体类似。其背后缘由为何,亦值得探寻。

鲁宣十年,陈灵公君臣于夏征舒家宣淫,为征舒所弑,《春秋》书作"癸巳,陈夏征舒弑其君平国"。《左传》仅传本事。《公》《穀》无传。《胡传》以为陈灵公拒泄冶之谏,而卒以见弑,"使有国者必以远色修身,包容狂直,开纳谏诤为心也"。盖胡氏重在借经论政,或别有所指。

因此,《胡传》遭《日讲》驳斥,认为其所论非经"本义"。《日讲》认为经义有二:一为"正乱贼之罪",即贬弑君之人;二为探本以为世戒,即对见弑之君亦暗含谴责。《直解》袭此二义而更显豁,称:"淫而荒矣,又杀忠谏,宜其[陈灵公]及也。以弑君大恶,故正名以治其[夏征舒]罪。"可知官方经解在四传之外重新开出另一阐释路线。庄存与因之而所论更为详明:

> 征舒不强也,曷为不去族?著其族也。或曰是亦其君有罪焉,曰何必陈灵公,凡弑君皆然。许世子止不尝药累及许君,举大恶之人而加之其君之上,恶之也。曰《春秋》诛乱贼,亦非其君父乎?曰《康诰》曰:"惟君惟长,不能厥家人,越厥小臣、外正,惟威惟虐,大放王命,乃非德用义。"固司寇所诘也。"《春秋》,天子之事也",罪其君父所以正本也。故曰:"为人君父而不通于《春秋》之义者,必蒙首恶之名;为人臣子而不通于《春秋》之义者,必陷篡弑之诛、死罪之名。"征舒绝矣,灵公不得为无罪也。著其族,著灵公所由弑也。(《诛乱辞》"弑"宣十年经例)

虽然庄存与"非君父"之义袭自官方,但依旧引《尚书》《孟子》《史记》等经典来为之证明,可谓小心翼翼。而另一层诛乱贼之意,庄存与更多从讥世卿("著其族")着眼。非君父,意在对君父有所匡正;诛乱贼,则意在尊君父。盖二义皆重在维护王道礼秩,似可推见官方此条经解获庄存与完全因袭的原因。

再如,鲁昭十三年,楚公子比、公子黑肱因叛臣之招而返国,与公子弃疾一道发动叛乱,逼楚灵王自杀。后弃疾设计逼公子比、公子黑肱自杀而独得大位。《春秋》书此事作:"夏四月,楚公子比自晋归于楚,弑其君虔于乾谿。"《左传》详传本事。《公羊》与之在细

节上略有出入,另认为公子弃疾弑君而《春秋》书公子比的原因为:
"比之义,宜乎效死不立。"《穀梁》明确称"比不弑也"。可见三传
除叙述本事外,主要解释《春秋》何以书公子比弑君。《胡传》亦
同,以为:《春秋》罪比不明乎君臣之义,不责其无讨贼之心。""为
比者,宜乎效死不立","为社稷镇",可惜比不明此义,故"被之大
恶,欲辞而不可得矣"。

可见四传皆重在解释书法,未有严词责比。《日讲》将贬责比
的意涵明白说出,且辞气峻绝,认为《春秋》如此书是"圣人所以辨
公私之义而严乱贼之诛"。《直解》则从本事上另作推论,认为比受
公子弃疾胁迫且贪位的旧说并不可信,比原本即为谋弑主谋,比归
楚"逐利耳,非讨虔也","故不得不书'其君'以正其罪"。似在《日
讲》的基础上,更作釜底抽薪之论。

庄存与的立场与官方多有雷同,称:

> 比因人乱而为之主,故加"弑"焉。"于乾谿",令行于乾谿
> 矣。虔立则比出,比反则虔弑,比未始以臣事虔也。其以君比
> 何?比有利心焉。出则不闻正虔之罪也,反则有间于虔之位
> 也,因乱臣以自立,是亦虔之乱臣也。(《诛乱辞》"弑"昭十三
> 年经例)

责比贪利而觊觎君位,正比为弑君之贼,与官方并无差别。对弑君
之贼一律严谴,而不辨析其所弑者为明君、为昏君,为咎由自取、为
横遭奇祸,透露了官方和庄存与在这一问题上的持重心态,从反面
说明其维护君臣上下体制的坚决态度。

综上所述,与四传相比,官方经解更注重对诛乱贼、明王道的
阐发,盖意在维护尊王大一统之秩序。庄存与此类经解之所以从
官方弃四传,其原因亦不离此。

三、接踵官方而继有发挥

另有一类经解,官方与旧解有异,庄存与承袭官方,但进而或补充,或引申,或论证,使官方的解经思想得到更为充分的展现。在整个《禁暴辞》和《诛乱辞》中,此类经解所占篇幅较多。

如鲁庄十三年,齐桓公"灭遂而戍之",庄十七年,"夏,齐人歼于遂",《左传》仅叙本事,称:"夏,遂因氏、颌氏、工娄氏、须遂氏飨齐戍,醉而杀之,齐人歼焉。"《公羊》仅释"歼"字,以为是"众杀戍者也"。《穀梁》除述及遂人以酒歼齐人之外,并称此乃齐人"狎敌"所致。可见三传重在叙述本事。

《胡传》以为齐人恃强凌弱,"非伐罪吊民之师",并谓遂人亡国之余能灭强齐,足为强者戒,弱者省。《日讲》亦批评齐以力不足以服人,"以见齐人之自取也"。《直解》以为《春秋》不罪遂人,"伸遂人复仇之志而著齐桓不义以至自歼其众也"。并引胡安国之文,强调戒强立弱之心。可见从《胡传》开始,突出贬斥齐桓之不义,而不罪遂人。

庄存与同样认为"以齐人自歼为文,义遂之人而以为无罪也",同样贬斥齐桓,但却把重点从"不义"具体到"擅灭国"和"殃民"之上。认为有王者存,当正齐桓之罪:

> 君子作《春秋》,以自歼为文,岂曰死者自取乎? 罪齐侯自杀其民也。夫齐人,王嘉师也,[1]齐桓前有擅灭国之罪,后有殃民之罪,齐臣之主其役者,有陷君于大恶之罪。约其文曰"齐人歼于遂",而遂人之名立矣。名立则义立,义立而遂人皆杀

---

[1]　《尚书·吕刑》:"受王嘉师,监于兹祥刑。"孙星衍注疏:"《释诂》云:'嘉,善也','师,众也'。言受王之善众而治之,当视此哲人之详刑也。"

人而义者也,死者之子孙不得仇也。王者诛灭遂之齐人以谢
遂人,诛殃民之君若臣以谢齐人。(《禁暴辞》"灭国"庄十七
年经例)

虽然责齐侯的态度与官方相似,但却更富于意识形态性。他痛责
齐侯擅灭国、殃民之罪,盖所关注者不离王道礼秩之维护。

正是从这一视角出发,庄存与对更多的经文在官方阐释上踵
事增华,所涉及的方面细致而多样,但皆意在维护此大一统王道礼
秩,如:

鲁宣十四年卫受晋国之逼,"杀其大夫孔达",《左传》详传本
事,《公》《穀》无传。从《胡传》开始,以为"罪累上也",即责卫侯。
《日讲》亦责卫侯,《直解》因之。庄存与在此责卫的基础上,另责
晋,认为晋人亦有罪,因"盟主不可以命诸侯之大夫,则不可以杀诸
侯之大夫,有天子存也",盖意在尊王。

襄二十三年"陈杀其大夫庆虎及庆寅",庄存与亦在官方责陈
侯和二庆的基础上,另衍发出如下一段尊王的论述:

"《春秋》之义,用贵治贱。"君命行于臣,臣承命而致之民,
曰君命也;君命不行于其臣,行于其民,民承命而行诛于其臣,
曰君命也;君命不行于其臣,其民不听其臣而诛之以承其君,
亦曰君命也;见君命之无不通也。(《诛乱辞》"杀大夫"经例)

对君命的尊显可谓彻底。再如,鲁文九年,"晋人杀其大夫先都"
"晋人杀其大夫士縠及箕郑父",《左传》仅传诸大夫内斗而互诛的
本事,《公羊》无传,《穀梁》以为:"称人以杀,诛有罪也。"解释
书法。

《胡传》以为当时政在赵盾,乃"大夫专生杀而政不自人主出"。

《日讲》因之。《直解》径以此乃"著盾诛锄异己,而专国弑君之渐非一日之故矣"。可见从《胡传》开始,明确围绕大夫专权而相杀作讨论,官方因之,庄存与亦与之同,但却做了更多维护君臣尊卑秩序的发挥,称:

> 杀大夫曷为或言及或不言及?君杀大夫不言及,不殊其尊卑之辞也;大夫相杀然后言及,殊其尊卑之辞也。盗杀不殊,大夫尊矣;君杀不殊,大夫卑矣;同位然后差而次之,见其两下相杀云尔。……以法杀之则其曰大夫相杀何?诸侯不得专杀,请于天子;大夫不得专杀,听于诸侯。非弑逆大恶,虽执政无敢自致辟焉。非所辟而辟之,故曰大夫相杀也。君者,以刑德制其臣者也,释其刑德而使臣用之,则君反制于其臣矣。(《诛乱辞》"杀大夫"经例)

维护以尊王为中心的君臣之统,盖为庄存与念兹在兹之事。再如,鲁隐四年"春王二月,莒人伐杞取牟娄",庄存与在官方讥贬僭王、擅侵伐的基础上,另发挥责州伯不履职,不能为天子正封疆之意,称:"鲁,州伯也。莒,州属也,有鄙桀心,入向不忌,伐杞取牟娄不忌。我可以自省而强于政治否乎?于兹四年,邻国不知有方伯存,曷以正天子之封疆而遏乱略哉!"(《禁暴辞》"伐国取邑"经例)

僖十九年,"鄫子会盟于邾。己酉,邾人执鄫子,用之",《直解》责邾人,庄氏在此基础上,另责鄫乱男女大防,称:"著有夷狄行者,必及其身,而人道必始于别男女也。"(《禁暴辞》"用人"经例)盖男女之间的礼法秩序,亦为庄存与所看重。

此外,亲亲之恩同样为庄存与所着意。昭二年"秋,郑杀其大夫公孙黑",官方经解因袭《胡传》,以为称国以杀,罪累上也。庄存与在此基础上,谴责主事的子产"无亲亲之恩","惜其有救世之才而愧于王者之道也"（《诛乱辞》"杀大夫"经例）。

上揭材料说明，庄存与除维护偏重于政治的尊王大一统的礼教等级秩序之外，同样对体现在社会、伦理方面的礼教秩序，如亲亲之恩、男女之别等亦明确维护。这一立场虽然继承自春秋学传统，亦比官方显得更加完整和饱满，但却仅是官方立场的凿深扬高，与之并不矛盾。这一情况在本书第三章亦有充分说明。或正因其解经有此宏观视野，故庄存与常对经解做综合的类型化解释，而很少拘泥专执、就事论事。如隐十年"冬十月壬午，齐人、郑人入郕"，旧解皆批评擅侵别国的宋、郑、齐等个别国家，而庄存与则将之推广到对"诈战覆师"类行动的谴责，即"诈战覆师，斯获罪于天也"（《禁暴辞》"入国邑"经例）。所谓诈战，与偏战对言，指未结日期地之战；所谓覆师，指对敌师"覆而尽之也"。①

再如，文十八年"夏五月戊戌，齐人弑其君商人"，《胡传》及官方经解皆只罪弑君的"齐人"，庄存与却既"罪齐人而恶诸侯"，又"罪商人"（《诛乱辞》"弑"经例）。同样桓十一年"九月，宋人执郑祭仲，突归于郑"，《胡传》与官方经解或责祭仲，或责郑突及祭仲，庄存与则同时批评此一事件所涉之三方：

> 何以不书入？孚乎祭仲也。罪祭仲也，则何以不言祭仲立之？非仲所欲立也。罪宋人也，则何以不言纳？突不求立，仲不听宋，宋人焉能纳之哉！书曰"宋人执郑祭仲，突归于郑"，断三罪之钧也。（《诛乱辞》"篡"经例）

显示出庄存与对此类违背礼法之事的彻底批评态度。

综合而论，庄存与承袭官方而进一步发挥之经解，主要是将官

---

① 《春秋正辞》卷9《禁暴辞》"覆师"隐十年经例。

方零碎、单一的解释,引申得更加周全严密,乃至从单一的褒贬讥绝,引申至更加完整的王道礼秩。此类发挥,在并不违背官方解释立场的前提下,比官方经解更具有整体性和意识形态性,卫道的气氛亦更加突出和浓重。

四、弃官方,从旧解

在官方经解与《左》《公》《穀》或《胡》存在差异的情形下,庄存与亦存在偏向后者而偏离官方的情况,此类经解虽在《禁暴辞》《诛乱辞》中所占比例甚小,但同样不可忽视。

昭十一年,楚灵王灭蔡,"执蔡世子有以归,用之",《左传》记本事,并载申无宇之言以用诸侯衅社为"不祥"。《公羊传》:"此未逾年之君也,其称世子何?不君灵公,不成其子也。不君灵公,则曷为不成其子?诛君之子不立,非怒也,无继也。"以为蔡灵公(名般)弑君得位,故不君其子。《穀梁传》以为"不与楚杀","恶楚子也"。可见三传解释各有侧重,不相雷同。

《胡传》明确反对《公羊》之说,认为世子有于穷迫抗楚之际,"未暇立乎其位",非不正也。且谓世子有抗楚不降,力屈就擒,得世子之道。《日讲》《直解》皆摘抄《胡传》,大旨雷同。

而庄存与却未采纳《胡传》与官方的反驳,而是直接援引《公羊》之说,以为"诛君之子不立",并称:

> 不立则其曰"世子"何?般可绝,蔡不可绝,嫌绝蔡,故不去"世子"。世子者,与祖为体。然则得有蔡乎?曰卒有蔡者其子也。存蔡故曰世子,般绝则子不得而有蔡也。(《诛乱辞》"弑"昭十一年经例)

庄存与以为,一者,蔡灵公般弑君父得位,罪应诛绝,故其子有不得有蔡，所谓"诛君之子不立"；二者，楚灭蔡后，蔡世子有之子庐最终归蔡复国，蔡国不当擅灭，故存蔡则录世子。可见庄存与从《公羊》而弃《官方》的着眼点，依旧在王道礼秩之维护上。

再如，隐五年冬，宋人围郑邑长葛，历时近一年，六年"冬，宋人取长葛"，《左传》以季节为"秋"，别无传。《公羊》以为："外取邑不书，此何以书？久也。"《穀梁》同。可见三传皆在传述事实，未表露明确的评判态度。《胡传》则痛责宋"强取"，同时责郑不能守土。

官方《日讲》以为郑有意委长葛于宋，"为日后报复之计也"。并责宋不善之积，"已著而不可解矣"。《直解》亦与之同，责宋"久役毒民，肆暴贪利，其罪甚矣"。

庄存与则在援引《公羊》之后，痛责宋、郑，赞扬长葛守臣，更接近胡氏义：

> 何言乎取邑之久？宋虐用其民，陵暴人之邑，逾年而卒逞其欲，宋之将是师者服上刑，而其君为大不仁矣。郑不恤守死之臣若民，莫之扞而弃之，亦不得以无罪。且长葛之效死，于邑法所宜，录其不得已而服于宋者，法所不当罪，是以言乎取邑之久也，王制备矣。(《禁暴辞》"伐国取邑"隐六年经例)

官方仅批评一方，显然不如胡氏批评双方，乃至如庄存与评说三方更能体现"王制"，此盖为庄存与去取之原因。

再如，僖十七年"夏，灭项"，《左传》以为乃鲁灭之，《公》《穀》以为齐桓灭之，但因齐桓有"存亡继绝之功"，故为之讳。《胡传》以为鲁季孙灭之。《日讲》承《胡传》，以为鲁灭之之说乃"旧说相承，未敢更易"，但齐灭之亦"未始不可通也"，盖在模棱两可之间。《直解》以为鲁公子遂灭之。可见对于《左传》和《公》《穀》的异说，《胡传》及官方多从前者，而庄存与却从后者而与官方有异：

> 桓公之事,以灭项终乎? 为桓公讳灭项,则灭项恶矣。灭
> 谭、遂不讳而讳灭项,则桓公善矣。凡讳,必皆诛绝之罪也。
> 以功覆过,王者有八议焉。凡讥也,贬也。《春秋》乐道尧舜之
> 道,察其所讥,尧舜之道存焉。"佑启我后人,咸以正无缺",圣
> 人之志也。(《禁暴辞》"灭国"经例)

庄存与以为之所以为齐桓讳诛绝之罪的灭项,殆从天子"八议"之
法,[1]其功过可抵。而《春秋》意在维护尧舜之道,使后人咸正无
缺。此处所谓尧舜之道,乃指不与桓公擅灭。可见庄存与从《公》
《穀》弃官方的立足点,并未偏离其一贯的思想旨趣。

由此可知,表面而言,庄存与确存在未因袭官方的经解,但其
未因袭的原因,实与其因袭的原因并无二致,皆在于对理想王道礼
秩的维护。

五、一空依傍,独抒新意

最后一类经解为庄存与独抒新意,一空依傍者。此类经解与
第三类"接踵官方而继有发挥"者,同为《禁暴辞》《诛乱辞》中的
大端。

僖十八年"春王正月,宋公、曹伯、卫人、邾人伐齐",《左传》叙
本事,乃齐桓过世后诸子争立,宋襄公以齐桓之嘱托,伐齐纳公子
昭。《穀梁》以"非伐丧也",四字为传。《公羊》《胡传》《日讲》无
传。《直解》反《左传》本事,认为宋襄公"挠齐而巧于求伯也","伐
丧以乱齐而已矣"。庄存与对这些经解皆未理会,而是在《左传》本

---

① 八议,即八辟。《周礼·秋官·小司寇》:"以八辟丽邦法,附刑罚。一曰议
亲之辟,二曰议故之辟,三曰议贤之辟,四曰议能之辟,五曰议功之辟,六
曰议贵之辟,七曰议勤之辟,八曰议宾之辟。"孙诒让正义:"依《曲礼》注
义,盖凡入八议限者,轻罪则宥,重罪则改附轻比,乃有刑也。"

事的基础上,展开对齐桓公和宋襄公不遵守王道礼秩的批评:

> 此纳子昭于齐,曷为不言纳?言纳者不成乎立也,成乎立矣则不言纳。不言纳则不为篡与?曰篡也。桓不誓其子而以私属之宋之君,宋不请于王而以力正之齐之众,众立之固篡也,众弗立而假他国之君以立,独非篡乎!篡则曷为不言昭之入?略昭而责宋也。宋自谓己可以成昭之为君矣。……呜呼,宋襄公以力正诸侯,不奉天子命而陷人于篡,则齐之人义可以不受。救之者,不可以不书,虽狄犹且书之,见王命之义尊也。(《诛乱辞》"纳子"经例)

庄存与责齐桓不誓其子于天子,①责宋襄不请命于天子而以力正,故以赶来救援者虽是狄犹且书于《春秋》,"见王命之义尊也"。故知庄存与所独抒之大义盖犹在尊王而护统之上。

通观全部庄存与独抒新意之经解,其关注点皆不离此。如襄二十六年"卫孙林父入于戚以叛",庄存与不采旧传而以"正君臣"为说,同样发挥其君君臣臣之旨(《诛乱辞》"叛人"经例)。

隐二年"夏五月,莒人入向",旧解皆重在释"入",而庄存与却把重点置于"莒""向"之上,责鲁不能履州伯之责,称"秉州伯之教,为天子奋武卫,莒人入向,我不克柔远能迩见矣"(《禁暴辞》"入国邑"经例),盖亦在维护以天王为纲的礼教秩序。

桓十五年"许叔入于许",旧解大多以许叔趁郑乱复国,不请王命,非复国之道。庄存与则一反以往之论,以为:"可复而复,复而

---

① 《周礼·春官·典命》:"凡诸侯之适子,誓于天子,摄其君,则下其君之礼一等。未誓,则以皮帛继子男。"郑玄注:"誓犹命也。言誓者,明天子既命以为之嗣,树子不易也。"

后请命以列于诸侯,存亡国、继绝世,此顺之实也。"充分肯定许叔复国之义(《禁暴辞》"复国存祀"经例)。从反面彰显出庄存与反对诸侯擅灭别国而维护王道礼秩的态度。

再如,宣六年"春,晋赵盾、卫孙免侵陈",庄存与发挥"讨贼之义"。昭十三年"冬十月,葬蔡灵公",庄存与发挥宁过而"存蔡"之义,即意在不与诸侯擅灭(以上俱见《诛乱辞》"弑"经例)。僖三十年"秋,卫杀其大夫元咺及公子瑕",庄存与独发对君位应当不争且让之义。昭二十七年"楚杀其大夫郤宛",庄存与独发讥"谗臣"之义。僖二十八年"楚杀其大夫得臣",成十六年"楚杀其大夫公子侧",庄存与阐说异内外之义。(以上俱见《诛乱辞》"杀大夫"经例)等等。所有大义针对的事件不同,所论内容似乎亦有别,但究其实质,盖皆在于维护以天王为核心的大一统秩序而已。护卫此一秩序者,庄存与褒之,违背此一秩序者,庄存与贬之。

如前所述,这一秩序不仅体现在上述的政治领域中,同样贯通于日常以父子、夫妇为代表的人伦秩序中。如定十四年,"卫世子蒯聩出奔宋",《左传》仅述本事,《公》《穀》无传。官方经解则为蒯聩辩诬。庄存与对此皆未措意,而是在《左传》的基础上,大肆发挥其心中的父子之道。以为"子无去父之义","子无拒父之事",对卫灵公三代人两对父子痛下针砭,其维护亲亲之道的态度异常严明(《诛乱辞》"逐世子母弟"经例)。

再如,鲁宣九年,泄冶因进谏陈灵公君臣宣淫而被杀,《春秋》书作"陈杀其大夫泄冶",《左传》仅详传本事,《公羊》无传,《穀梁》除叙本事外,另指出泄冶"无罪"被杀。可见三传多重在记叙本事。

《胡传》以为泄冶"不失官守",而陈国君臣"有专辄之罪",并认为"杀谏臣者,必有亡国弑君之祸"。但以为泄冶仕于乱朝,若为异姓当洁身远去,若为贵戚当不食其禄。《日讲》同样以为泄冶"不失官守",但反对胡氏对仕于乱朝的提法,认为此乃"不仕而高尚者"的做法,以身许国的大臣不当如此。《直解》讥陈"专杀"无罪大夫,泄冶"死于忠",同样"杀谏臣者,必有亡国弑君之祸"。可见《胡传》和官方两经解,大体皆肯定泄冶奉职,而讥陈国君臣专杀大夫。

庄存与则与上述经解的论述重点皆不同,主要探讨杀泄冶者为谁,《春秋》为何不诛的问题。庄存与以为泄冶乃被与陈灵公宣淫的大夫公孙宁、仪行父所杀,《春秋》之所以不诛,是"《周官》之法,'男女之阴讼,听之于胜国之社',不欲使人知之"。即宣淫之事,不欲外扬,并称:

> 呜呼! 不谨于礼,若陈灵公之君臣,其罪状固不可见于策矣。且如以此罪罪,则不比人数,贱乎贱者也,亦不足录矣。然则以何罪罪公孙宁、仪行父? 以杀泄冶之罪罪之也。其杀泄冶则众著于市朝之地,而非不可知、非不可言。《春秋》之防乱,以微不以显;《春秋》之讨罪,以见不以隐。(《诛乱辞》"杀大夫"宣九年经例)

《春秋》录杀泄冶,乃是隐诛公孙宁、仪行父导陈灵公宣淫之罪。如此曲线解经,只能说明庄存与对男女礼教大防的高度重视。

总之,庄存与未依傍旧解的经说,表面而言,似为其自出机杼,与众有别。但若深究其着眼点,实并未脱离其一贯护卫王道礼秩的立场,与官方并无歧异。如前所述,此一王道礼秩,或曰人纪,乃是贯穿于政治、社会乃至日常人伦秩序中的一套基本礼教规范,在政治领域主张奉天、尊王、尊伯,贬责僭越、专权,维持天子—诸侯—臣子,乃至诸夏—四夷的君君臣臣秩序;在社会伦理领域,则维护父子、夫妇、男女的礼教秩序。实际上,这一立场贯穿于《禁暴辞》《诛乱辞》与官方经解所存在的全部五种关系中,盖为庄存与所有《春秋》经解的核心出发点,是对官方立场的守卫和延展,凿之使深,培之使高,固称其为官方功臣,应符合实际。

第三节　庄氏学术的时代原因

如上所述,庄存与学问多受官方春秋学理念影响,甚至是官方尊王大一统旨趣的延展和加深。粗略而言,他的这些特征,当与乾隆朝的整个政治文化症候及庄存与个人的家世生平难脱关系,这一点早已为刘桂生先生所提示。① 本节即拟对此一问题作进一步的考索,以备知人论世之资。

一、生平、时代与庄氏学术

庄存与作为乾隆朝的文化教育官员,对官方的政治、学术敏感自当与野老村夫有别。但细致考察这一问题颇有难度,本节拟将庄存与的个人经历与乾隆朝的文教大政做一排比,以期尽量贴近庄存与的心态感受,或可为理解其学术提供帮助。

乾隆十年(1745),庄存与27岁,一甲二名榜眼及第,授编修,入庶常馆学习。②

从17岁起,庄存与开始生活在乾隆帝的统治之下。弘历初政,有意对雍正之治纠偏,崇尚"宽仁之政",罢开垦、停捐纳、恢复雍正时期被幽废的宗室身份、赦放启用非政治犯废员、停止以文字罪人

---

① 　刘桂生:《从庄存与生平看清初公羊学之起因》,《周一良先生八十生日纪念论文集》,中国社会科学出版社,1993 年,第 428、434 页。
② 　本节黑体字所述庄存与简历,除有特别标注者外,皆取自《清史列传》卷 24《庄存与》,下文除非必要不再出注。

等等政策，①改变了雍正以来苛酷的政治氛围，赢得"颂声如雷"。但一代英主大权独揽的个性于此时亦逐渐彰显，当中尤以打击以辅政老臣鄂尔泰、张廷玉为首的朋党集团为突出。此一行动开始于乾隆五年戒谕臣工不得依鄂尔泰和张廷玉暗结党援，历经乾隆七年儆戒鄂尔泰党援其子及门生、十年鄂尔泰过世配享太庙、十五年削张廷玉伯爵、罢张廷玉配享并追缴御赐物品，一直到乾隆二十年以文字狱诛杀鄂尔泰门生胡中藻，以及张廷玉卒仍命配享太庙方告一段落，②充分展现了弘历老谋深算、威福自专的性格。庄存与以乾隆十年入仕，亦是弘历逐渐脱离老臣辅翼，稳居皇位，开始充分展现个人政治风格之时。

乾隆十三年（1748）五月，庄存与散馆考列二等，乾隆责其"不留心学问，已可概见"，勒令留庶常馆再学习三年。十五年，兼充五朝国史纂修官。③

向来状元在殿试完毕后，即授职为翰林院修撰；榜眼、探花，即授为编修。虽亦与其他进士一起入庶常馆学习，但仅为走过场，至散馆时所授职位一般并无更易。但乾隆十三年，弘历却对庄存与考列二等大为不满，拟散补外任，在汪由敦的进谏下，才同意其继续留馆三年。④乾隆十三年对弘历来说，可谓多事之秋。先是乾隆十二年除夕，被默定为太子的皇七子永琮出痘而亡。紧接着十三

---

① 冯尔康：《乾隆初政与乾隆帝性格》，《天津师范大学学报》2007年第3期。
② 参见《清实录》乾隆五年四月甲戌，七年十二月癸卯、八年正月丁巳，十年四月乙卯，十五年三月乙卯、四月己丑、七月庚申，二十年四月壬子、甲寅等相关记载。
③ 庄绶甲：《味经斋遗书总跋》，《拾遗补艺斋文钞》，《清代诗文集汇编》第512册，第403页。
④ 庄勇成：《少宗伯养恬兄传》，庄鲁骃等编：《武进庄氏增修族谱》卷26《谱传》，道光十八年（1838）刻本，第31b页。

年三月,永琮的母亲皇后富察氏崩逝。弘历因此而精神大受刺激,皇子和大臣因在丧期间不守礼制,被严厉处置。其中皇长子永璜、三子永璋被宣布"断不可承继大统",师傅和俺达一同受到处分;同时被降级调用、革职、斩监候、赐令自尽的大臣多达几十名,其中包括若干督抚级者。① 并且一年多前开始的第一次金川之役亦遭遇大败,主将乃乾隆初年因平苗有功而颇被倚重且已提拔为川陕总督的张广泗,亦于乾隆十三年十二月被斩于阵前;派往阵前的钦差所谓"第一受恩之人"的领班军机大臣讷亲同时被处斩。② 事后乾隆说:"朕御极之初,尝意至十三年时,国家必有拂意之事,非计料所及者。"③或可看作是其就本年的抑郁心态对大小臣工所做的交代,可见其后来对本年自己的苛酷作风亦有所察觉。

如此看来,庄存与在乾隆如此心境之年被小小处分,盖亦算不得过分。但散馆考试,是士子们在庶常馆培养期满的甄别授职考试。庄存与在即将履职之时,受到横来的意外处分,当有助于其切身体会当朝皇上的不测天威。对其日后走上仕途,或亦有所戒惧作用。

乾隆十六年(1751),庄存与33岁,五月,再次散馆引见,仍授编修。十二月,兼任湖北乡试副考官。乾隆十七年,六月,翰詹大考列二等,④升侍讲,寻入直南书房。兼任恩科会试同考官。⑤

庄存与在庶常馆学习的六年,恰是乾隆朝政治由"宽"转"严"

---

① 高王凌:《乾隆十三年》,经济科学出版社,2012 年,第5—11 页。

② 周远廉:《乾隆皇帝大传》,陕西人民出版社,2008 年,第255—270 页。

③ 《清实录》卷330,乾隆十三年十二月上,第13 册,第488 页下栏。

④ 刘逢禄《记外王父庄宗伯公甲子次场墨卷后》称:"乾隆甲子科……[庄存与]即连捷登上第。越岁,大考翰詹……上大嘉叹,即擢侍讲。"所谓"越岁",指乾隆十一年丙寅。刘逢禄叙述有误,其原因或为混淆了庄存与两次入庶常馆学习之经历。

⑤ 庄鲁骕等编:《武进庄氏增修族谱》卷10《世表·庄存与》,第17b 页。

的关键阶段。乾隆十六年八月,历时一年七个月,蔓延京师及十二个省份的孙家淦"伪稿案"爆发。所谓伪稿,即民间广泛传播的一份伪称孙家淦上书皇帝的奏折,直接批评乾隆执政以来的诸多过失,包括南巡扰民、诛杀张广泗等在内的"五不解、十大过"。乾隆下令严查,并惩处多位当事督抚以为儆戒,但最终未能找到真正撰写者而草草结案。① 这一案件牵连之广,影响之大,在清代罕见,亦将弘历的人主威风展现得最为充分。故常与乾隆十三年丧后风波一起被作为乾隆朝政治由宽转严的标志。与此同时,本案亦常被作为乾隆朝文字狱的开端。从此时起,至乾隆四十八年(1783)止,乾隆朝共发生文字狱130余起,可分为两个阶段:十六年至四十一年(1776)的25年间,共70余起;四十二年至四十八年的短短7年,共50余起。② 可以说,庄存与结束庶常馆的学习实践,正式履职的开始,乾隆朝的政治已全然与早年崇尚"宽仁"的作风不同,作为在中央的翰林院践习的官员,其对乾隆朝所发生的大小事件以及乾隆帝的作风当并不陌生。而入直南书房,当又给庄存与近距离了解弘历提供了机会,凡此种种必当无形之中对庄存与的行事作风产生影响。

乾隆十八年(1753),庄存与35岁,六月,擢翰林院侍读学士,兼任湖北乡试正考官。九月,提督湖南学政,未满任即于乾隆二十年(1755)四月迁少詹事。六月,擢内阁学士兼礼部侍郎。③ 二十

---

① 详见刘文鹏:《盛世背后:乾隆时代的伪稿案研究》,人民出版社,2014年。

② 郭成康、林铁钧:《清朝文字狱》,群众出版社,1990年,第24—28页。

③ 王钟翰点校:《清史列传》卷24《庄存与传》,中华书局,1987年,第1797页。点校本《清史列传》将"提督湖南学政"讹为"提督湖北学政",原刊本不误,据改。另庄怡孙等于光绪元年(1875)所编之六修版《毗陵庄氏增修族谱》述庄存与任职经历为"历任侍讲、侍读、侍讲学士、侍读学士、詹事府少詹事"(卷10《世表·庄存与》,第20a页)云云,有误。这一错(转下页)

一年,充浙江乡试正考官。九月,提督顺天学政。

清代学政,属皇帝钦差性质,多由翰林官充任,任期三年。任满后或回原衙门供职,或叙优提拔。其职责"掌本省儒学即服务于科举的官方学校学务,如学校生徒的考课、教官的优劣黜陟等事。任职三年期间,巡历本省府、直隶州,主持岁、科两试,以区别生员(俗称秀才)的优劣并予以奖惩,确定有资格参加乡试者。另外,主持省级的院试以甄录府试合格的童生为生员,并掌送于国子监之贡生的甄选"。①

可以看出,从乾隆十六年散馆之后,庄存与的主要工作一是兼任乡会试考官;二是做学政;皆未离开士子的教育与科考。职是之故,庄存与对弘历的教育主张应不陌生,甚至只能以其主张为工作守则。如前文所述,从乾隆元年起,弘历即鼓励士子研习经学,并将之渗透到教育和科考之中,这一政策历二十多年而不衰,在乾隆元年、三年、四年、九年、十年、十二年、十三年、十九年等年份的谕旨中,皆有所见。② 庄存与作为教育科考官员,这些指令直接是对他工作的指导和约束。因此,鼓励士子研习经学,甚至推广官方经解,"宣扬圣教",原本即为庄存与的分内职责。有一个细节可以进一步说明这一问题,乾隆十九年三月,庄存与抵达湖南长沙府学政

(接上页)误并为 1936 年的七修谱所沿袭。庄存与升"侍讲"一年后即擢"侍读学士",中间并未出任"侍读"和"侍讲学士"(庄存与任詹事府少詹事时曾兼任侍讲学士,见族谱卷 16 中《诰敕》庄存与并妻诰命,第 62b 页)。庄鲁驷等人道光十八年(1838)所编之五修版《武进庄氏增修族谱》为目前存世庄氏族谱中的最早者,其叙庄存与任职简历即为"升侍讲、侍读学士、詹事府少詹事"(卷 10《世表·庄存与》,第 17a 页),与《清史列传》相合。

① 杜家骥:《杜家骥讲清代制度》,天津古籍出版社,2014 年,第 54 页。
② 参见陈祖武、朱彤窗:《乾嘉学术编年》,第 5、6、32、35、36、63、69、78、82、122 页。

衙门,从代理学政准湖南巡抚胡宝瑔手中交接了以下物件:

> 钦颁学政关防壹颗、《圣谕广训》壹本、《御制朋党论》壹
> 本、钦颁上谕肆本、上谕贰拾肆本、上谕叁拾肆本、上谕拾本、
> 《钦定训饬规条》壹本、上谕壹道、上谕贰本、《钦定学政全书》
> 壹部、《大清会典》壹部、《大清律例》壹部、《续纂条例》贰本、
> 《驳吕留良四书讲义》壹部、《吏部则例》壹部、《中枢政考》壹
> 部、《督捕则例》壹部、《刑部续纂条例》叁本及册籍。①

从以上内容,我们也可以看出,宣扬圣谕,钦遵官方教育政策和主
张,的是庄存与的职业守则。这或为其经解立足维护"王道礼秩"
而与官方立场多有接近的本质原因。

**乾隆二十三年(1758),二月,庄存与在顺天学政任上因考试
满、蒙童生一事,被革职留任内阁学士。二十四年闰六月,归乡丁
父忧。**

二十三年,满、蒙童生因"不能传递",竟至闹场,可见其惯常恃
身份的嚣张之态。弘历起先听御史参奏将庄存与革职,四天后又
因认为庄存与"办理尚属严密","著带革职仍留内阁学士之任"。②
这是庄存与第二次受处分。本次风波之后,庄存与上奏酌改乡试
各项事宜,其中明确提出科举考试和阅卷,皆须遵守先儒旧注和官
方经说,而禁止自出新意:

> 经旨应遵功令也。五经传注遵用先儒,臣伏读"御纂、钦

---

① 《内阁题本·题报到任日期事》,乾隆十九年三月初六日,责任人:庄存
   与,中国第一历史档案馆藏,档案号:02 - 01 - 03 - 05111 - 013。
② 《清实录》卷557,乾隆二十三年二月己卯,第16册,第52页。

定四经""钦定三礼",昭乎日月,颁在学官,试卷文字咸应遵用。臣请考校经文,或专守先儒,或钦遵圣制,皆为合旨,不得泥先儒一说,转废通才,亦不得自出新意,全无根据。至於俗下讲章,因陋就简,若据为经旨以校阅磨勘,实恐屈真才而便不学,所当酌禁。①

庄存与这一陈奏,为弘历所认可。② 再次反映出庄存与及官方反对自由发挥,以先儒旧注、官方经说来牢笼士子的态度。可见,庄存与《春秋》经解"义例一宗《公羊》,起应实述何氏,事亦兼资《左氏》,义或拾补《穀梁》"的学术特征,或亦掺有政治考量。

乾隆二十三年,官方《御纂春秋直解》修成,弘历亲为制序,第一节已有分析,不赘述。二十九年,弘历颁谕曰:"前辑《周易述义》《诗义折中》《春秋直解》告成,于从来传注离合异同之处,参稽是正,允宜津逮士林。而校刊讫工,未经颁发。著将此三书,每省各颁一部,依式锓版流传。俾直、省士子,咸资诵习。"③再一次宣示了官方定学术文化于一尊的坚定取向,庄存与作为皇朝的教育文化官员,恐怕只能自觉入彀,实际上他确实也是这样做的。

乾隆二十七年(1762),庄存与44岁。正月,服阙,补内阁学士。三十三年(1768),命在上书房行走。④ 三十六年(1771)三

---

① 《朱批奏折·奏为敬陈酌改乡试各事宜事》,乾隆二十三年二月初八日,责任人:庄存与,中国第一历史档案馆藏,档案号:04-01-38-0070-016。
② 《清实录》卷557,乾隆二十三年三月丙申,第16册,第73页。
③ 《清实录》卷714,乾隆二十九年七月辛酉,第17册,第968页下栏。
④ 对于庄存与入直上书房的时间,《清史列传·庄存与》载为乾隆三十三年。前辈学者多以该年永瑆已17岁,似入学过晚,不合清代皇子6岁入上书房之惯例,故推测庄存与入直当在二十七年前后。(参见刘桂生:《从庄存与生平看清初公羊学之起因》,周绍良等编:《周一良先生八十生日纪念文集》,中国社会科学出版社,1993年,第429页。蔡长林:《常 (转下页)

月,充会试副考官。六月,充浙江乡试正考官。三十七年,命教习庶吉士。三十八年,仍补礼部右侍郎。三十九年,提督山东学政,寻调河南学政。四十一年(1776),归乡丁母忧。

乾隆二十四年,庄存与父庄柱和弟庄培因相继过世。庄柱擅长制艺,对庄存与和培因皆影响甚大。庄培因乃乾隆十九年状元,时任福建学政。彼时庄家处于鼎盛的顶点,可谓烈火烹油、花团锦簇,"兄[庄存与]为浙江正主试,而弟仲淳[培因]为福建正主试。复命兄即为顺天学政,仲淳亦为福建学政,一时鼎盛,罕有伦比"。① 故庄柱和培因的接连去世,无异于使庄家从繁华的顶点突然崩落下来,对庄存与的打击当可想象。

(接上页)州庄氏学术新论》,博士学位论文,台湾大学中国文学研究所,2000 年,第 132—133 页。)实则虽然从乾隆二十二年开始,清廷规定一名师傅专责一位皇子,但每位皇子在不同阶段仍有不同的师傅(参见郑仲烜:《清朝皇子教育》,硕士学位论文,台湾"中央"大学历史研究所,2011 年,第 170—171 页),庄存与恰非永瑆早年的师傅。据永瑆《八怀诗》(《诒晋斋集》卷 1,所怀者皆为当时入直上书房的师傅)所述,其 6 岁入书房时的师傅为秦大士。另据《清高宗实录》乾隆二十四年十二月条,接替秦大士者为谢墉。并且永瑆《八怀诗》所怀之钱大昕,乾隆三十八年方入直,此时永瑆已 22 岁,依旧从钱受读(清代皇子有大龄依旧入书房读书的惯例,参见郑仲烜:《清朝皇子教育》,第 175 页),可见 17 岁从庄存与读书亦不为年龄过大,是完全符合惯例之事。且永瑆作于乾隆三十九年的《送庄方耕师傅授提督河南全省学政序》(《诒晋斋集》卷 7)称:"先生教诲余数年……而先生今去余矣。"若从乾隆二十七年即入直,至三十九年则不当言"数年",而应言"十余年",若以乾隆三十三年入直,则方六年,与"数年"相合。再则《清高宗实录》亦明确记载庄存与入直时间为乾隆三十三年十月,并于丁母忧服阕之后的四十七年正月再次入直(《清高宗实录》乾隆三十三年十月己未、四十七年正月丙寅)。综合以上考虑,《清史列传》所记当不误,存与首次入直时间即为乾隆三十三年。

① 庄勇成:《少宗伯养恬兄传》,庄鲁骍等编:《武进庄氏增修族谱》卷 26《谱传》,第 32b 页。

　　服阙补官之后,庄存与人到中年,职务除试差和学政外,又增加了教习皇子和庶吉士,但依旧不离教育科考领域。庄存与孙庄绶甲述其工作状态为:"逮居忧起复而授内阁学士,凡十三年复礼部侍郎,其间唯一副典礼闱,一主试两浙。祖皆静默供职。生平著述概于是时为多。"①庄存与之所以"静默供职",除与其个人谨慎的性格相关外(下文详述),当亦与此时的中朝状况相关。彼时乾隆朝的社会经济达到顶峰,官员腐败成风,弘历威福自专的性格更加突显,在"保泰持盈"观念下对臣工的控制更显娴熟,文字狱还在不断上演,同时因三十八年开编《四库全书》,接踵而来的另一场文字狱高潮亦徐徐拉开大幕。主上英明神武若此,像庄存与这样主管文教的臣工,恐怕最好"静默供职"。

　　犹有一可述者,入值上书房,主要职务是教导皇子经史,除人品端方外,②所论当更不能造次。如嘉庆帝回忆师傅朱珪对其的授读即云:

　　　犹忆伊[朱珪]官翰林时,皇考[弘历]简为朕师傅。尔时朕于经书,已皆毕业,而史监事迹,均资讲贯。其所陈说,无非唐虞三代之言,不特非法弗道,即稍涉时趋之论,亦从不出诸口,启沃良多。③

清代因实行秘密立储制度,诸皇子皆有成为下届新君的可能,故难免有所明争暗斗。作为皇子师傅,所论皆"唐虞三代之言","稍涉

---

①　庄绶甲:《味经斋遗书总跋》,《拾遗补艺斋文钞》,《清代诗文集汇编》第512册,第404页。

②　参见郑仲烜:《清朝皇子教育》,硕士学位论文,台湾"中央"大学历史研究所,2011年,第173页。

③　《清史列传》卷28《朱珪传》,第2127页。

时趋之论,亦从不出诸口",此一职位的敏感之处彰然可见。庄存与处于此类情境之中,其"静默供职"亦当别获理解。

乾隆四十三年(1778),服阙,庄存与60岁。四十四年六月,署礼部左侍郎。十月,补礼部右侍郎。四十七年(1782)正月,再次入直上书房。① 四十九年(1784)二月,转礼部左侍郎,兼充会试知贡举。② 五十年七月初七,三子选辰卒。③ 五十一年正月,庄存与68岁,以年力就衰,原品致休。五十三年(1788),七月十五以脾泻卒于家。④

庄存与丁母忧服阙,再次入朝,已年过花甲,已不是有为之年。67岁那年,其31岁的三子选辰卒,当对庄存与有所打击。似乎其身体亦不算康强,68岁即"年力就衰",两年后即卒。而乾隆朝的政治,除文字狱借着编撰《四库全书》之机更加肆虐再掀狂澜之外,随着弘历渐入老境,政局亦出现衰颓之相,"乾隆初期中期,确是民富国强的'全盛之势',但到了乾隆晚年,则形势便大有变化,奸相和珅专权乱政,吏治败坏,贪污盛行,民多'蹙额兴叹'"。⑤ 正是出于这一原因,有学者将庄存与提倡"今文经学"归因于和珅专权和乾隆晚期的吏治腐败,这一论点恐怕并不可靠。因上引庄绥甲明确称庄存与著作多写作于乾隆二十七年至三十八年之间,与和珅专权并不同时。但和珅专权确是乾隆晚期政治的一大节目,有必要对其兴起过程做一简单梳理。

乾隆四十年,弘历于临幸山东途中第一次见到和珅,是为和珅

---

① 《清实录》卷1149,乾隆四十七年正月丙寅,第23册,第405页上栏。
② 庄鲁骃等编:《武进庄氏增修族谱》卷10《世表·庄存与》,第17b页。
③ 庄鲁骃等编:《武进庄氏增修族谱》卷10《世表·选辰》,第20a页。
④ 庄贵甲等:《先考汇川府君行述》,庄怡孙等编:《毗陵庄氏增修族谱》卷20下《事述志补遗》,光绪元年(1875)刻本,第5a页。
⑤ 周远廉:《乾隆皇帝大传》,陕西人民出版社,2008年,第631页。

崛起的起点。当年十月迁乾清门侍卫,十一月擢御前侍卫,十二月
授正蓝旗满洲副都统。四十一年正月,授户部右侍郎。三月在军
机处行走,四月授内务府总管大臣,十二月总管内务府三旗官兵事
务,赐紫禁城骑马。四十二年六月,转户部左侍郎,十月,任步军统
领。和珅从无名小卒到进身卿贰,不到一年的时间,可谓飞速。其
飞速崛起的事件多发生在庄存与丁母忧期间,等到庄存与再次入
朝,和珅已成为御前炙手可热之新贵。乾隆四十五年和珅晋户部
尚书兼议政大臣、御前大臣,补镶蓝旗满洲都统,授正白旗领侍卫
内大臣,充四库全书馆正总裁,兼理藩院尚书。并赴云南查办总督
李侍尧贪污案。和珅之子指为十公主之额驸。四十六年,钦派赴
兰州平苏四十三起义,旋被召回,兼署兵部尚书,管理户部三库事
务。四十七年加太子太保,充经筵讲官。四十八年,充文渊阁提举
阁事。四十九年,调补吏部尚书,协办大学士事务,管理户部。五
十一年,晋文华殿大学士,仍兼吏部、户部事。[1] 正是这一年,出现
了第一份弹劾和珅的奏折,不过并未敢针对和珅本人,而是将矛头
指向了其家仆。[2] 本年庄存与恰告老还乡。

　　庄存与作为久在中央任职的老臣,对中枢的变化情况自当并
不陌生,依其作风,恐怕只会越发"静默供职"而已。

　　由以上对庄存与经历与乾隆朝政事的简单对读中,可以发现,
庄存与一生,主要在翰林院、学政衙署、内阁和礼部任职,虽晋升卿
贰,但工作没有脱离皇子和士子的教育、科考等内容。其立身行事
及学术观点,受到乾隆朝文化教育政策的明确影响和限制是不可

---

① 和珅任职简历参见周远廉《乾隆皇帝大传》,第 621—622 页。周书所述时
间偶有讹误,据《清实录》相关年月有所订正。
② 相关经过参见《清实录》乾隆五十一年六月的相关记载。

避免的。而弘历作为乾纲独断的"千古明君",不但常以其专制权力敲打臣工,施以压力,而且其异常重视文化教育的大一统之业,一边以提倡经学、推广官学、编选图书加以诱导,一边以严酷的文字狱进行摧残,软硬两手相济相成。作为教育科考官员的庄存与,一边静默供职,一边发扬维护"王道礼秩"的高论,或为其最好选择。其对"三科九旨"中的改制之义多存而不论,或亦与此相关。

二、家世、性格与庄氏学术

庄存与学术取向除与其时代密切相关外,另当与其家世有一定关系。庄存与所从出之武进庄氏,乃科举世家,累世簪缨之族。①据丁蓉统计,自万历年间第八世始至光绪年间第二十世止,常州庄氏家族"共出进士 35 名,举人 79 名。卿贰 2 名,京堂 2 名,翰詹 11 名"。其中清代所中进士,"占清代武进县进士总数的 12.98%"。②一个家族达到如此比例,可谓沉沉黟颐。

仅就庄存与一门而言,其祖父庄绛共五子:楷、坛、敦厚、大椿、柱(庄存与父)。其中,庄楷、庄敦厚、庄柱中进士,庄坛中举人,庄大椿中副榜举人。庄楷历官翰林院编修、国子监司业;庄坛历任湖广黄梅、黄陂县知县,署蕲州知州;庄敦厚任直隶西宁县知县;庄大椿历任四川双流、新繁、射洪县知县;庄柱历任顺天大兴县知县、浙江温州府知府、温处兵备道副使。可见庄存与诸父五人皆有官职,其中尤以做京官的庄楷和为道员的庄柱最突出。庄柱有子二人:庄存与、培因。培因历任翰林院修撰、右春坊中允、翰林院侍讲学

---

① 关于常州庄氏家族的世系、传衍等情况,丁蓉有详细研究,参见氏著《科举、教育与家族:明清常州庄氏家族研究——以毗陵庄氏族谱文献为中心》,博士学位论文,华东师范大学古籍研究所,2012 年,第 72—81 页。

② 丁蓉:《科举、教育与家族:明清常州庄氏家族研究——以毗陵庄氏族谱文献为中心》,第 119、134 页。

士,充福建学政。庄存与子三:逢原、通敏、选辰。逢原历任山阳训导、全椒教谕、候选知县;通敏历任翰林院编修、左春坊中允;选辰任内阁中书。庄培因子一:述祖,历任山东昌乐、潍县知县。①

从以上简单梳理可知,庄存与父子三代的直系亲属皆有官职,上至京官,下至知县,无代无之。庄氏家族能由明入清历两三百年而不败,当与其家族的家风密切相关。庄存与出生于此类家族,其立身行事必然会受其巨大影响。这类影响,很多时候是潜移默化的,即是家族百余年来做人处事的一种习惯,又是其当身长辈立身行事的一种示范效应,当然其中亦包括长辈随时随地的提醒教导。故要从遗留文本上完整复原庄存与当时在家族中所受的影响是不可能的。不过在一些残存的蛛丝马迹中,犹可供我们作字缝间的遐想。

庄存与父庄柱"平日以躬行实践为本,爱人利物为施",服膺宋学躬行实践之教。② 其对庄存与为官行事颇多指导,如庄存与榜眼及第,方授翰林院编修即归家听训:

> 甲子、乙丑,连捷传胪一甲第二,授职翰林院编修,[庄存与]时年二十有七。旋乞假省亲,家居年余,日居子舍,敬听父训,曰:"吾初服官,所未信处极多,必服膺父训,事事始得指南。"③

---

① 庄存与亲属的简历,参见庄鲁骀等编:《武进庄氏增修族谱》卷10《世表》,第6—21页。

② 彭启丰:《中宪大夫浙江海防兵备道庄君柱墓志铭》,钱仪吉纂,靳斯点校:《碑传集》,中华书局,1993年,第2392页。

③ 庄勇成:《少宗伯养恬兄传》,庄鲁骀等编:《武进庄氏增修族谱》卷26《谱传》,第31b页。

庄存与尊奉父亲,恭谨勤恪的性格可见一斑。而以庄柱注重躬行践履的性格,庄存与所能够请得的"服官"之训似可想见,如庄勇成称:

> 公[庄柱]与夫人每逢两子晋阶,受宠若惊,兢兢训勉。两子亦恪遵庭训,日以图报国恩、不忘祖德是务,数十年有如一日。①

无他,"图报国恩、不忘祖德"耳。庄柱夫妻战战兢兢保泰持盈的心情亦隐然可见。在乾隆朝英主在上、乾纲独断且屡兴文字狱的大气候下,所谓图报国恩,恐怕是"紧跟皇上走"的另一种说法;所谓不忘祖德,恐怕是奉国法、保宗族的代名词。在这样的提醒和压力之下,庄存与服官当更加谨慎注意,不会造次。乾隆二十三年的一个小插曲亦可说明此一问题。该年庄存与任顺天学政,考试满、蒙童生,因办理严密,使童生"不能传递",引起闹场,被御史汤世昌参奏。当遭到乾隆面询时,庄存与的表现颇值得玩味:

> 当经[朕]亲询该学政[庄存与],乃不据实陈奏,一味含混支吾,思卸己小过而为面欺,斯其罪大矣。②
>
> 庄存与于考试童生闹场一案,既不参奏于前,及朕面召询问,又不据实陈奏,是以将伊革职。③

庄存与考核童生,办理严密、不许传递乃是恪尽职守,因此竟然被

① 庄勇成:《观察南村公传》,庄鲁驷等编:《武进庄氏增修族谱》卷25《谱传》,第38b页。
② 《清实录》卷557,乾隆二十三年二月壬申,第16册,第46页。
③ 《清实录》卷557,乾隆二十三年二月己卯,第16册,第52页。

御史参奏,自当满怀冤屈。难得有皇帝面询,似应大喊冤枉,却为何"含混支吾""不据实陈奏"?关键似乎还在这些童生的"满、蒙"身份。诸童生因为新任学政办理严密即胆敢闹场,可见其惯常自恃身份的嚣张跋扈之态,亦可见其一贯以来的考试状态,也似透露出前任学政不敢管、不欲管的实情。[1] 在天子脚下(顺天)如此明目张胆,就不得不怀疑就中或与弘历对满族和蒙族的惯常纵容相关。庄存与在未明了弘历的态度之前,自然既不敢贸然喊冤,又不敢据实指斥满蒙童生,所可做的似仅剩"含混支吾"。庄存与在这一事件上所表现出的谨言慎行和政治成熟,完整体现了一个累世不败之族的教养。

这一教养不但落实于行动,还内化为其自身所遵守的处世哲学,他曾借诠解经典对此有明确表述:

> 《虞书》教胄子直也、宽也、刚也、简也,四德也。周公制周礼,以乐德教国子,则曰"中和""祗庸""孝友"。至治之世,以教直为首,宽次之,刚次之,简次之。能面责人之过,是曰是,非曰非,虽三代以后,其建国君民之始,亦皆然矣,况唐、虞之世乎!而周公必曰"中和"也,"祗庸"也,"孝友"也,循循然其不敢肆也,岂不以修德保福,必在自卑而尊人乎?长世有道,皆以是为经德矣。[2]

---

[1] 乾隆后来的上谕亦称"满洲、蒙古童生,皆世受豢养之人",即使是派出查办该案的大臣,亦不敢据实严查,"于案内情事并未严行穷究,而议罪之处又不允当,所审皆旗人,故不能不掣肘"。王钟翰点校:《清史列传》卷24《庄存与传》,第1798页。

[2] 庄存与:《四书说》,道光十八年(1838)李兆洛刊《味经斋遗书》七种本,第76b页。

庄存与以为,虽然唐、虞之世是可以面责人之过的"直"世,但周公依旧以"中和""祗庸""孝友"教人,让人"循循然其不敢肆",其目的不过是"修德保福"以"长世"耳。易言之,之所以不采取直、宽、刚、简,而采用"中和"等中庸之道,乃在于免祸患、保宗族耳。明乎此,或亦有助于理解其《春秋》经解屡屡强调尊王大一统,却对寓含改制之义的"三科九旨"毫无发明的隐衷。

庄勇成称庄存与"长身玉立,不苟言笑""笃志好学,而疏于酬应"。[①] 其日常间的性格可见一斑。臧庸据其家所撰"行述"而做的小传有更完整的描述:

> 治家严而有法,不苟言笑,于世俗声华、玩好之属,澹然无所嗜。性清介,严取予,谨然诺,饮食衣服刻苦自持。奉差使,所过食用必自治,并戒仆从,不勤馆人,故所莅下车舆颂翕然。教子孙持家范,勿令稍染时趋,接物中正平易,人亦不敢干以私者。家居宇舍精洁,器物整齐,书籍时亲检点,勿使稍有参错。[②]

可见庄存与不论是持家,还是为官,皆以严介自持。尚有两个具体实例可说明此一特征:

> 南村公[庄柱]训诲子孙,动循礼则,未尝遽加声色。养恬兄[庄存与]尤见严切,自京归里,道出山阳时,长子逢原为教谕,迎迓舟次,侍立良久,应对小有讹错,即命长跪,得吴夫人

① 庄勇成:《少宗伯养恬兄传》,庄鲁骀等编:《武进庄氏增修族谱》卷26《谱传》,第30b页、31b页。
② 臧庸:《拜经堂文集》卷5《礼部侍郎少宗伯庄公小传》,《续修四库全书》第1491册,第600页。

为之宽解,乃命起立。①

此为庄存与致仕归里时事,当时庄存与 68 岁,其长子庄逢原 52 岁。52 岁的老长子,应答稍有讹错,即命长跪,庄存与持家不苟可见一斑。

> 公[庄存与]性廉鲠,典试浙江,浙巡抚馈以金,不受。遗以二品冠,受之。及途,从者以告曰:冠顶真珊瑚也,直千金。公惊,驰使千余里而返之。②

庄存与服官清廉可由此一小事见其仿佛。因此,似可认为,庄存与本质上是一个严介谨慎,不苟言笑,不慕荣利之人。以这样的性格,再加上其家所受之教育,在乾隆朝文字狱迭兴的时代,庄存与在其著作中是绝对不会肆口轻言,更不会与官方的意识形态有所差池,授人以柄的。此当亦为庄存与《春秋正辞》多表现出与官方立场接近的原因之一。

第四节　本 章 小 结

庄存与作为一生主要以士子、皇子的教育为务的官员,在清代康、雍、乾三朝欲图思想文化大一统的格局中,官方的文教立场本

---

① 庄勇成:《少宗伯养恬兄传》,庄鲁骊等编:《武进庄氏增修族谱》卷 26《谱传》,第 34b 页。

② 龚自珍:《资政大夫礼部侍郎武进庄公神道碑铭》,王佩诤点校:《龚自珍全集》,上海人民出版社,1975 年,第 142 页。

就是其必须内化为自我行动的职业守则,其经解自然不可能不受其束缚和影响。庄存与和官方经解存在的五类关系中,前三类,即"庄存与及官方皆从旧解","从官方、弃四传","接踵官方而续有发挥",表面而言,皆可见庄存与因袭官方的痕迹。后两类,即"弃官方、从旧解","一空依傍、独抒大义",表面而言,庄存与对官方经解有所偏离。但究其实质,不论是庄存与因袭官方还是偏离官方,其背后的解经旨趣从未改变,皆以维护王道礼秩为志职,其所有褒贬讥绝、阐释发挥,皆以此为中心。这一旨趣,不但不背离官方以《春秋》为治理术,维护尊王大一统的立场,甚且比官方阐释得更完整、更有意识形态性,其卫道护统的衷曲比官方有过之而无不及。职是之故,将庄存与春秋学看作是官方经解延长线上的产物,与官学并行不悖,当符合事实。作为乾隆朝的文化教育官员(所谓"礼乐名臣"),其学术对官学的这种响应,当既与其自身的核心关怀相关,又是时代、经历、家世、性格等诸多因素相互激荡的结果,似有其不得不然的一面。

第六章 《春秋正辞》与乾嘉汉学

——兼及庄存与对宋学的态度

前述几章,对《春秋正辞》中除《传疑辞》(残缺无法梳理)之外的其他八章(从《奉天辞》到《诛乱辞》)皆做了专门的读解,同时对庄存与为学的家法、旨趣,以及其中所蕴含的尊王、夷夏、与官学的关系等问题亦皆做了讨论。但是对庄存与的公羊学而言,尚有一广被重视且十分重要的问题,即《春秋正辞》与乾嘉汉学的关系问题,犹未涉及。本章则拟结合庄存与的碑传材料及《四书说》等其他著作,单独对此一问题略作考察,同时梳理庄存与对宋学的态度。

第一节 作为汉学别派的庄氏学术

1920 年,梁任公在《清代学术概论》中称:"今文学启蒙大师,则武进庄存与也。存与著《春秋正辞》,刊落训诂名物之末,专求所谓'微言大义'者,与戴、段一派所取途径,全然不同。"①这一对庄存与学术的简明概括,影响深远。② 及至当代,学者虽多不认可其

---

① 梁启超:《清代学术概论》,上海古籍出版社,1998 年,第 74 页。

② 如,周予同先生即云:"至于复兴今文学的首倡者,当推庄存与。他和戴震同时,但治学的方向完全和震不同。他著《春秋正辞》一书,不讲汉学家所研究的名物训诂,而专讲所谓'微言大义',可以说是清代今文 (转下页)

间的今古文视野,但却依旧赞同其庄存与同乾嘉汉学"全然不同"之论,甚至认为庄存与"学术之假想敌,是掌握学术话语权的汉学家"。① 此类论说被不断重复,目前已近常识,然详考庄存与学术,却不能无疑。

一、与汉学立异说的由来及其问题

任公"全然不同"之论并非空穴来风,而是有所因袭。这一说法最早产生于庄存与后辈的友朋中间,深有辨正之必要,故作排比如次:

道光壬午年(1822),龚自珍作《资政大夫礼部侍郎武进庄公神道碑铭》,此为最早强调庄存与治学与汉学有异之篇章。文中龚氏为庄存与不废伪古文《尚书》做了辩诬,称庄存与"自韬污受不学之名""以求其实之阴济于天下",并借庄存与之口云:"辨古籍真伪,为术浅且近者也;且天下学僮尽明之矣,魁硕当弗复言。古籍坠湮十之八,颇藉伪书存者十之二,帝胄天孙,不能旁览杂氏,惟赖幼习五经之简,长以通于治天下。"②阎若璩辨古文《尚书》案,是乾嘉汉学的楷模,但龚氏认为庄存与学术关怀在于帝胄天孙的教育,故不屑辨伪,似乎隐含与汉学异趋的问题。

(接上页)学的第一部著作。"(见朱维铮编:《周予同经学史论著选集》[增订本],上海人民出版社,1996年,第19页。)

① 蔡长林:《从文士到经生——考据学风潮下的常州学派》,第27页。另陈其泰、黄开国等先生亦强调庄存与同汉学的异趋问题,参见陈其泰《清代公羊学》,东方出版社,1997年,第61页;黄开国《公羊学发展史》,人民出版社,2013年,第463—464页。

② 龚自珍撰,王佩诤点校:《龚自珍全集》,上海人民出版社,1975年,第142页。

　　1827年前后，魏源撰《武进庄少宗伯遗书序》，①在援引《韩诗外传》《春秋繁露》《汉书·艺文志》批评治学不求大体、务为琐碎之后，又援引徐幹《中论》云："凡学者大义为先，物名为后，大义举而物名从之。然鄙儒之博学也，务于物名，详于器械，考于训诂，摘其章句，而不能通其大义所极，以获先王之心。此无异女史诵诗，内侍传令也。"接着魏源评论道："武进庄方耕少宗伯……沕乎董胶西之对天人，粹乎匡丞相之明礼制，郁乎刘中垒之陈今古，未尝支离钑析，如韩、董、班、徐数子所讥，是以世之为汉学者罕称道之。呜呼，公所为真汉学者，庶其在是，所异于世之汉学者，庶其在是。"②魏源扬庄存与贬"世之汉学"的意见可谓酣畅淋漓。而在另一文中，魏源的此类评判更显简捷明确："自乾隆中叶后，海内士大夫兴汉学，而大江南北尤盛。苏州惠氏、江氏，常州臧氏、孙氏，嘉定钱氏，金坛段氏，高邮王氏，徽州戴氏、程氏，争治诂训音声，瓜剖钑析。视国初昆山、常熟二顾及四明黄南雷、万季野、全谢山诸公，

---

① 此序最早见于1838年李兆洛所刻《味经斋遗书》七种本卷首，是第一个出现在《味经斋遗书》中的总序。其撰写于何时，有待考证。有些研究者径将之归于1828年，亦出于推断，并无实据。查该序中提到的庄氏著作有"《周易象义》《尚书既见》《尚书说》《诗说》《春秋正辞》《周官说》若干卷"，除《周易象义》之外，皆见于庄绶甲1827年所刻的《味经斋遗书》六种本中。而所谓的《周易象义》，应即为庄勇成乾隆乙卯仲春（1795）于《少宗伯养恬兄传》中所著录之《象传论》或《象象论》，此二书最早刊刻于1838年的《味经斋遗书》七种本中，可见魏源并未确见此二书。因此，此序当为庄绶甲而非李兆洛整理刊刻遗书时托魏源所撰。六种本没有收入，应和绶甲提前过世没有刊刻完计划中的《味经斋遗书》有关，故将之暂系于绶甲刻六种本的1827年。参见本书绪论章第2节《庄存与著作及版本考略》。
② 魏源：《武进庄少宗伯遗书序》，庄存与：《味经斋遗书》卷首，道光十八年（1838）宝砚堂十三种本。

即皆摈为史学非经学,或谓宋学非汉学。锢天下聪明知慧,使尽出于无用之一途。……乾隆间经师有武进庄方耕侍郎,其学能通于经之大谊,西汉董、伏诸先生之微渺,而不落东汉以下。"①

道光八年(1828),董士锡撰《易说序》称:"其时庄先生存与以侍郎官于朝,未尝以经学自名,成书又不刊板行世,世是以无闻焉。……不知者以为乾隆间经学之别流,而知者以为乾隆间经学之巨汇也。方乾隆时,学者莫不由《说文》《尔雅》而入,醰深于汉经师之言,而无溷以游杂,其门人为之,莫不以门户自守,深疾宋以后之空言,因其艺精,抑示术峻。而又乌知世固有不为空言而实学恣肆如是者哉!"②董士锡同样强调汉学者因群趋"由《说文》《尔雅》而入",故排斥庄存与之学。

约 1828 年,阮元作《庄方耕宗伯经说序》③称:"李晴川……言宗伯践履笃实,于六经皆能阐抉奥旨,不专专为汉宋笺注之学,而独得先圣微言大义于语言文字之外,斯为昭代大儒。"并称:"[庄存与]在上书房授成亲王经史垂四十年,所学与当时讲论或枘凿不相入,故秘不示人,通其学者邵学士晋涵、孔检讨广森及子孙数人而已。"④此处阮元的"所学与当时讲论或枘凿不相入,故秘不示人",比上引董士锡之"成书又不刊板行世"更显严重,暗示庄存与主观

---

① 魏源:《李申耆先生传》,《魏源全集》第 12 册,岳麓书社,2004 年,第283—285 页。

② 董士锡:《易说序》,庄存与:《味经斋遗书》,卷首。

③ 该序阮元《揅经室集》失收,最早见于 1838 年刊刻的宝砚堂《味经斋遗书》十三种本卷首,晚于载有魏源序的《味经斋遗书》七种本。序文云:"绥甲虑子孙不克世守,既次弟付梓行世,元复为之序其大略,刊入《经解》,以告世之能读是书者。"绥甲所刻之著《味经斋遗书》六种本,刊刻于 1827年。阮刻《皇清经解》开刻于 1825 年,完成于 1829 年。因此,此序应作于1827 至 1829 年之间,故暂系于 1828 年。

④ 阮元:《庄方耕宗伯经说序》,庄存与:《味经斋遗书》,卷首。

意图如此,故易使人误解李晴川所言之"不专专为汉宋笺注之学",是庄存与有意与当身的汉学派立异。

这四则文献皆因庄氏后人请托而作,作者皆与庄氏后人交好,①但比庄存与小两辈,且皆未与庄存与有过亲身接触。由于这几则文献比较常见,尤其是后三篇序言,附刻于后出之庄存与总集《味经斋遗书》卷首,易获睹目,故被后世学者频繁引用,成为论定庄氏学术特征的核心文献,甚者如钱穆、张舜徽、艾尔曼②等先生都以此为基础构建一己之论。虽然此四则文献并不一定皆认为庄存与同汉学异趋,但合在一起,则强化了人们对庄存与有意同汉学立异的印象。

但若仔细分疏,这四则文献之间实有异同:

一、四人皆重视庄存与学术之核心关怀,尤其突出庄存与同汉学家的差别。魏源作了明确的高下抑扬,隐有两种学风互不相容之意。阮元"所学与当时讲论或枘凿不相入,故秘不示人"的说法,暗示庄存与主观上有此意图,而董士锡的"成书又不刊板行世,世是以无闻焉",使得这一问题似乎更加确实。

二、四人皆重视庄存与之学术取径,认为其独得大意,不屑屑于训诂考据。龚自珍、魏源、董士锡、阮元皆认为庄存与不为乾嘉人之汉学,但李晴川(阮元所引)特别指出庄存与不为"汉宋笺注之学"。

---

① 龚自珍、魏源乃庄存与外孙刘逢禄的门下士,董士锡与庄存与孙庄绶甲同学相友,阮元与庄存与孙隽甲"同举于乡",并与刘逢禄、宋翔凤(庄存与外侄孙)交好。

② 参见钱穆《中国近三百年学术史》,商务印书馆,1997年,第580—584页。张舜徽《清儒学记》,华中师范大学出版社,2005年,第321—324页。艾尔曼《经学、政治和宗族——中华帝国晚期的常州今文学派研究》,赵刚译,江苏人民出版社,1998年,"代中文版序",第13页。

三、这四篇文字都出现于庄存与过世三十余年后的 1820 年代。

此三点异同，犹有讨论的余地：

首先，魏源痛贬汉学"无用"，表彰庄存与乃继承汉代伏生、董仲舒、匡衡、刘向之儒者精神的"真汉学"，实与其经世立场密切相关。钱穆先生有言："此皆风气之变，未必即是是非之准。乾嘉之盛斥宋明，宋明未必非，道咸之转而不满于乾嘉，因以推尊庄氏，庄氏亦未必是。"①故并不能将之作为庄存与同汉学冰炭不容之的论。

而阮元以"秘不示人"所暗示的庄存与有心同汉学立异，亦并不成立。乾隆五十四年十二月（阳历已跨入 1790 年），庄存与过世年余后（庄氏卒于乾隆五十三年七月十五），其门下士鲁九皋作《祭庄座主文》称："前年尚奉手书，谓平生于诸经疑义，皆有训释，今得归田，将订正成书，命九皋进与校字之役。顾九皋以老母多疾，未克遄趋函丈〔庄存与〕朝夕请业。"②这则材料显示出庄存与致仕后已准备整理出版己著，但因距离过世仅短短两年而未克卒业。故董士锡之"成书又不刊板行世"，并不准确。③ 阮元之"秘不示人"，更属夸大之辞。

因此，魏、阮所强调的庄存与学风与汉学互不相容的问题，则尚成疑问。

其次，庄存与学术不屑屑于考据，而注重大义的发挥，确属其自觉，他曾自署斋中屏联云："玩经文，存大体，理义悦心。"④该联

① 钱穆：《中国近三百年学术史》，第 582 页。
② 鲁九皋：《鲁山木先生文集》卷 12，《清代诗文集汇编》第 378 册，第 197 页。
③ 庄存与著作多未整理完成，这从有关《味经斋遗书》的多篇序跋亦可见。现存之《味经斋遗书》，为后人逐渐整理递刻而成。
④ 庄勇成：《少宗伯养恬兄传》，庄鲁骊等编：《武进庄氏增修族谱》卷 26《谱传》，第 31a 页。

化用自《汉书·艺文志》："古之学者耕且养,三年而通一艺,存其大体,玩经文而已。"若结合《汉书》批评"后世"学者"务碎义逃难,便辞巧说,破坏形体;说五字之文,至于二三万言"的语境,则庄存与注重在大处着眼,不务琐碎的意思甚是分明。那么四人对庄存与学术取径的论说,确属事实。但四人所谓的汉学与李晴川的"汉宋笺注之学"表面相似,实有所区别:前者应指主张效法东汉的乾嘉考据学,而后者应指从汉至宋对十三经相关典籍的注疏之学,其中亦当包括朱子对《四书》的注解。二者时间有先后,范围有广狭,并非同一对象(虽然某种程度上,乾嘉汉学与汉宋笺注之学中"汉"的部分存在流与源的关系)。故确指庄存与同乾嘉汉学派异趋的,仅是龚、魏、董、阮。当然李晴川之语亦可作如下推导:庄存与反对汉代笺注之学,当然对其流裔乾嘉汉学亦在排斥之列(阮元似正是此意)。但此一推导除有以源代流的偏颇外,另无形中忽略了李氏所言"宋"的部分,这一忽略遮蔽了哪些信息,尚值得讨论。另外,最重要的,与汉学派学术取径的不同,是否即与之扞格不入,有无迹远心通之可能?则尤需考察。下文第三小节中试对这些问题做出探析。

再次,这四篇文献出现于 1820 年代,当与庄绶甲于此时整理递刻乃祖著作有关。此时之世风,即使是汉学内部,亦渐渐出现反思与批评之音,如凌廷堪、段玉裁、焦循等人无不如此。而汉学外部,则批评渐趋激烈,如方东树之《汉学商兑》,也约在 1810 年开编,最终在 1818 年完成并刊刻。① 这四篇文献皆将庄存与放在与汉学对照的背景上来论述,有无受此一世风之影响,亦亟需剖明。故下节将对更早的时人对庄存与学术的论述略作考察,以为参照。

---

① 陈鸿森:《江藩〈汉学师承记〉纂著史实索隐》,《文史》2019 年第 3 期。

二、庄存与学问中的汉学成分

据笔者目见所及,庄存与学术的最早评述,出现于其过世之后的祭文、碑传等中。主要有以下四文:

乾隆五十三年(1788)庄存与谢世不久,门弟子邵晋涵即作《庄养恬先生祭文》,称:"徐窥所学,《诗》《礼》居要。麟义公羊,折中王道。三代礼乐,指掌了如。《周官》经世,言大非污。四德充周,六爻变易。《系辞》用昭,廓如自辟。所贵儒者,天人贯通。象纬历算,咸得统宗。敷绎鸿编,囊括大典。康成而后,经神载见。"①邵晋涵所云之"《诗》《礼》居要""王道""经世""天人贯通"等语,可窥庄存与学问之关怀与特征。由于庄存与之著作均为六经、四书之解说,故邵氏有"敷绎鸿编,囊括大典。康成而后,经神载见"之语,表彰庄存与为郑玄之后仅见的"经神"。显然,他不但未将庄存与学术置于与汉学异趋的框架下来认识,而且认为庄存与是汉学宗师郑玄的有力后继。

乾隆乙卯仲春(1795),庄勇成撰《少宗伯养恬兄传》,是首篇庄存与传记,称庄存与"研经求实用……于汉则宗仰江都,兼取子正、平子。于宋则取裁五子。于明则欣慕念台、□斋。要其寝食弗谖,则荟萃于六经四子之书,盖自幼耳濡目染,秉承庭训。至天文、地舆、算法、乐律、诸子百家靡不浏览"。②后文并提到庄存与年轻时因精研《数理精蕴》而致眩晕疾一事。江都、子正、平子分别为董仲舒、刘向、张衡。五子,指周敦颐、程颢、程颐、邵雍、张载。"□斋",在笔者所见各版庄氏族谱中,此字已佚。有学者将之径作"石斋",

---

① 邵晋涵:《南江文钞》卷10,《续修四库全书》第1463册,上海古籍出版社,2003年,第514页。

② 庄鲁骃等编:《武进庄氏增修族谱》卷26《谱传》,第30b页。

似有理。念台、石斋分别是刘宗周与黄道周之号,二人作为学贯古今、立身挺拔的大臣,在《明史》立有合传,这可能是同为大臣的庄存与"欣慕"二人之原因。庄勇成此文表明,庄存与为学汉宋兼采,并对当时的汉学专门"天文、地舆、算法、乐律"之学①不但不排斥,而且曾用力钻研,与上引邵晋涵所云之"象纬历算,咸得统宗"相符。

嘉庆五年十一月(1800 年 12 月),臧庸撰《礼部侍郎少宗伯庄公小传》,是第二篇庄氏传记。臧庸曾从庄存与侄庄述祖问学,与庄存与有一面之缘,此篇小传的材料来自庄家人所作的庄存与《行述》,②称:庄存与"幼禀庭训,习朱子《小学》《近思录》,长益沉潜经义,诵《诗》读《书》,惟以知人论世为准,故所造洪博,深邃莫测其涯涘。若天文、舆地、河渠、水利、律吕、算数之学,莫不覃思殚究,口吟手披,率至夜分始就寝。"③依旧重视庄存与胚胎宋学、不废汉学的特征,当然更不会提到和汉学异趋的问题。

嘉庆六年(1801),朱珪作《春秋正辞序》:"前辈少宗伯庄方耕先生,学贯六艺,才超九能,始入翰林,即以经学受主知。群经各有论著:斐然述作,遂造其深;率尔简札,必衷于道。……洵当代之儒宗,士林之师表也。"并称《春秋正辞》是"近日说经之文,此为卓

---

① 以最典型的乾嘉汉学家戴震为例,其学问领域即为"凡天文、历算、推步之法,测望之方,宫室衣服之制,鸟兽、虫鱼、草木之名状,音和、声限古今之殊,山川、疆域、州镇、郡县相沿改革之由,少广、旁要之率,钟实、管律之术,靡不悉心讨索"。(洪榜:《戴先生行状》,《戴震全书》第 7 册,黄山书社,2010 年,第 7 页。)

② 此篇"行述",似应为庄存与长子庄逢原(字汇川)所作。据庄贵甲等《先考汇川府君行述》中"先世详府君述先大父行状中"一语,可知逢原曾为庄存与作"行状",现已佚。见庄怡孙等编:《毗陵庄氏增修族谱》卷 20 下《事述》,光绪元年(1875)刊本,第 1a 页。

③ 臧庸:《拜经堂文集》卷 5,《续修四库全书》第 1491 册,第 600 页。

绝"。朱珪乃乾隆朝皇子永琰(即后来之嘉庆帝)的师傅,后来是深得嘉庆帝信任的馆阁重臣,平生好奖掖士林,对汉学人才的提拔做出过重要贡献,①是与阮元同时稍早的"汉学护法"之一。得到此人如此赞誉"洵当代之儒宗""近日说经之文,此为卓绝",说明庄存与的学风至少不异于朱珪的喜好,并且在朱珪的感觉里,不但不对立于"当代""近日"之学风,甚至是个中翘楚。

以上诸文,是第一批对庄存与学术进行总结之作。其作者,虽有庄存与的同辈,有后辈,但都与庄存与有过亲身接触。与 1820 年代的论述相比,这些文献是更加接近论述对象的材料,因而可信度当更高。其共同特点是没有将庄存与安置在与汉学对比(或对立)的框架下来认识,而是不同程度强调了庄存与对汉学的钻研与吸收。② 由此可见,突出庄存与同汉学家的差异,确是 1820 年代的新风气,当与此时新兴的经世风潮有关。若因此而误以为庄存与有心同汉学家立异,则难免有夸大之嫌。

三、宋学论敌、汉学同道

庄氏"玩经文,存大体"的治学之法,表面而言,确与汉学家"由声音、文字以求训诂,由训诂以寻义理"③存在差异。因而,不论是

---

① 《清史稿》卷 340《朱珪》称其"取士重经策,锐意求才。嘉庆四年典会试,阮元佐之,一时名流搜拔殆尽,为士林宗仰者数十年"。卷 486《莫与俦》提到该年所搜拔殆尽之"名流",实多为汉学人才:"嘉庆四年,朱珪、阮元总裁会试,所取取多朴学知名士。"(中华书局,1977 年,第 11094、13409 页。)

② 直到 1827 年庄存与孙绶甲整理刊刻乃祖著作,所作的《味经斋遗书总跋》(未完成稿),依旧称:庄存与"最初治《礼经》,次《诗》《书》,次《春秋》,次《周易》,次《乐律》。其间说《论语》《中庸》《大学》《孟子》,为圣言释指。旁及天文、舆地、星历、河渠、水利、医、算之学,无所不窥"。(《拾遗补艺斋文钞》,《清代诗文集汇编》第 512 册,第 404 页。)

③ 《清史稿》卷 481《戴震》,第 13198 页。

梁任公以今古文对立来论述庄存与，还是魏源等人在汉学背景上来突出庄存与之特异，乃至阮元所强调的"秘不示人"等语，都使人以为庄存与高标此一治学取径是暗自批评其当身的汉学诸子。此实为一严重误读。故欲准确把握庄存与学术，厘清其学术潜在的对话对象尤为重要。

《味经斋遗书》文字"深美闳约"（谭献、刘师培语），索解为难。但偶露的一鳞半爪，对探明庄存与潜在的论辩对象颇为有用，然而却多遭误解。如，今人多引庄存与《四书说》中"征实事，传故训者，为肤为末"一句，来证成庄存与对乾嘉汉学家的反对。表面而言，这似乎并无问题，但若将之与上下文同参，则似不然：

> 《系辞传》、子思《中庸记》、《论语》述孔子之言，皆"天地之常经、古今之通义"也。魏、晋小人窃其近似者，解以老氏之旨，附之释氏之家，此一大乱也。后人悦老氏、释氏之书，信以为圣人所不及。儒者不察其本为魏、晋谬解而附益之者，悉举其所窃六经之近似而以为六经所自有，今反求而后得之圣人"不传之秘"也。征实事、传故训者，为肤为末，岂足以知之！于是乎上天失其尊而命不足道矣！自以为是曰："理固足，命固不足也。"《诗》曰："皇矣上帝，临下有赫。"吁！不知天命而不畏，亦复何以甚于此！此又一大乱也。①

庄存与所言之第一"大乱"，是指魏晋间人以老、释之旨对《系辞》《中庸》和《论语》的解读。接下来的"儒者"何指，甚为关键。因庄存与认为，此一"儒者"不但失察魏晋人的附益，而且把这类近似之

---

① 庄存与：《四书说》，道光十八年（1838）李兆洛刊《味经斋遗书》七种本，第3a页。

辞,当作是夫子的"不传之秘"(即指"不可得而闻"的"性与天道"),此为经典解释上的又一"大乱"。而这句"征实事、传故训者,为肤为末",即因批评这些"儒者"不获真谛而发。那么此"儒者"是指清代的汉学家吗？恐怕不是,因庄存与批评其崇"理"抑"命"("自以为是曰:'理固足,命固不足也。'"),当属宋学家的作为。另有《四书说》前后文为证:

> 后之人生魏、晋、宋、齐、梁、陈、隋、唐之后,老、庄、佛之书先入为主,而圣人之《易·系辞传》、子思《中庸》之篇,又已为魏、晋人窃其似,以附益异学。今自泛滥二氏之余,反而求之,见《易》有"无思""无为""无方""无体"之云也,《中庸》有"无声无臭""不睹不闻"之云也,《论语》有曰"予欲无言""中人以下不可以语上"之云也,曰:"道"在是矣,"不传之秘"在是矣。……是以其言理也,或系之天曰"天理";或不系之天而曰"理";或系之物而曰"在物为理";或为推本之曰"天即理也,其尊无对"……①

> 圣人告颜子曰"克己",又曰"由己","己"有二乎？告仲弓曰"己所不欲,勿施于人",又一"己"乎？曰:圣人之言达,达则无不足,不待后人足之。"己"变为身,再变为嗜欲,可复贯乎？朱子遂言:"己,身之私欲也。"是圣言不达,后人达之;圣言不足,后人足之也。东汉迄南宋,训释之通病,则岂如玩经文哉！②

① 庄存与:《四书说》,第2a页。
② 庄存与:《四书说》,第34a—34b页。

　　　　六经在是,尽古今天下之能言者,且难为言,而况明经、学究、进士出身之人乎! 大体不存,经文不玩,而日竞于烦言碎词、末师口说,疑而拂者有之,拟而僭者有之。更定其篇章,变乱其训诂,改读其书名,侮慢自贤,而告天下曰:"此圣人之糟粕也。"①

　　　　凡汉季、魏、晋、唐元和后文士,宋进士科出身人,其好为新说者,亦如孔子之六艺何? ……朱子之学,宋之郑公也,皆非七十子所受之大义,况微言乎! 综而论之,新说再兴,其失有七焉: 删乱古今,一也; 私易故训,二也; 分文析字,三也……②

可见所谓"征实事、传故训",当指从东汉直至南宋对十三经的注疏之学,郑玄和朱子是其代表。至此,本文开篇李晴川所言的庄存与不为"汉宋笺注之学"方获的解。但与阮元所理解的偏重挞伐东汉之学乃至其流裔乾嘉汉学不同,庄存与似更注重挞伐生在魏、晋、隋、唐之后,受老、庄、佛之书影响的宋学,朱子乃其尤者。故其念兹在兹,不惜前后反复饶舌。所谓更定篇章、变乱故训、改读书名,即应指朱子对《大学》《中庸》所作的章句。今人将之与清代汉学家相连,盖纯属误会。

　　庄存与之所以更偏重讨伐朱子,亦并非因其与郑玄相类似之"征实事、传故训"的学术取径,而是因其"好为新说"。故可以说,此类取径遭到庄存与批评并非全因取径本身,而是因其不能像"玩经文"一样正确得出圣人之意。可见"大义"才是庄存与的核心关

① 庄存与:《四书说》,第47b 页。
② 庄存与:《四书说》,第49b—50b 页。

注,"取径"只是被追责迁戮罢了。故绝不能因庄存与批评汉宋学者的"征实事、传故训",因乾嘉汉学家亦以训诂考据为务,就误会庄存与对汉学家亦即不屑,关键还要看汉学家的此类取径得出了何种大义。因此,在此之前,我们首先需明了庄存与所反对的宋儒之大义,即所谓"新说"为何?实即指宋儒在一些构成理学的根本概念,如理、气,太极、无极,性、天道,气质之性、义理之性等上面所作的发挥,因下节续有详述,此处姑拈两例以见意。

甲,庄存与以为,圣人罕言阴阳,宋儒却盛言之,但却以太极为形上之道,阴阳为形下之器,进而因阴阳为天地,故得出天地亦为形而下的谬见:

> 圣人罕言阴阳,实其罕言天道,敬之至也。故曰"立天之道曰阴与阳"。……今曰"阴阳迭运,气也;其理则谓之道",是补救圣人之过失也。虽然,言亦尚知忌尔。忌故疑,疑故其辞支。俄而又曰"太极,形而上之道;阴阳,形而下之器也",则决然而无疑矣。夫言必究其所终,是殆将曰:"'积阳为天,积阴为地',天地亦形而下也。"[1]然犹未敢明著之。……张敬夫答吴晦叔曰:"天地亦形而下者,一本于太极。"至此而谬且悖,不可复为之讳矣![2]

乙,庄存与对宋儒的尊理而卑命、卑性、卑天亦不以为然:

> 后之儒者,尊理而卑性命。有义理之命焉,则尊矣;有气

---

① 《朱子语类·易四·乾上》:"天地,形而下者。天地,乾坤之皮壳;乾坤,天地之性情。"
② 庄存与:《四书说》,第 3b—4b 页。

数之命焉，则卑矣。有义理之性焉，则尊矣；有气质之性焉，则卑矣。以其言推之，亦宜曰有义理之理焉，有气数之理焉，有气质之理焉。然其言理，则未尝有二三也。吁！是性命析而理完，性命卑而理尊也。故其言天之尊不自尊，得理而后尊；命之尊不自尊，得理而后尊；性之尊不自尊，得理而后尊。必曰天也，命也，性也，即理也，惟理自尊。则不曰即天也，即命也，即性也。然而问其何在？则曰"在物为理"。吁！莫尊于"物"。而天也、命也、性也皆赖之以为尊。①

宋人的此类发挥郑玄却无，这正是庄存与更为反对以朱子为代表的宋儒之原因所在。故与其像阮元一样，以为庄存与不为汉宋笺注之学，即自然包含对其流裔乾嘉汉学的反对，不如更加慎重考虑一下，乾嘉汉学在此类核心概念上，是否亦承袭宋学衣钵？有无庄存与反对之必要？恐怕结果正相反：乾嘉汉学能够独标异帜的前提恰恰是不以宋人的此类阐释为然。著名的汉学家，如戴震、纪昀、钱大昕、焦循等，无不对宋学口诛笔伐，斥之为玄虚而不切实用之学，亦即董士锡所言之"深疾宋以后之空言"。如凌廷堪给戴震作事略状，即称："昔河间献王实事求是，夫实事在前，吾所谓是者，人不能强辞而非之，吾所谓非者，人不能强辞而是之也，如六书九数及典章制度之学是也。虚理在前，吾所谓是者，人既可别持一说以为非，吾所谓非者，人亦可别持一说以为是也，如理义之学是也。"②崇"实"（汉学）而抑"虚"（宋学）之情，隐然可见。可以说，在这一基点上，庄存与同乾嘉汉学家走到了一起。

由此或可理解为何谭献将庄存与之《四书说》与戴震的名著看

---

① 庄存与：《四书说》，第 6a—6b 页。
② 凌廷堪：《戴东原先生事略状》，《戴震全书》第 7 册，第 25 页。

作是同一方向上的作品："读庄侍郎《四书说》一卷，精实处且胜《孟子字义疏证》也。"①而朱珪、阮元之类的汉学护法之所以会对庄存与赞誉有加，或即因在朱、阮眼中，庄存与实为乾嘉学术大气候下的同路人，既非以公羊学反对汉学的异趋者，更非以今文经学反对古文经学的所谓今文家。此类认识，直到 1880 年代的缪荃孙尚持之如故，未遑稍变。② 故将之看作是庄存与学术的本来面貌，当不至过缪。故可以说，将庄存与作为汉学家的对立面实多有夸大之处，学术取径的表面差异，并没有妨碍他们在更根本的学术理念上有着殊途合辙的一面。

至此，庄存与同乾嘉汉学"全然不同"之论或可稍息，但如何完整理解庄存与这一同汉学家有异的"玩经文、存大体"的学术取径，则尚有余义有待搜讨。

四、所谓"真汉学"

对庄存与之经解，向来毁誉参半，且各走极端。赞扬者推之为"经神载见"，多强调庄存与治经之核心关怀，看重其通经致用之功，如上引魏源之序称赞庄存与为"真汉学"，即看重其通经致用有似西汉董仲舒之天人对策、匡衡之明彻礼制、刘向之借古言今。再如李兆洛称庄存与之《周官记》《周官说》"实能探制作之本，明天道以合人事，然后缀学之徒，勾稽文词、吹索细碎、沿传讹谬之说，一切可以尽废。有志于治者，由其说通其变，举而措之如视诸掌，非徒经生讲解之资而已也。治经者，知读书所以致用，必有观其汇通而不泥于迹者，庶几六经之在天壤，不为占毕记诵之所荒，不为

---

① 范旭仑、牟晓朋整理：《谭献日记》，中华书局，2013 年，第 221 页。
② 戚学民：《汉学主流中的庄氏学术：试析〈清史稿·儒林传〉对常州学术的记载》，《中华文史论丛》2011 年第 4 期，第 78—79 页。

迁僻胶固之所窜也夫"。① 亦看重其读书致用之功。

而批评者则贬之为"斯最下矣",多强调庄氏解经的附会特征,如李慈铭评《尚书既见》,称其:"附会纠缠,浮词防要,乾隆间诸儒说经,斯最下矣。阮氏《学海堂经解》中屏之不收,可谓有识。"②钱穆先生亦谓:"庄氏为学,既不屑屑于考据,故不能如乾嘉之笃实,又不能效宋明先儒寻求义理于语言文字之表,而徒牵缀古经籍以为说,又往往比附以汉儒之迂怪,故其学乃有苏州惠氏好诞之风而益肆。"③这里的"好诞",实与李慈铭的"附会纠缠"近似。

此两种意见貌似相反,实则共同道出庄存与学术的特征,即其为学重在"发挥"经典大义,着眼致用,而不做细密扎实的文本工作。这恰印证了前文庄存与"玩经文,存大体"的自述。可见此一特质,既是庄存与自觉,又得到论者注意。

但这一庄存与自觉,却绝非一空依傍,而应与庄存与效法魏源所提示的西汉儒者有关。在乾嘉"家家许、郑,人人贾、马"的氛围中,庄存与独钟情董仲舒,并曾在翰詹大考中,因精善董学而受到乾隆嘉奖,"即擢侍讲"。④ 庄存与此一独特的学术取向值得注意。

---

① 李兆洛:《庄方耕先生周官记序》,《养一斋文集》卷2,《续修四库全书》第1495册,第25页。

② 李慈铭:《越缦堂读书记》,上海书店,2000年,第20页。

③ 钱穆:《中国近三百年学术史》,第582页。

④ 刘逢禄:《记外王父庄宗伯公甲子次场墨卷后》,《刘礼部集》卷10,《续修四库全书》第1501册,第184页。刘逢禄原文中将大考翰詹的时间误为庄存与甲子、乙丑"连捷登上第"的"越岁",即乾隆十一年丙寅。据《清史列传》《清高宗实录》及窦汝翼《东皋府君行述》,应为乾隆十七年,试题为《纳凉赋》《风动万年枝诗》及《拟董江都天人三策》,庄存与列二等,升侍讲。另庄存与学术源自董生,除被其师友、亲属、弟子提及外,蔡长林先生亦有完整论述,见氏著《从文士到经生:考据学风潮下的常州学派》,台北"中研院"文哲所,2010年,第67—72页。

因董仲舒与何休相比,即更加注重发挥大义以应改制更化之需,即所谓"董仲舒多发挥公羊奥义,何休多阐明《春秋》条例",①"董生大儒,用资讲授;邵公专精,檃括绳墨"。② 这一学术特征,被效法董生的庄存与所继承,故其学术亦重"发挥",此亦盖为魏源表彰庄存与的根本着眼点。

在另一方面,董生构建"天的哲学",推尊"天"至高无上之地位,以之作为人间王道的最高主宰,而最终属意于落实"六合同风、九州共贯"的大一统之治。③ 这一倾向亦与庄存与相似,盖庄存与于此亦当颇受启发。

具体而言,庄存与生在宋儒之后,为恢复董生之"天"至尊无对之地位,不得不批评宋儒对"天人大义"的形上发挥,即批评在"天"之上探讨诸如理、气,太极,无极,气质之性、义理之性等范畴。在《系辞传论》中,庄存与云:

> 《易》有"太极",太极者何也? 曰:天也。天为始,其始莫先焉;天为大,其大莫外焉;天为尊,其尊莫商焉;天为一,其一莫二焉。始也,大也,尊也,一也,极之义备矣。是故阴阳成象,天为之极;刚柔成形,地为之极;仁义成性,圣人为之极。三极之谓也,地位乎下,圣人位乎中,天位乎上。④

---

① 蒋庆:《公羊学引论》(修订本),福建教育出版社,2014 年,第 77 页。
② 朱珪:《春秋正辞序》,庄存与:《春秋正辞》卷首,道光七年(1827)宝砚堂本《味经斋遗书》六种本。
③ 参见徐复观《两汉思想史》(第二卷),华东师范大学出版社,2001 年,第 217—221 页。
④ 庄存与:《系辞传论·序卦传论》,道光十八年(1838)宝砚堂本《味经斋遗书》十三种本,第 89 页。

后文进而批驳了"道为太极""太极,形而上之道;阴阳,形而下之
器""气数之天""义理之天"等说法,文长不俱录。庄存与认为它
们共同的错误,是否定了"天"至高无上的地位,而欲图在天之上置
一"道"或"太极",这在庄存与看来,是老氏、诸子、宋儒之误,而非
周公、孔子之教。

在《四书说》中,庄存与对宋学置"理"于"天"之上,同样致以
批评:

> 是以其言理也,或系之天曰"天理";或不系之天而曰
> "理";或系之物而曰"在物为理";或为推本之曰"天即理也,
> 其尊无对",①谓天之尊,惟恃此理也;或区别之曰"自理而言
> 谓之天",②苍苍在上,不足以当之也。又疑而二之曰"天者,
> 理势之当然也",③则天有时不专恃理而兼恃势。于是析天之
> 一言为二,曰"此义理之天","此气数之天",遂决然断之曰:
> "道者,天地所不能尽也。"则遂剖判之曰:"天人理一而分殊。"
> 于是上天之命下人者,又自有其受命所在矣。甚且明征之曰:
> "天能生覆,不能形载;地能形载,不能生覆。"④此其分也。察

---

① 《论语·八佾第三》:"王孙贾问曰:'与其媚于奥,宁媚于灶,何谓也?'子
曰:'不然,获罪于天,无所祷也。'"朱熹集注:"天,即理也。其尊无对,非
奥灶之可比也。"

② 《孟子·尽心上》:"存其心,养其性,所以事天也。夭寿不贰,修身以俟之,
所以立命也。"朱熹章句:"程子曰:'心也,性也,天也,一理也。自理而言
谓之天,自禀受而言谓之性,自存诸人而言谓之心。'"

③ 《孟子·离娄上》:"孟子曰:'天下有道,小德役大德,小贤役大贤;天下无
道,小役大,弱役强。斯二者天也。顺天者存,逆天者亡。'"朱熹章句:"有
道之世,人皆修德,而位必称其德之大小;天下无道,人不修德,则但以力
相役而已。天者,理势之当然也。"

④ 朱熹:《答徐居甫·君子之道费而隐章》。

其受蔽之原,则所深信不疑者,不过曰:"太极,理也,形而上也;阴阳,气也,形而下也。"积阳为天,积阴为地,①有"形而下"之实,安得辞"形而下"之名乎!则竟曰"以形体谓之天",②而并不名为气矣。惟理无恶,天地、阴阳有善有恶,③从而为之辞曰:"气也,数也,非理也。"俄而又曰:"善恶皆天理。"④而不知其非也,则遂以"无善无恶心之体"为教于天下矣。又谓理无成毁,天地有成毁,而以《易》之言"乾坤毁"⑤者当之,不可得而破也。呜呼,噫嘻!上天甚不足恃,亦善恶成毁于不可知之数而已矣。不虞天性至如是哉!上帝其不震怒乎!⑥

引文主要批评朱熹,附带批评二程和王阳明。后文为庄存与更具体的批评辨析,兹不俱录。从庄存与的辞气可见,他对宋学尊"理"而抑"天",深致不满。

庄存与之所以效法董生,将"天"置于至尊无对的位置,其目的亦与董生类似,即为了给人间的王权秩序安置一固定不可置疑的形而上前提,以护卫君臣父子之纲,即:"一者,天也,谓之太极。夫身,心

① 《素问·阴阳应象大论》:"故积阳为天,积阴为地。"
② 《朱子语类》卷68《易四·乾上》:"夫天,专言之则道也,'天且弗违'是也。分而言之,以形体谓之'天',以主宰谓之'帝',以功用谓之'鬼神',以妙用谓之'神',以性情谓之'乾'。"
③ 《朱子语类》卷94《通书·诚几德》:"或问:'有阴阳便有善恶。'曰:'阴阳五行皆善。'又曰:'阴阳之理皆善。'又曰:'合下只有善,恶是后一截事。'又曰:'竖起看,皆善;横看,后一截方有恶。'又曰:'有善恶,理却皆善。'又记是'无恶'字。"
④ 《二程遗书》卷2上《二先生语二上》:"天下善恶皆天理,谓之恶者非本恶,但或过或不及便如此,如杨、墨之类(明)。"
⑤ 《易·系辞上》:"乾坤毁,则无以见易。"
⑥ 庄存与:《四书说》,第1b—2a页。

之极也;父,家之极也;天子,天下之极也;圣人,人之极也。天为君,地为臣;天为父,圣人为子。子不可以贰父,臣不可以贰君。"①进而在天人之间,在天道和王政之间,在君王和臣民之间,在华夏和四夷之间,建立并维护一种以天道为本的"大一统"和谐等级秩序。

如,《春秋正辞》卷1"建五始"条中,庄存与完整引用何休和董仲舒之语,称:"政莫大于正始,故《春秋》以元之气,正天之端;以天之端,正王之政;以王之政,正诸侯之即位;以诸侯之即位,正竟内之治。""故为人君者,正心以正朝廷,正朝廷以正百官,正百官以正万民,正万民以正四方。四方正远近莫敢不壹于正,而无有邪气奸其间者。"②可见庄存与学术大关节处,与董仲舒并无差别,其哲学立场(天道)是其政治立场(人事)的前提,其政治立场是其哲学立场的落脚点。

庄存与的这一立场,蒋彤已先见及:

　　窃窥先生[庄存与]立说之宗旨,大约不崇虚语,而归本于六经。……圣人奉天以定名,乱之者有诛。故正名之曰天,则赫赫明明,不敢谓超天之上,别有太极之隐。正名之为五伦,则当务为急,不敢以君臣、父子、夫妇、兄弟、朋友之外,别有不言之妙。先儒所推而无极者,先生独止而坚其信;先儒所抑而在下者,先生独起而致其严。信者何?原道之所从出,即《中庸》开宗明义所云"天命之谓性"也。严者何?尊道之所由传,则七十子之微言大义,《孟子》终篇所云见知、闻知之统也。信天乃以信命,尊贤乃以尊圣人,不杂谶纬,不拘气数,此盖得汉

---

① 庄存与:《系辞传论·序卦传论》,道光十八年(1838)宝砚堂本《味经斋遗书》十三种本,第89页。

② 庄存与:《春秋正辞》卷1《天子辞》,道光七年(1827)宝砚堂本《味经斋遗书》六种本。

人之学而深造之者也。①

庄存与维护的是他心目中的周孔之统,乃至七十子的微言大义。这些"统"和"微言大义"所体现者,乃君臣上下内外皆井然的王道礼秩。魏源称庄存与为"真汉学",蒋彤称其为"得汉人之学而深造之者",当亦从这一方向去理解。他批评宋儒,即因宋儒在形而上的探讨里,不是将圣人之"性与天道"等"不传之秘"落实于现实的君君臣臣、父父子子的人伦政治中,而是走向玄虚高蹈的形而上去了。

我们同时也应该注意到,在庄存与绝不允许有任何东西凌驾于天之上的同时,他也给现实中的王权设置了一个不可超越的、高高在上的校正和管辖的源头,这或许也是庄存与在《奉天辞》中大谈天人感应、五行灾异的根本隐衷。在康乾圣王在上,道统与治统合一的时代,宋儒的道统论已经无法对皇权形成实质有效约束的前提下,②庄存与重返汉儒讲求天人灾异的公羊学中,推尊天至高无上的地位,或许有其在教导皇子过程中的独特考量,龚自珍称其"以学术开帝",亦当如此理解。而他的经学,也正是在这些地方,突破了官方斤斤于尊王大一统的主张范围,也更加在精神上与汉儒接近,体现出"真汉学"的气概。

第二节　对宋学的吸收与排斥

上文的分析中,已部分展现出庄存与对宋学的态度,似有必要对此一课题进一步做完整考察,以为全面理解庄存与学术之基础。

---

① 蒋彤:《四书说跋》,庄存与:《四书说》,第 2a—3a 页。
② 参见黄进兴《优入圣域:权力、信仰与正当性》,中华书局,2010 年。

考察的动因另在于,作为清代复兴公羊学的第一人,庄存与治学的公羊面向受到以往论者的高度关注,但无形中也遮盖了其学问的其他面向,如其与宋学的关系问题,即至今尚未有专题的讨论之作,有碍于对庄存与学术的完整理解。

如前所述,现存庄存与总集《味经斋遗书》共有著作 13 种,含《易》类 5 种:《彖传论》《彖象论》《系辞传论》《八卦观象解》《卦气论》;《尚书》类 2 种:《尚书既见》《尚书说》;《诗经》类 1 种:《毛诗说》;《周礼》类 2 种:《周官记》《周官说》;《春秋》类 1 种:《春秋正辞》(附《春秋举例》《春秋要指》各一卷);乐类 1 种:《乐说》;及《四书》类 1 种:《四书说》。由此可见,时人对庄存与的评价:"荟萃于六经四子之书""学贯六艺"等,殆非虚语。我们知道,经典的重心由宋之前的"五经",转向宋代的"四书",是理学建立的标志之一。而明末清初试图突破理学禁锢,也是从顾炎武等人重辨"经学"和"理学"的关系开始的。因此,反观庄存与的全部著述,似与经学联系更为紧密。与理学最直接相关的,仅有一卷本的《四书说》。本节即主要以该书为本,并结合其他相关材料,考察庄存与对宋学的态度及相互关系问题。

一、宋学为家传蒙养之具

庄存与同宋学的关系,可从其过世之后部分亲友所撰的碑传中寻得某些线索,如上引庄存与族弟庄勇成撰于乾隆乙卯仲春(1795)的《少宗伯养恬兄传》,称庄存与:

> 研经求实用……于汉则宗仰江都,兼取子正、平子。于宋则取裁五子。于明则欣慕念台、□斋。要其寝食弗谖,则荟萃于六经四子之书。盖自幼耳濡目染,秉承庭训。……又尝云:"读书之法,指之必有其处,持之必有其故,力争乎毫厘之差,深明乎疑似之介。凡以养其良心,益其神智。"自署宅中屏联

云:"玩经文存大体理义悦心,若已问作耳闻圣贤在坐。"其居敬穷理功夫,于此大概可见。①

庄勇成乃庄存与族弟,两家关系亲近,②其对庄存与为学旨趣当较了解。从庄勇成的描述可以看出,庄存与为学不分汉宋。于宋代理学五子,即周敦颐、程颢、程颐、邵雍、张载,皆有所借鉴。而"研经求实用""养其良心、益其神智""居敬穷理功夫"等描述,则多具理学气味,表明庄存与为学有养心持躬的宋学特征,隐约可见其注重躬行践履的特质。尤为值得注意的是,庄勇成同时指出,庄存与学问的取向,受家教影响很大("秉承庭训")。

另嘉庆五年十一月(1800 年 12 月),臧庸所撰的《礼部侍郎少宗伯庄公小传》,亦有对庄存与学行的描述:

> 幼禀庭训,习朱子《小学》《近思录》……谓学以养其良心、益其神智,须旁广而中深,始能囊括群言,发其精蕴。③

臧庸自称曾从庄存与子孙"索志铭、家传等勿得,得其家《行述》,于是撰掇其学行大略著《小传》"。其所得之《行述》,很可能为庄存与长子庄逢原(字汇川)所作,④现已佚。可见此文所述亦以庄存

---

① 庄鲁驷等编:《武进庄氏增修族谱》卷 26《谱传》,第 30—31 页。
② 庄勇成父庄绍平乃庄存与及庄培因之授业师,庄勇成又为庄存与子庄通敏之授业师。参见庄通敏:《复斋公传》,庄鲁驷等编:《武进庄氏增修族谱》卷 26《谱传》,第 35a 页。
③ 臧庸:《拜经堂文集》卷 5,《续修四库全书》第 1491 册,第 600 页。
④ 据庄贵甲等撰《先考汇川府君行述》中"先世详府君述先大父行状中"一语,可知庄逢原曾为庄存与做"行状"。见庄怡孙等编:《毗陵庄氏增修族谱》卷 20 下《事述》。

与家人意见为多,故所言与庄勇成近似。需注意者,此文明确指出庄存与所禀之庭训,为朱子《小学》《近思录》。表明庄存与早年曾有过以宋学为蒙养的阶段。

《近思录》和《小学》皆为理学入门书籍。《近思录》为朱子和吕祖谦编辑,朱子自序作意为:"盖凡学者所以求端用力、处己治人,与夫所以辨异端、观圣贤之大略,皆粗见其梗概。"吕祖谦序亦称:首卷"阴阳变化性命之说",目的在于使初学者"有所向望而已",并非当主要用力之处,"至于余卷所载讲学之方,日用躬行之实",则当拾阶渐进。① 因此,就编撰意图而言,此书当意在诱使初学者讲求处己治人之道和日用躬行之实。其躬行践履的意味相当浓厚。《小学》为朱熹与其弟子刘清之合编的课训蒙童之作,分《立教》《明伦》《敬身》等篇章,朱子对此书的作意亦有明确表示,如称:"后生初学,且看《小学》之书,那是做人底样子。"再如:"先生〔朱子〕下学,见说《小学》,曰:'前贤之言,须是真个躬行佩服,方始有功。不可只如此说过,不济事。'"② 可见亦为一修身敦品之书,其躬行践履的味道同样浓重。故知庄存与早年所受的此类教育,主要着眼点不离躬行践履方面。庄勇成和臧庸皆提到庄存与此类教养来自"庭训",故有必要对庄存与父庄柱的学行略作考察。

庄柱,字书石,号南村,雍正丁未(1727)进士,累官至浙江温处兵备道副使。庄柱擅长制艺,其二子庄存与和培因,能够一以榜眼及第,一以状元及第,与其教导密不可分。作为庄家的核心人物,庄柱对家族的崛起与鼎盛功不可没。庄柱除擅长制艺外,最大的特点是持家有范,甚至影响及常州一地的士风民俗,其同乡后学李

---

① 朱熹、吕祖谦:《近思录》,上海古籍出版社,2000年,第26、27页。

② 黎靖德编,王星贤点校:《朱子语类》卷7《学一 小学》,中华书局,1986年,第127页。

兆洛称：

> 乡先生南村庄公，以名进士为名臣，所至著勋绩、流惠泽。
> 悬车而归，矜式乡里，典型后进，熏善气者景附而起。识者谓
> 吾乡风俗之美，先生实开之。后昆绳武，科第冠绝一时。而门
> 内之行，迄今推家范者以为称首。①

同属常州后学的赵怀玉亦称"郡中数家法者，首焉"。② 故此一特
点大约为当时常州学人的共识。而之所以得此赞誉，显然与庄柱
治家教子的成功相关。累世簪缨之族，子弟不但不为家族的优越
环境所累，还能继踵先世更上层楼，多少会显得难能可贵。

庄柱家教的内容，亦即上引庄存与所受之"庭训"，之所以是朱
子《近思录》《小学》中所强调的躬行践履等内容，与其个人的学术
取向密切相关。庄勇成称他"心性之学，深入程朱闳奥。孙文定公
[孙嘉淦]尹京兆，公[庄柱]任首邑，每相见，谈公事外辄晤对移
时，所言皆性道之学，他人不能与闻"。并称其"尤好朱子《小学》，
一言一动皆遵之"。③ 其亲家彭启丰亦称其"平日以躬行实践为
本，爱人利物为施"。④ 彰显出庄柱确对朱子之学有所偏好，并以
《小学》为行为准则。其躬行实践的功夫，亦当有一定水准，故能以

---

① 李兆洛：《养一斋文集》卷6《庄南村先生制艺序》，《续修四库全书》第
  1495册，第96页。
② 赵怀玉：《亦有生斋集》文卷12《内阁中书舍人庄君[选辰，庄存与三子]
  行状》，《清代诗文集汇编》第419册，第679页。
③ 庄勇成：《观察南村公传》，庄鲁骊等编：《武进庄氏增修族谱》卷25《谱
  传》，第37a页、32b页。
④ 彭启丰：《中宪大夫浙江海防兵备道庄君柱墓志铭》，钱仪吉纂，靳斯点
  校：《碑传集》，第2392页。

此类教养率身以励子弟。

　　甚至庄柱为二子庄存与、培因所选的授业师庄绍平(号闲汀,
庄勇成之父),亦以躬行实践为本,颇具理学素养:

　　　　[庄绍平]幼颖异,读书研极理窟,每灯下必自注日所诵习
　　　课程,及言动臧否小有过差,痛自刻责,几若无所容。①

从这一选师的角度,也可见庄柱对此类教养的重视。可以说,正是
这些早年的蒙养,才让庄存与在成年后的一举一动,具备了上揭碑
传中所言及的理学素养。更有甚者,庄存与不但自己身体力行此
类宋学教养,还效法其父,将之授之乃子:

　　　　乾隆乙丑,大父[庄存与]官编修。戊辰,[庄逢原]侍大母
　　　北上,日奉大父庭训,该综艺文,手录五经及《左》《国》《史》
　　　《汉》,不乙一字,点画悉有法度。尤喜《小学》及宋五子书,与
　　　仲父[庄通敏]朝夕讨论,每忘寝食。②

庄逢原即存与长子,通敏即次子。可见研习朱子《小学》《近思录》、
宋五子书等宋学书籍,完全可以看作是庄氏一门持身立业的家风。
这一家风发扬于庄柱,传承于庄存与,延续于庄逢原、庄通敏等后辈,
对其家族的上升、持盈应有积极作用,故在当时即广得乡人赞誉。
　　另一方面,庄存与父、师的学术倾向,盖亦与康、雍时期官学主
导下的朝野风习密切相关。除康熙帝理学素养深厚,喜重用理学

---

① 庄存与:《闲汀公传》,庄鲁驷等编:《武进庄氏增修族谱》卷25《谱传》,第
　25页。
② 庄贵甲等:《先考汇川府君行述》,庄怡孙等编:《毗陵庄氏增修族谱》卷
　20下《事述》,第1b页。

名臣外，当时闻人大吏亦多迎合之举，如"大学士李光地以宋五子之书倡后进"，再如乾隆方为皇子时，"〔朱〕轼以经训进讲，亟称贾、董、宋五子之学。高宗深重之"。[1] 实际上，就康乾学人而言，以宋学持身者并不鲜见，即使是所谓的汉学家，也是如此，如惠栋常被人提及的名联"六经尊服郑，百行法程朱"，即为显例。再如同样是汉学名家的江永，亦有《近思录集注》之作。而沈彤的墓志铭里亦称："自古理学之儒，滞于禀而文不昌，经术之士汩于利而行不笃，君〔沈彤〕能去两短，集两长，非纯儒之行欤！"[2]本章上一节已分析过庄存与治学与汉学家的同趣之处，那么庄存与对宋学的汲取，是否亦与上举诸汉学家一样，多局限在治身践履领域，而在学术主张上则与宋学有较大距离？上一节对庄存与同汉学关系的探索，实对此一问题已有部分答案，下文则拟在其基础之上，继续做一探索。

二、对宋儒宇宙、道德观的批评

从上文可知，庄存与的宋学修养，幼得自庭训，主要秉承了朱子《小学》《近思录》等书的持躬践行之教，并在其一生中不但将之作为家范自持，且授之子孙。但此类躬行实践，实仅为宋学某一方面的主张，如陈来先生即称，宋明理学作为儒学的一支，亦具有儒学的如下特点："儒学首先是哲学思想，是对宇宙、道德、知识的知性探求，也是对人心、人生、人性的内在体验，又是对理想人格和精神境界的追寻与实践，当然也是对社会、政治和历史的主张和探索。"[3]以此衡之，则庄存与的庭训与持守，大概相当于"对人心、人生、人性的内在体验"和"对理想人格和精神境界的追寻与实践"。

---

① 《清史稿》卷 290《蔡世远传》、卷 289《朱轼传》，中华书局，1977 年，第 10278、10247 页。
② 惠栋：《沈君彤墓志铭》，钱仪吉纂，靳斯点校：《碑传集》，第 3978 页。
③ 陈来：《宋明理学》，华东师范大学出版社，2004 年，"序言"，第 2 页。

而其在"宇宙、道德、知识"和"社会、政治和历史"方面是否继续与宋学为伍,则有待分辨。

细检《四书说》,庄存与对宋学的批评,从形而上到形而下,或者说,从"宇宙、道德、知识"到"社会、政治和历史"皆彻底而直接,并不像阮元为该书作序所称的"可作考亭争友"所能涵括。本节即主要试梳理庄存与大体在"宇宙、道德、知识"方面和宋儒的分歧,下节继续分析其大体在"社会、政治和历史"方面的差别。

首先,如上节所述,庄存与以"天"为最高的宇宙、道德范畴,故反对宋学在天之上作其他形而上探讨,尤其反对崇理抑天。认为此类探讨是魏、晋人以老氏、释氏附益儒学,又遭后儒误信的结果。析论之,有以下两个方面:

甲,反对宋学以"理"为至尊无对,置之于"天"之上。即不承认宋学"理""太极""气"等范畴的最高地位,而独以汉儒之"天"为至尊无对。进而对宋儒的尊理而卑命、卑性、卑天亦不以为然。此一内容上节已有详述,本节不再重复。

乙,反对宋儒以阴阳为天、为形而下之说。

庄存与以为文王、箕子、孔子皆罕言阴阳,而宋儒盛言阴阳,但却以阴阳为形而下,进而因阴阳为天,故以天为形而下。

> 圣人罕言阴阳,实其罕言天道,敬之至也。故曰"立天之道曰阴与阳"。孟子没,学者守孔子之言以为言,百世俟圣人而不惑矣。复奚藉补过救失于后之人乎!武王之访,箕子之陈,难之而后言,皆古圣人也。武王曰"惟天阴骘下民",不遽言阴阳;箕子言五行而已。圣人尊严天道若此其敬也,焉可圂乎!今曰"阴阳迭运,气也;其理则谓之道",是补救圣人之过失也。虽然,言亦尚知忌尔。忌故疑,疑故其辞支。俄而又曰"太极,形而上之

道;阴阳,形而下之器也",则决然而无疑矣。夫言必究其所终,是殆将曰:"'积阳为天,积阴为地',天地亦形而下也。"①

宋儒造成这一错误的原因在于以天之道——"阴阳"为气,却以人之道——"仁义"为理,这样难免犯倒天为下,而倒人为上的错误,最终则会混形而下、形而上为一:

> 今以阴阳为气,则将以仁义为气乎,为理乎? 曰:"仁义,理也,性命之理,仁义是也。"然则人之道独为形上之道,天地之道并为形下之气,可乎? 又曰:"所以阴阳者,道也。"仁义为道,可求其所以,阴阳刚柔为道,则不可不求其所以乎? 且又曰:"道亦器,器亦道。"然则圣人曰形而上者,今曰亦形而下者;圣人曰形而下者,今曰亦形而上者。眩惑转易,皆不瞬目而得之。"言之不从,是谓不乂",且甚难而实非也。②

其次,反对宋儒将"不可得而闻"的"性与天道",当作所谓不传之秘,而作形而上的探讨。

> 《诗》《书》《礼》《乐》,文王、周公之《易象》,夫子之《春秋》,宗庙、百官具在,斯岂家人子所能有耶? 不此之为上,而日言曰"吾性之正理",日言曰"天理自然之本体"③。以此为"性与天道",一童子能言之,必不然也。其不传之秘,圣人、天

---

① 庄存与:《四书说》,第 3b—4a 页。
② 庄存与:《四书说》,第 5a 页。
③ 《论语·公冶长》:"子贡曰:'夫子之文章,可得而闻也;夫子之言性与天道,不可得而闻也。'"朱熹集注:"'性'者,人所受之天理;'天道'者,天理自然之本体;其实一理也。"

> 地所不能尽有,不入于窈冥恍惚、①清净寂灭②者乎? 圣人往矣,舍六艺则不可得见圣人矣。③

庄存与以为夫子所言之"性与天道",不外乎六经所言之承天、法祖、治国、修身之事,故反对将之作诸如"天理自然之本体"之类的形而上推究,认为此类推究终究落入道、佛的"窈冥恍惚、清净寂灭"之中。因此,他更反对将"性与天道"当作"理":

> "夫子之言性与天道,不可得而闻",子贡之言也。今曰:性与天道,"其实一理也"。④ 然则圣人终日诲人不倦,而言曾不一及理也? 曰"所言无非此理也"。曰"终日所言,无非此理",而独靳此一言? 一言维何? 则曰理而已矣。又愚不肖之所与知也,固若是其不可得闻乎? 孟子曰:"心之所同然者,何也? 谓理也。"夫"不可得而闻"而曰"心之所同然","心之所同然"而曰"不可得闻",此非遁于窈冥恍惚! 子贡必不为也,孟子必不言也。将毋以理为"性与天道"之极者,殆扣盘扪烛已乎! 子贡不得闻,孰能言之? 其惟圣人乎!⑤

庄存与以为,宋儒既曰"不可得而闻"的性与天道为理,又曰"终日所

---

① 指老氏。《老子》:"道之为物,唯恍唯忽。忽兮恍兮,其中有象;恍兮忽兮,其中有物。窈兮冥兮,其中有精;其精甚真,其中有信。"
② 指佛氏。
③ 庄存与:《四书说》,第47a—47b页。
④ 《论语·公冶长》:"子贡曰:'夫子之文章,可得而闻也;夫子之言性与天道,不可得而闻也。'"朱熹集注:"'性'者,人所受之天理;'天道'者,天理自然之本体;其实一理也。"
⑤ 庄存与:《四书说》,第6b—7a页。

言,无非此理",乃自相矛盾。并且孟子以为心之所同然者为理,则宋儒之言不啻是称心之所同然者亦不可得而闻,此已坠入佛老之途。

再次,在理欲关系上,庄存与反对宋儒的去欲存理之说,主张推欲成理:

> 曾谓己所欲、己所不欲,克而尽去之乎? 圣人言求仁,必推己之所欲,己之所不欲,譬诸天下国家。故曰:"古之人所以大过人者,无他焉,善推其所为而已矣。"①

庄存与以为,圣人并不克欲,而是推己之欲以达人之欲。究其实质,庄存与首先认为人欲并无不善,其次认为如果因"忍之于己,遂以忍之于人",则近残其生,远害家国:

> 口、目、耳、鼻、四肢,受之父母,非不善也。食味、别声、被色,各有其善者焉,天之命也。夫不食则饥,不饮则渴,非性乎? 亦奚不善之有。能忍之,君子也;不能忍,小人也。岂曰"将降大任"而乃忍之哉! 夫能忍之,而又未必不为小人之尤者,甚不足恃也。初忍之,卒纵之,尚可测也;忍之于己,遂以忍之于人,不可测也。视己之口、目、耳、鼻、四肢百骸为无异于犬马,自以为能尊吾心,养吾性,而竟忘身体发肤受之父母也。以之为己,则灭其性;以之为人,则残其生;以之为天下国家,则亲必离,众必畔,生者必怨,死者必恨。……儒者好为高论,必曰:"有所为而为之,皆利也。"又曰:"所由虽善,而心之所欲者,不在于是,则亦伪耳。"②以此自克,可谓不留余地矣!

---

① 庄存与:《四书说》,第 35a—35b 页。
② 朱熹《论语集注·为政·视其所以章》。

吾惧小人即以此言毁君子而竟杀之,且莫能知其为诬也。①

因此,庄存与主张对待人欲的正确态度,是圣人所言的"寡欲",而不是宋儒的"无欲":

> "游于圣人之门者难为言。"②其言必近人而忠且信,不务相高也。……"以仁存心,以礼存心",③"其为人也寡欲,虽有不存焉者,寡矣"。纯而全之,至于无时无地而无不存,亦正名之曰寡欲,不名之曰无欲,忠信故也。居今可以知古,《帝典》④以至于孔子作《春秋》,圣人之训尽在此矣,曾有"无欲"之两言乎?不特不言"无欲",亦绝不言"无过";言"改过",言"寡过",言"无大过",言"毋意、毋必、毋固、毋我",而绝不言"无欲"。……日食味、别声、被色而生,饮食男女皆与人同,而曰我无欲也,以此自名则诈,以此自为则逆,以此尊圣人,圣人不受也。⑤

人欲乃人人所同之事,故庄存与认为以"无欲"自明、自为,乃诈、逆之举,非圣人之道也。

综上所述,可见庄存与同宋儒在颇为根本性的天道观和道德观上,有明确的分歧。庄存与推尊"天"至高无上的地位,反对在其上探讨太极、无极、理、气等概念,更反对将"性与天道"作形而上的

---

① 庄存与:《四书说》,第41a—41b页。
② 《孟子·尽心上》。
③ 《孟子·离娄下》:"孟子曰:'君子所以异于人者,以其存心也。君子以仁存心,以礼存心。'"
④ 指《书》之《尧典》《舜典》等篇。
⑤ 庄存与:《四书说》,第42a—43a页。

发挥,以为此类发挥皆坠入窈冥恍惚之老、释之域,非圣人之旨。其出发点,盖不离维护以六艺为中心的天道、王政秩序。而其对于人欲的剖析,亦不务高蹈,期望在平实的人伦道德观中,实现人我、家国的治理。

三、对宋儒政治、历史观的批评

在政治历史观上,庄存与亦反对宋儒的高蹈发挥,而务为平实。以下略作分疏。

庄存与认为,夫子之道无他,即文、武、周公之道而已:

> 夫子为下不倍,①教必先尚文,宗文王也。不求异于人,曰"吾犹人也",②又曰"文不在兹乎"。③ 自颜子以至于凡为弟子者,皆如是言曰"则以学文"。④ 颜子曰"博我以文",⑤宁有贰耶? 则《书》也,《诗》也,周之礼也。鲁所有四代之乐,皆谓之周乐也。⑥ 子贡见百王之政德,必以礼乐,夫子焉不学,学必以

---

① 《中庸》:"是故居上不骄,为下不倍。国有道,其言足以兴。国无道,其默足以容。"朱熹章句:"倍,与背同。"
② 《论语·述而》:"子曰:'文,莫吾犹人也。躬行君子,则吾未之有得。'"《论语·颜渊》:"子曰:'听讼,吾犹人也,必也使无讼乎!'"
③ 《论语·子罕》:"子畏于匡,曰:'文王既没,文不在兹乎! 天之将丧斯文也,后死者不得与于斯文也。天之未丧斯文也,匡人其如予何!'"
④ 《论语·学而》:"子曰:'弟子入则孝,出则悌,谨而信,泛爱众,而亲仁。行有余力,则以学文。'"
⑤ 《论语·子罕》:"颜渊喟然叹曰:'仰之弥高,钻之弥坚,瞻之在前,忽焉在后。夫子循循然善诱人。博我以文,约我以礼,欲罢不能。既竭吾才,如有所立,卓尔。虽欲从之,末由也已。'"
⑥ 《史记·吴太伯世家》:"四年,吴使季札聘于鲁,请观周乐。"裴骃集解引服虔曰:"周乐,鲁所受四代之乐也。"

文、武之道。①《中庸》曰:"宪章文、武。"百王之教以忠、敬、文三者,周监二代而文焉。② 子以文教,③实文、武、周公经纬天地之文。④

庄存与以为,夫子为教,必先尚文,而所谓"文",即《诗》《书》和周公之礼而已,亦即"文、武、周公经纬天地之文",盖不离现实的王道政治伦理,并非如宋儒所发挥的形而上之理。故对《中庸》中的"君子尊德性而道问学,致广大而尽精微,极高明而道中庸,温故而知新,敦厚以崇礼",庄存与亦认为所务不过为文王、周公之道:

> "尊德性",尊所受于天之命也。"道问学",道所秉于文王之德也。"广大""精微""高明",德行本如是。"致"之、"尽"之、"极"之,则能尊之矣。"道问学"者,舜好问,颜子好学,皆在中庸而无过无不及焉。支离破碎,恍惚窈冥,焉可以为道哉!"温故",法舜与文王之已成事也;"知新",周公有周公所当作,孔子有孔子所当作也。而所作者,又皆举往以明来。问学所切要惟此! 莫厚于德性,学问莫贵于礼。敦之而德性益尊,崇之而学问乃得其极焉。⑤

朱熹对此句的集注为:"德性者,吾所受于天之正理","尊德性,所

---

① 《论语·子张》:"卫公孙朝问于子贡曰:'仲尼焉学?'子贡曰:'文武之道,未坠于地,在人。贤者识其大者,不贤者识其小者,莫不有文武之道焉。夫子焉不学,而亦何常师之有!'"
② 《论语·八佾》:"子曰:'周监于二代,郁郁乎文哉! 吾从周。'"
③ 《论语·述而》:"子以四教:文,行,忠,信。"
④ 庄存与:《四书说》,第48b—49a页。
⑤ 庄存与:《四书说》,第11b页。

以存心而极乎道体之大也。道问学,所以致知而尽乎道体之细也"。有浓厚的理学形上色彩,故被庄存与批评为"支离破碎,恍惚窈冥"。可以看出,庄存与的核心关怀不离文、武、周、孔为代表的王道政治伦理,并重在现实世界的落实。

正是从这一视角出发,宋儒以为志于圣人之道者惟颜子一人的说法,遭到庄存与反对,以为圣人无二教,弟子无二学,故志于圣人之道者为所有门徒。只不过不如颜子好学,故能从者惟颜子一人而已:

> 问曰:"志于道"者何人乎? 曰:圣人之门三千之徒,皆其人也。圣人无二教,弟子无二学也。皆与颜子同所学,不如颜子之好学焉。闵子、二冉子列于德行①且不称其好学,何况三千之徒。然如曰:"所独好者何学?"②将圣人有所隐于二三子乎? 抑二三子在圣人之门而不学圣人之道乎? 其不然矣。曰:"中人以下,不可以语上。"夫子言之矣。曰:此子贡所谓"不可得而闻"者。……叔氏竟以无有为有哉! 否则又谓三千之徒、七十子之列,而志圣人之道独颜氏子哉!③

程颐(字正叔)等人,从宋儒道统论出发,以为诸弟子中得夫子之道者仅颜子一人,故以推求"颜子所好何学"教人。庄存与从王道政治伦理出发,则以为三千门徒,皆为受道之人,只不过高才捷足如颜子者,先得之耳。而其中之七十子,亦为其杰出者,故反对宋儒贬抑七十子:

---

① 《论语·先进》:"德行:颜渊、闵子骞、冉伯牛、仲弓。"冉耕,字伯牛。冉雍,字仲弓,伯牛弟。
② 《二程文集》卷9《颜子所好何学论》。
③ 庄存与:《四书说》,第9b—10a 页。

而弟子有功于圣人者,配唐、虞之盛而无不及焉。以孟子
之贤,不敢抑扬七十子而高下之,曾子、子思,学所自出,①且不
敢知曰"曾子贤于子夏"。与公孙丑所论,大抵见《论语》,且必
曰"七十子之服孔子",②不敢遗一人之词也。子路,必尊而异
之,既述曾西之言曰"吾先子之所畏",③又必著其实曰"人告
之以有过则喜"。④道在禹下,颜子则与禹、稷同道。⑤读孔、
孟之书,法孔、孟之言,好以末师口说、先入之语为主,何异北
辕适楚哉!⑥

庄存与并进而以为,汉儒中亦多得道之徒,非如宋儒所认为的孟子
之后即无人焉:

伏生《尚书大传》、大小《戴记》,皆自孔氏出。贾谊、董仲
舒所著,及《盐铁论》贤良文学所称引,《白虎通德论》,多三代

---

① 《史记·孟子荀卿列传》:"孟轲,驺人也,受业子思之门人。"司马贞索隐:
"王劭以'人'爲衍字,则以轲亲受业孔伋之门也。今言'门人'者,乃受业
于子思之弟子也。"《孟子·离娄下》:"孟子曰:'曾子、子思同道。曾子,
师也,父兄也;子思,臣也,微也。曾子、子思,易地则皆然。'"
② 《孟子·公孙丑上》:"以德服人者,中心悦而诚服也,如七十子之服孔
子也。"
③ 《孟子·公孙丑上》:"或问乎曾西曰:'吾子与子路孰贤?'曾西蹴然曰:
'吾先子之所畏也。'"
④ 《孟子·公孙丑上》:"孟子曰:'子路人告之以有过则喜,禹闻善言
则拜。'"
⑤ 《孟子·离娄下》:"禹、稷当平世,三过其门而不入,孔子贤之。颜子当乱
世,居于陋巷,一箪食,一瓢饮,人不堪其忧,颜子不改其乐,孔子贤之。孟
子曰:'禹、稷、颜回同道。禹思天下有溺者,由己溺之也。稷思天下有饥
者,由己饥之也。是以如是其急也。禹、稷、颜子,易地则皆然。'"
⑥ 庄存与:《四书说》,第70b页。

遗言。《毛公诗》、何休《公羊传》,学有三代礼可考,无不自七
十子所传。①

汉儒之学,多传自七十子,故多保存有三代礼乐。因此,庄存与的
着眼点并未脱离三代的王道礼秩。

从上文的梳理可以看出,庄存与在政治、历史观上,也多反对
宋儒的高蹈发挥,而务使之落实在以文、武、周、孔为代表的三代王
道政治伦理之上。蒋彤《四书说跋》对该书提要称:"圣人奉天以定
名,乱之者有诛,故正名之曰天,则赫赫明明,不敢谓超天之上,别
有太极之隐。正名之为五伦,则当务为急,不敢以君臣、父子、夫
妇、兄弟、朋友之外,别有不言之妙。"确为不刊之论。庄存与之所
以如此主张,盖与其对王道礼秩的核心关怀有关,即其所最为关注
者,乃在现实世界中王道礼秩的维护和树立上,而不在形而上地探
讨"恍惚、窈冥"之道。

第三节　本　章　小　结

总之,庄存与同乾嘉汉学家对立的说法,最早产生于其后人的
友朋中间,经梁任公的综核放大之后,成为当前广为流行之说。实
际上,庄存与甥侄辈突出此一差异,是时代日渐衰微亟需振兴,而
汉学走向琐碎无法完成这一任务之下的产物,在早先的论述中并
不存在。另一方面,庄存与个人对诸多汉学门类皆有深入钻研,并
与汉学家有着共同的反宋学立场,实并不外在于其当身的考据学
大环境。但与以东汉为法,主张由训诂来阐释原典的正统汉学家

---

① 庄存与:《四书说》,第70a页。

相比,庄存与以西汉儒者为楷模,强调用"玩经文"之法独得大义,推尊"天"之至尊无对之地位,关注君臣内外上下的等级秩序,积极谋求致用,有着其约束人伦、整顿纲纪、建设王道礼秩的良苦用心,其中同时暗含有以天正王、约束皇权的隐衷。这与其作为皇子师傅,继承西汉董仲舒立天安民、以学术开帝、关心现实的精神风貌有关。

在与宋学关系上,庄存与的态度可以分为两部分,在一己的持躬践履方面,他多以宋学为归,注重励行敦品,此类修养来源于家传父教,亦由其传与后代,可看作庄氏一家的家范,同时也并未远离其时代风气。但在更广大的脱离一己小我的学术关怀上面,庄存与则多与宋学扞格不入,对之持有与乾嘉汉学家类似的尖锐批评立场。主要体现在两个方面:在形而上的天道、伦理方面,庄存与反对宋儒卑天而崇理,灭欲而存理等形上发挥,并反对在天之上探讨太极、无极、理、气等概念,认为此类发挥皆已坠入老释之旨;在形而下的政治、历史观上,庄存与同样反对宋儒形而上的发挥,而务为平实,认为文、武、周公之道,即为夫子之道,亦即七十子所传之道,不外现实的人伦政治而已,并非别有其他"恍惚""窈冥"之道。庄存与的此类观点,同样皆与其意在取法圣人、规模三代,实现理想的王道礼秩相关。他批评宋儒,亦当与宋儒此类发挥不但无助于王道礼秩的实现,而且将之引向形而上的探讨相关。

总之,如果将庄存与置于整个乾嘉学术的大环境中观察,可以发现,庄存与对宋学的态度,似并未偏离康乾时期部分汉学家立身法程朱、经学尊周孔的旧轨,在其时代中并不显另类。就此而言,庄存与实并不外在于其当身的考据学大环境,他所恢复的公羊学,原本即为汉学的一部分,故其与当时的汉学家多心意相通,并不存在所谓的对立关系。故在学术归属上,将之看作汉学别派是恰当的。但在最核心的学术追求上,庄存与并非意在为汉宋争门户,亦并非出于纯粹的学术考究兴趣,而还在于对谋治理政、治国安民的关心。故其学术多以西汉儒为法,究极天人,发挥大义,关注王道秩序的落实。在乾嘉诸子长于求是而短于风议的氛围中,他的这种关心政治治体的倾向,又确实显得迥异时流而别具特色。

结论:《春秋正辞》的特点与贡献

　　不论是在生活的时代,还是在身后,庄存与都被看作是沉静渊默而学问深湛的人物。"当代之儒宗"(朱珪语)、"昭代大儒"(阮元引李晴川语)、"素称魁儒"(李慈铭语)、"洪博深邃"(臧庸语)、"大儒庄君"(龚自珍语)、"第一流"(谭献语)、"渊邈"(章太炎语)等等用语,①显示出普遍对庄存与学问精深古奥、淹通浩博的概括与叹服。可是处在经学已经"瓦解"百余年之后的吾辈现代研究者,我们在传统典籍方面的修养不但距离庄存与千里万里、难望项背,即使与古时随便一位家塾学童相比,我们也没有机会将五经四书自小即熟读成诵,可以时时往来于心。以这样的学术积累,进入即使古今大儒都一致赞叹的庄氏著作,无疑会在文本释读及旨趣把握上遭遇诸多实实在在的困难,这也是当前庄存与研究中问题最多的地方。正是意识到学养方面的差距以及当下庄存与研究亟需突破的难点,本项研究才不得不采取最为笨拙的办法,老老实实

----

① 　分别见朱珪:《春秋正辞叙》,庄存与:《春秋正辞》卷首,道光七年(1827)宝砚堂本《味经斋遗书》六种本;阮元:《庄方耕宗伯经说序》,庄存与:《味经斋遗书》卷首,道光十八年(1838)宝砚堂本《味经斋遗书》十三种本;李慈铭:《越缦堂读书记》,上海书店,2000年,第20页;臧庸:《拜经堂文集》卷5《礼部侍郎少宗伯庄公小传》,《续修四库全书》第1491册,第600页;龚自珍:《资政大夫礼部侍郎武进庄公神道碑铭》,《龚自珍全集》,上海人民出版社,1975年,第141页;范旭仑、牟晓朋整理:《谭献日记》,中华书局,2013年,第6页;马勇整理:《章太炎书信集》(上),上海人民出版社,2017年,第11页。

立足文本,一力做最为基本的读解工作。除仔细读解、梳理《春秋正辞》的文本意涵之外,另将之逐章与《公羊传》《榖梁传》《左传》《春秋胡氏传》《钦定春秋传说汇纂》《日讲春秋解义》《御纂春秋直解》六部经解进行对读、阐释,期望既能在纵向上以内在于春秋学历史脉络的视野,准确理解庄氏学术,又能在横向上注意于时代语境,切实把握住庄存与解经的现实关怀。研究的核心目的,还是希望通过这种细读的文本工作,突破庄存与经学文本本身的内容障碍及其渊雅古奥的文辞外壳,进而在前贤的基础上,廓清围绕在庄存与研究上的种种误区,推进庄存与及其公羊学研究,并为今后进一步理解庄存与的公羊学提供较为切实有据的基础。在全书接近尾声的部分,有必要对研究所获的基本结论,做进一步的总结与申说。

作为清代复兴公羊学的第一本著作,《春秋正辞》第一次全面恢复了公羊家法。原本公羊学在汉代四次今古文之争以后,即渐告衰落。① 下逮唐朝,以九经(《易》、《书》、《诗》、三《传》、三《礼》)取士,以经文字数多寡分大中小三等,士子咸从文少易习者,《春秋》一经三传愈发退处边缘。② 虽然经过晚唐陆淳等人的提振,春秋学在宋代再次成为时代的核心经典,得到学人的不断阐发,但当时流行的是"舍传求经"的新方法,不但公羊学的地位并未得到恢复,而且完整的公羊家法也益发遭人唾弃,仅被打散成公羊因素残留于诸人的经解中。③ 这一状况持续到清代中叶,并未有质

---

① 如陆德明称:"和帝元兴十一年,郑兴父子奏上《左氏》,乃立于学官,仍行于世,迄今遂盛行,二《传》渐微。"(陆德明撰,吴承仕疏证,张力伟点校:《经典释文序录疏证》,中华书局,2008 年,第 111 页。)

② 皮锡瑞著,周予同注释:《经学历史》,中华书局,2011 年,第 148—149 页。

③ 如元儒郝经对此一现象的总结称:"宋兴以来,诸儒叠出,各为作传以明圣人之旨,莫不自以为孟轲复出,而其义例殆皆不能外乎三《传》,(转下页)

的改变。庄存与在乾嘉复古开新的大气候下,首次恢复了汉儒以《公羊》为《春秋》正宗的传统,并对建五始、宗文王、大一统,尤其是"三科九旨"等传统公羊义法,皆复而兴之,其中即使与大一统王权有所抵触而不便发挥者,也改变了以往的讥诋态度,而以但述师说的方式存而不论,使公羊一家之言,再次成为抉经心、执圣权的根本所在。这一创举为晚清的学术思潮开辟了道路,使晚清几代学人均能在《公羊》的矩矱中载驰载驱,开疆拓土,从而为公羊学的蔚为风潮奠定了基础。庄存与虽然在治学方法上与流行的乾嘉儒者有别,但他们又分享着复兴原典以反对宋学理念的共同立场,实际上并不外在于其当身复古开新的考据学大环境。庄存与对公羊学的恢复,同样是乾嘉古学复兴中的一支,有着远迈唐宋、直接汉儒、截断众流、卓绝一时的阔大气象。

在此一前提之下,我们也发现,庄存与的学术旨趣确实在三科九旨和王道礼秩之间,更加偏重后者。对于三科九旨,他只以但述师说的态度存而不论,这在政治文化高压的乾隆时代,是容易理解的。一个文教大一统而"圣主"在上的时代,大臣最好的出路恐怕只能是"自审愚贱",[①]而不是主张什么改制更张的三科九旨。不过,虽然仅仅是重复公羊先师之说而不做发挥,但依旧是对前人鄙薄唾弃态度的反拨,其实质,是以瞒天过海的策略暗暗恢复了三科九旨在公羊学中的地位。我们从庄存与后学对他的继承上,即可以看到这一点。晚清从刘逢禄开始,三科九旨成为《春秋》之为《春

（接上页）而每以三《传》为非。"(郝经:《春秋三传折衷序》,朱彝尊撰,林庆彰主编:《经义考新校》,上海古籍出版社,2010 年,第 3538 页。)

① 龚自珍在《资政大夫礼部侍郎武进庄公神道碑铭》中说:"方是时,国家累叶富厚,主上神武,大臣皆自审愚贱,才智不及主上万一。"见王佩净点校:《龚自珍全集》,上海人民出版社,1975 年,第 141 页。

秋》的根本所在,几近被看作公羊学的代名词,并最终在康有为等变法者那里,发挥了改造现实、影响历史进程的重大作用。因此我们不得不承认,正是庄存与的恢复,才为后人开出了这样一条煌煌大道。

而对于王道礼秩,庄存与秉承董生、司马迁等人的理解,将《春秋》"长于治人"的作用发挥至极致,在天人、君臣、父子、夫妇、夷夏之间,设计和安排了一整套含纳天道、政治、人伦在内的礼教等级秩序,用他自己的话说,此乃"立中国之人纪""立诸夏之人纪"。这一旨趣,不但不背离官方以《春秋》为治理术,维护尊王大一统的立场,甚且比官方阐释得更完整、更有意识形态性,其卫道护统的衷曲比官方有过之而无不及,体现出庄存与学术与官学桴鼓相应的一面。

虽然所谓"立中国之人纪",并不以尊王大一统为全部,但尊王大一统是其中十分突出的部分,这在孟子、司马迁等人的叙述中亦早已点明。原本据乱而作的《春秋》,重新确立以天王为中心的礼教等级秩序,改变君不君、臣不臣、父不父、子不子的时代乱状,即为其写作的根本出发点和缘由。即使是公羊大义中的"五始""六辅""七等"[1]亦不过如此而已。甚至对古人而言,有君无君,乃是夷夏之间的根本差别[2]。而对朝廷卿贰庄存与而言,君权的稳定与否,更可能与整个国家的治乱兴衰紧密相关,他一再强调"建皇

---

[1]　五始者,元年、春、王、正月、公即位是也。七等者,州、国、氏、人、名、字、子是也。六辅者,公辅天子,卿辅公,大夫辅卿,士辅大夫,京师辅君,诸夏辅京师是也。其核心旨趣,本质上皆在于诛讨乱贼、尊王建统而已。参见何休解诂,徐彦疏,刁小龙点校:《春秋公羊传注疏》卷1《隐公第一》,上海古籍出版社,2014年,第5—6页。

[2]　《孟子·滕文公下》:"诗云:'戎狄是膺,荆舒是惩,则莫我敢承。'无父无君,是周公所膺也。"

极",时时处处维护天王的尊严,其"尊王"程度,不但远较四传强烈,甚且比官方经说亦有过之,则皆不难获得理解,更何况他尚生在皇权专制登峰造极的乾隆时代。这让我们再次领略到庄存与经说对官方经说凿深扬高的一面。

　　但是在另一方面,也需要注意到,庄存与的尊王解说,还是更注重从礼制制度着眼,关心含纳皇权政治制度本身在内的此一王道礼制秩序的安危得失,而不仅从脱离任何制度框架的天王一人一身立论,显得目有全牛,在规避言论风险的同时,也体现出宏深博大的特点。进而言之,他所体贴出来的"人纪",也是更加看重君安君分,臣履臣责,父有父样,子归子位,乃至男女、夷夏皆各司其职、各就各位的天人秩序。这一秩序最终的衡断源头并不在"王",而在于"天",以天正王,以王正二伯,以二伯正诸侯,以诸侯正四境,以华夏正夷狄,并最终折中于礼。显然,他的核心目的,是在为整个中国确立政治、人伦生活的秩序。这一关怀与抱负,不可谓不高远,这也是公羊先师的传统看法,有着非常正统的学术来源,前人赞誉其贤者识其大,当即此之谓。[1]

　　庄存与这种在礼制秩序之内极力护卫君权绝对性,又同时依据传统公羊学的大义对君权的相对性给出自觉安排的做法(即在"王"之上,重新强调"天"的权威),似乎也有着别样的时代意义。我们知道,原本在天人关系上,汉儒所极力强调的灾异感应学说,随着时代发展和古人认识水平的变化,不但常常不能规范限制君主的行为,甚至会沦为君主责罚臣下,乃至大臣之间相互政争的工具,其限制君主行为的作用日渐减弱。[2] 而在另一方面,随着理学

---

① 谭献称:"阅庄宗伯《味经斋遗书》。闳深博大,卒不能得其涯涘。识大之贤,又高出诸经师上矣。"见范旭仑、牟晓朋整理:《谭献日记》,第41页。

② 参见关行邈:《北宋天人关系思想研究——以祥瑞灾异为中心》,博士学位论文,中国科学技术大学,2018年。

在天道性命方面的开掘,宋人将天的权威性与个人的内在义命紧紧结合在一起进行重新阐发,在"天"之上,从本体论角度建立"理""气""太极""无极"等概念,从而屈"天"而伸"理",进而在政治层面构建和凸出道统学说,以拨正和规范治统,同样达到屈"君"而伸"理"的目的,一定程度上替代了汉人感应之"天"的作用。可是这一道统说在其建立之初,也埋下了导致它轰塌的悖论:儒家士人本希望将道统的话语权牢牢掌握在自己手中,以驯化君主,可是他们却人人希望自己教育的君王,典学之勤,度越前古,因此他们便不能阻止某一天自己一手培养的君王,"圣学深邃"到不允许他们"仰测非常",却足以躬承古来圣圣相传的道统,并反过来甄别儒臣学问真伪的地步。在现实世界中,道统与治统,终于在异族入主的清朝诸帝手中实现合一。遭受以彼之道还施彼身的儒臣,此时才会发现,除了匍匐在皇权脚下谀颂时君"治与道偕隆""君与师兼作",以及恭恭敬敬跪聆圣训之外,已没有任何可以格正人君的道义优势和现实理由。① 作为一名出自累世簪缨之族的朝廷卿贰,也作为在上书房负责培养下届君王候选人的皇子师傅,历览前代与当朝政治中的得失成败,庄存与对现实中皇权不再因终极敬畏而受到约束的情形,必当比一般人更能懂得其危害。他痛批宋儒在"天"之上构建"理""气"等形而上概念,重新折回到西汉儒生的老路上去,推尊"天"至高无上的地位,从而掘发公羊学中奉天之义,大谈五行祥异,最终将整个政治、人伦安置到一个以奉天为最高旨归的王道礼秩之中,就都是在宋儒以道统校正治统的旧路已经不通的情形下,重新的返本开新。他的"尊王",他的"异内外",他的

---

① 参见黄进兴:《清初政权意识形态之探究:政治化的道统观》,《优入圣域:权力、信仰与正当性》,中华书局,2010 年,第 75—105 页;刘方玲:《清朝前期帝王道统形象的建立》,博士学位论文,南开大学历史学院,2010 年。

"辟宋学",无不皆是从此一礼秩出发,而最终也落脚于此的思想主张。这当中自然包含着他作为一名皇子师傅,期望站在朝廷的角度培养接班人实现国家良性治理的经世抱负,即所谓"以学术开帝",但也更包含着一位湛深经术的儒者,在帝王的现实统治权力失去道义上的所有勒限之后,再次通过阐发经典而使之有所羁络的努力。

不过我们也可以发现,这一着眼礼秩的羁络方式,虽然重在整体,但也过分倚重了"天"的至高无上地位,在现实中一定会因"天不言"而使天意有被妄加窃据的危险。庄存与同样意识到了这一危险,故而他明确将代天而言的责任落实到圣人身上,称"惟圣同天"(《奉天辞·察五行祥异》小序)、"大哉受命,钊①我至圣,弗庸践于位②,皇惟飨德③,乃配天地"(《春秋正辞叙》)。且在其《尚书说》中,更将此意表述得显豁清晰,称:"人之身统于心,家统于父,国统于君,天下统于天子。天子也,君也,父也,心也,必上系于天。子从父令非孝,臣从君令非贞,然则曷从?曰:天也。天不言,能言惟圣,世有圣人则天矣,无古今一也。"④显然,能够代天而言者,并不是时王人君,时王人君也需要上统于天,而天意只

---

① 《尔雅·释诂下》:"钊,见也。"郝懿行义疏:"郭引逸《书》曰:'钊我周王'。梅《书》作'昭我周王'。《孟子》作'绍我周王'。"

② 庸,用也。《书·尧典》:"帝曰:'畴咨若时?登庸。'"孔安国传:"庸,用也。"践位,指登上王位。

③ 皇,大。《书·无逸》:"小人怨汝詈汝,则皇自敬德。"孔安国传:"小人怨詈汝者,则大自敬德,增修善政。"孔颖达疏:"《释诂》云:'皇,大也。'故传言'大'。飨德,向慕有德者。飨,通'向'。《礼记·礼器》:"故君子有礼,则外谐而内无怨。故物无不怀仁,鬼神飨德。"孔颖达疏:"鬼神聪明正直,依人而行,物既怀仁,故神亦飨德也。"

④ 庄存与:《尚书说·洪范》,道光七年(1827)宝砚堂本《味经斋遗书》六种本。

能通过圣人来表达,即还是回到了孔子制作的经典之上。可见庄
存与最终在五行灾异之外,又为天意的准确表达做出了最大限制
与保障。

由此,我们能隐约感觉到,庄存与的经说,是在遵从甚至发扬
官方经解的大前提下,又借着圣经贤传的外衣,暗暗实行了曲线驯
化君主之实。其欲取先予、偷天换日的功夫可谓了得,其著作深
心,盖亦苦矣。在一个政治文化高压的时代,这是一位身居高位且
经学通明的儒者,对时代现实所能做到的最大关怀。何况庄存与
所熟知的又是"隐其书而不宣,所以免时难"的春秋学,"智不危身,
义不讪上","有罪未知,其辞可访",《春秋》之时义,庄存与自熟稔
于心。因此他的经说才如此面貌深晦,并隐藏在经典解释的背后。
在另一面,我们也再次体会到庄存与学问的精深博大气息,一位儒
者能够将传统典籍做如此深入的阐发,又能依循传统义理而得到
解决时代问题的方案,其学问何其深邃而精湛! 邵晋涵称赞庄存
与是"经神载见",恐怕也并不是一句空话。

由于庄存与为人个性清介,严取予,寡交游,一生韬光敛迹,声
光不彰。因此他的学问在其生活的时代,并不为多人熟知,但在其
身后,却由于家族成员的传承而大显于世。其侄庄述祖、外孙刘逢
禄、侄外孙宋翔凤、孙庄绶甲等人,都在刊刻庄氏著作、传承庄氏学
问方面,做出过重要的贡献。经过他们的努力,常州公羊学蔚为一
代显学,成为魏源、龚自珍、廖平、康有为、梁启超、谭嗣同以及陈乔
枞、陈立、皮锡瑞等几代学人争相研讨的对象,在学术和思想方面
皆得以大展骥足,驰骋千里。① 旧有论者早已对这一学术脉络的前

---

① 齐思和先生将之描述为经生派和政论派,参见齐思和:《中国史探研》,中
华书局,1981 年,第 335—336 页。原载于《燕京学报》第 39 期,1950 年
12 月。

后继承关系,给予过准确描述。① 不过需要指出的是,在庄存与同
其后学的继承关系之中,也存在着同中之异、异中之同,为以往研
究关注不足。实际上,仔细关照庄存与同其后学之间的异同,也可
以为我们深入理解庄氏学术提供另一个外部坐标。如前所述,晚
清从刘逢禄开始,公羊学者已经更加注重三科九旨之义,盖公羊后
学与身居庙堂的庄存与在身份地位上已有极大差别,故其着眼点
也开始发生转换。再加上遭逢时代折入衰微阶段,注重改制更张
之义,以谋求时代中种种问题的解决,原本就是学人论学普遍追求
的题中之意,与庄存与更看重王道礼秩的学术旨趣已渐行渐远。
而经过乾隆朝汉学的勃然中兴,且在嘉道时代形成一整套学术话
语霸权和家法意识之后,公羊学者也逐渐被刺激出日渐增强的今
古文门户意识,从而也渐渐有以公羊大义一统群经来自坚门户的
做法,②这与庄存与平视群经、不分今古的学术意识也渐行渐远。

---

① 如,夏曾佑曾有诗云:"琭人(龚)申受(刘)出方耕(庄),孤绪微茫接董生
(仲舒)。"(梁启超:《清代学术概论》二十二,第75页。)梁任公云:"公羊
学初祖,必推庄方耕存与,他著有《春秋正辞》,发明公羊微言大义,传给他
的外孙刘申受逢禄,著《公羊何氏释例》,于是此学大昌。"(梁启超:《中国
近三百年学术史》第十三讲,第233页。)章太炎早年在《清儒》篇中亦有类
似论说,到1932年的演讲中依旧持之未变:"与苏州学派不算一支而有关
系者,为常州学派,此为今文学派,其治学专以《春秋公羊传》为宗。此派
开端者为庄存与,其后有名者为刘逢禄、宋翔凤以及浙江之戴望等人。"
(章太炎:《清代学术之系统》,徐亮工编:《中国近三百年学术史论》,上
海古籍出版社,2006年,第35页。)
② 如朱一新曰:"刘申受、宋于庭、龚定庵、戴子高之徒,蔓衍支离,不可究诘。
凡群经经与《公羊》相类者,无不旁通而曲畅之,即绝不相类者,亦无不锻
炼而傅合之。"见朱一新著,吕鸿儒、张长法点校:《无邪堂答问》,第20—
21页。另参见张广庆:《清代经今文学群经大义之〈公羊〉化》,林庆彰主
编:《经学研究论丛》第1辑,桃源县中坜市圣环图书有限公司,1994年,
第307—308页。

不过这些外在学术面貌的不同当中，却在内里蕴含着一股颇显一致的经世关怀。原本在乾隆朝的政治高压之下，士人进退维谷，"家有智慧，大凑于说经，亦以纾死"（章太炎语），因而群趋训诂考索之学，但庄存与同处无望之世，却能借公羊学以"开帝"，将以经术明治乱的风气重新带回到时代中来，这一借经议政的新风，在当时因难能可贵而显得超尘拔俗。而以龚魏及常州诸子为代表的庄氏后学，正是准确抓住了庄存与此一方面的特点，借表彰其学术关怀来发扬庄氏之学，其目的不过是要在身处的嘉道衰世，突破"无用"汉学的藩篱，而为自己的经世关怀寻找理论支持。在这一点上，庄存与同其后学又重新走到了一起，这也是他被后学奉为清代公羊学与常州学派初祖的最根本原因。

　　总之，庄存与作为一名乾嘉时期晋身卿贰、主管文教的庙堂儒者，其学术具有复杂的面向，他的经说确实在很多情况下以官方的立场为立场，有着明显的尊王大一统的特色，但他又能顺势将官方的立场，纳入一个以天为最高秩序源头的王道礼秩之中，并不让王权无法无天，这当是庄存与所理解的一个好国家、好政治、好社会、好人伦所应当具有的模式，是为庄存与学术的最根本关怀和出发点，用他自己的话说，即"立中国之人纪"。这一经说的如此面貌，固是时代氛围、人生履历、个人抱负、家庭出身等多种因素作用的结果，也是公羊学本身所具有的义理面向导致的结果。庄存与作为一名深通公羊学的乾嘉经师，在学术经世方面，为我们塑造了一个有别于康有为的另类榜样，也提供了我们思考历史的另一种思想资源，是应当予以注意和肯定的。

参 考 文 献

一、古籍

[1] 庄存与：《味经斋遗书》,宝砚堂六种本,清道光七年(1827)刻本。

[2] 庄存与：《味经斋遗书》,李兆洛刊七种本,清道光十八年(1838)刻本。

[3] 庄存与：《味经斋遗书》,宝砚堂十三种本,清道光十八年(1838)刻本。

[4] 庄存与：《味经斋遗书》,阳湖庄氏重刊九种本,清光绪八年(1882)刻本。

[5] 庄存与：《春秋正辞》,《皇清经解春秋类汇编》,第1册,台北：艺文印书馆影印皇清经解本,1986。

[6] 庄存与：《毛诗说》,《儒藏精华编》,第29册,北京：北京大学出版社,2011。

[7] 庄存与：《四书说》,《儒藏精华编》,第120册,北京：北京大学出版社,2013。

[8] 《内阁题本》,庄存与,中国第一历史档案馆藏。

[9] 《朱批奏折》,庄存与,中国第一历史档案馆藏。

[10] 台北故宫博物院编：《宫中档乾隆朝奏折》,台北：故宫博物院,1982。

[11] 中国第一历史档案馆编：《乾隆朝上谕档》,桂林：广西师范大学出版社,2008。

［12］庄鲁骊(字斯才)等编：《武进庄氏增修族谱》(五修谱)，清道光十八年(1838)刻本。

［13］庄怡孙等编：《毗陵庄氏增修族谱》(六修谱)，清光绪元年(1875)刻本。

［14］庄清华等编：《毗陵庄氏族谱》(七修谱)，民国二十五年(1936)铅印本。

［15］毗陵庄氏族谱续修编撰委员会：《毗陵庄氏族谱》(八修谱)，常州庄氏家印本，2008。

［16］苏舆：《春秋繁露义证》，北京：中华书局，1992。

［17］钟肇鹏等：《春秋繁露校释》，石家庄：河北人民出版社，2005。

［18］何休解诂，徐彦疏，刁小龙整理：《春秋公羊传注疏》，上海：上海古籍出版社，2014。

［19］何休：《春秋公羊传解诂》，《十三经古注》，北京：中华书局影印四部备要本，2014。

［20］陈立著，刘尚慈整理：《公羊义疏》，北京：中华书局，2017。

［21］刘逢禄：《春秋公羊经何氏释例》，上海：上海古籍出版社，2013。

［22］范宁：《春秋穀梁传集解》，《十三经古注》，北京：中华书局影印四部备要本，2014。

［23］钟文烝：《春秋穀梁经传补注》，北京：中华书局，1996。

［24］杜预：《春秋经传集解》，上海：上海古籍出版社，1978。

［25］杨伯峻：《春秋左传注》(修订本)，北京：中华书局，1990。

［26］吴闿生：《左传微》，合肥：黄山书社，2014。

［27］傅逊：《春秋左传属事》，《傅逊集》，上海：复旦大学出版社，2015。

［28］顾栋高：《春秋大事表》，北京：中华书局，1993。

［29］范照藜：《春秋左传释人》,《续修四库全书》,第 124 册,上海：上海古籍出版社,2003。

［30］胡安国：《春秋胡氏传》,杭州：浙江古籍出版社,2010。

［31］刘敞：《春秋权衡》,纳兰性德：《通志堂经解》(第 8 册),扬州：江苏广陵古籍刻印社影印版,1996。

［32］叶梦得：《春秋公羊传谳》,永瑢等编：《文渊阁四库全书》,第 149 册,台北：台湾商务印书馆影印版,1986。

［33］库勒那、李光地等编：《日讲春秋解义》,永瑢等编：《文渊阁四库全书》,第 172 册,台北：台湾商务印书馆影印版,1986。

［34］王掞、张廷玉等编：《钦定春秋传说汇纂》,永瑢等编：《文渊阁四库全书》,第 173 册,台北：台湾商务印书馆影印版,1986。

［35］傅恒等编：《御纂春秋直解》,永瑢等编：《文渊阁四库全书》,第 174 册,台北：台湾商务印书馆影印版,1986。

［36］孙诒让正义,王文锦、陈玉霞点校：《周礼正义》,北京：中华书局,1987。

［37］郑玄注,孔颖达正义,吕友仁整理：《礼记正义》,上海：上海古籍出版社,2008。

［38］王聘珍：《大戴礼记解诂》,北京：中华书局,1983。

［39］孔广森：《大戴礼记补注》,北京：中华书局,2013。

［40］孙星衍：《尚书今古文注疏》,北京：中华书局,1986。

［41］李光地：《周易折中》,成都：巴蜀书社,2008。

［42］朱熹：《四书章句集注》,北京：中华书局,1983。

［43］吴承仕：《经典释文序录疏证》,北京：中华书局,2008。

［44］朱彝尊著,林庆彰等点校：《经义考新校》,上海：上海古籍出版社,2010。

［45］魏小虎汇订：《四库全书总目汇订》,上海：上海古籍出版

社,2012。

[46] 陈澧:《东塾读书记》,上海:上海古籍出版社,2012。

[47] 朱一新:《无邪堂答问》,北京:中华书局,2000。

[48] 皮锡瑞著,周予同注释:《经学历史》,北京:中华书局,2011。

[49] 皮锡瑞著,杨世文、张行、吴龙灿、汪舒旋笺注:《经学通论》,上海古籍出版社,2021 年,第 641 页。

[50] 晁岳佩:《民国期刊资料分类汇编:春秋学研究》,北京:国家图书馆出版社,2009。

[51] 徐元诰:《国语集解》(修订本),北京:中华书局,2002。

[52] 司马迁:《史记》,北京:中华书局,1959。

[53] 班固:《汉书》,北京:中华书局,1962。

[54] 房玄龄:《晋书》,北京:中华书局,1974。

[55] 魏收:《魏书》,北京:中华书局,1974。

[56] 魏徵、令狐德棻:《隋书》,北京:中华书局,1973。

[57] 杜佑:《通典》,北京:中华书局,1988。

[58] 宋濂:《元史》,北京:中华书局,1976。

[59] 《清高宗实录》,北京:中华书局影印本,1987。

[60] 赵尔巽等:《清史稿》,北京:中华书局,1977。

[61] 王钟翰点校:《清史列传》,北京:中华书局,1987。

[62] 素尔讷等编,霍有朋、郭海文校注:《钦定学政全书校注》,武汉:武汉大学出版社,2009。

[63] 陈立:《白虎通疏证》,北京:中华书局,1994。

[64] 康有为:《春秋董氏学》,姜义华,张荣华:《康有为全集》(第二集),北京:中国人民大学出版社,2007。

[65] 康有为:《康南海先生讲学记》,姜义华,张荣华:《康有为全集》(第二集),北京:中国人民大学出版社,2007。

［66］程颢、程颐：《二程集》，北京：中华书局，2004。

［67］黎靖德：《朱子语类》，北京：中华书局，1986。

［68］朱熹、吕祖谦：《朱子近思录》，上海：上海古籍出版社，2000。

［69］王慧敏注释：《雍正自白（大义觉迷录注释）》，北京：民族出版社，1999。

［70］杨应芹、诸伟奇点校：《戴震全书》，合肥：黄山书社，2010。

［71］鲁九皋：《鲁山木先生文集》，《清代诗文集汇编》，第 378 册，上海：上海古籍出版社，2009。

［72］永瑆：《诒晋斋集》，《续修四库全书》，第 1487 册，上海：上海古籍出版社，2003。

［73］邵晋涵：《南江文钞》，《续修四库全书》，第 1463 册，上海：上海古籍出版社，2003。

［74］庄绶甲：《拾遗补艺斋文钞》，《清代诗文集汇编》，第 512 册，上海：上海古籍出版社，2009。

［75］刘逢禄：《刘礼部集》，《清代诗文集汇编》，第 517 册，上海：上海古籍出版社，2009。

［76］赵怀玉：《亦有生斋集》，《清代诗文集汇编》，第 419 册，上海：上海古籍出版社，2009。

［77］龚自珍：《龚自珍全集》，上海：上海人民出版社，1975。

［78］魏源：《魏源全集》，长沙：岳麓书社，2004。

［79］李兆洛：《养一斋文集》，《续修四库全书》，第 1495 册，上海：上海古籍出版社，2003。

［80］臧庸：《拜经堂文集》，《续修四库全书》，第 1491 册，上海：上海古籍出版社，2003。

［81］蒋彤：《武进李先生年谱》，嘉业堂丛书本，1913（民国二年）。

［82］蒋彤：《丹棱文钞》，《常州先哲遗书》，第 12 函 107 册，南京：南京大学出版社，2010。

［83］王昶：《湖海诗传》，上海：上海古籍出版社影印嘉庆八年沏渔庄刻本，2013。

［84］李慈铭：《越缦堂读书记》，上海：上海书店，2000。

［85］范旭仑、牟晓朋整理：《谭献日记》，北京：中华书局，2013。

［86］钱仪吉编：《碑传集》，北京：中华书局，1993。

［87］周骏富编：《清代传记丛刊》，台北：明文书局，1985。

［88］支伟成编：《清代朴学大师列传》，上海：上海人民出版社，2014。

［89］徐世昌编：《清儒学案》，北京：中华书局，2008。

［90］张维骧撰，朱隽点校：《清代毗陵名人小传稿》，南京：凤凰出版社，2017。

二、专著

［91］汤志钧：《庄存与年谱》，台北：台湾学生书局，2000。

［92］汤志钧：《清代经今文学的复兴：庄存与和经今文》，北京：中国人民大学出版社，2014。

［93］王逸明：《新编清人年谱三种重订稿：武进庄存与庄述祖年谱稿》，北京：学苑出版社，2011。

［94］段熙仲：《春秋公羊学讲疏》，南京：南京师范大学出版社，2002。

［95］陈柱：《公羊家哲学》，上海：华东师范大学出版社，2014。

［96］杨树达：《春秋大义述》，上海：上海古籍出版社，2013。

［97］周桂钿：《董学探微》，北京：北京师范大学出版社，2008。

［98］杨济襄：《董仲舒春秋学义法思想研究》，新北市：花木兰文化出版社，2011。

［99］邓红：《董仲舒的春秋公羊学》，北京：中国工人出版社，2001。

[100] 余治平：《董子春秋义法辞考论》，上海：上海书店出版社，2013。

[101] 黄朴民：《文致太平：何休与公羊学发微》，长沙：岳麓书社，2013。

[102] 蒋庆：《公羊学引论：儒家的政治智慧与历史信仰》，福州：福建教育出版社，2014。

[103] 张厚齐：《〈春秋〉王鲁说研究》，台北：花木兰文化出版社，2010。

[104] 黄开国：《公羊学发展史》，北京：人民出版社，2013。

[105] 黄开国：《清代今文经学的兴起》，成都：巴蜀书社，2008。

[106] 黄开国：《清代今文经学新论》，北京：人民文学出版社，2017。

[107] 陈其泰：《清代公羊学》，北京：东方出版社，1997。

[108] 蔡长林：《从文士到经生——考据学风潮下的常州学派》，台北：中研院文哲所，2010。

[109] 艾尔曼著，赵刚译：《经学、政治和宗族——中华帝国晚期常州今文学派研究》，南京：江苏人民出版社，1998。

[110] 张广庆：《武进刘逢禄年谱》，台北：学生书局，1997。

[111] 张勇：《梁启超与晚清"今文学"运动》，北京：北京大学出版社，2017。

[112] 常超：《"托古改制"与"三世进化"：康有为公羊学思想研究》，北京：北京大学出版社，2015。

[113] 孙春在：《清末的公羊思想》，台北：台湾商务印书馆，1985。

[114] 丁亚杰：《清末民初公羊学研究：皮锡瑞、廖平、康有为》，台北：万卷楼图书有限公司，2002。

[115] 王光辉：《三代可复：常州学派公羊学思想研究》，北京：人

民出版社,2018。

[116] 童书业:《春秋左传研究》(校订本),北京:中华书局,2006。

[117] 戴君仁:《春秋辨例》,台北:中华丛书编审委员会,1964。

[118] 程发轫:《春秋人谱》,台北:台湾商务印书馆,1995。

[119] 程发轫:《春秋要领》,台北:东大图书股份有限公司,1989。

[120] 赵伯雄:《春秋学史》,济南:山东教育出版社,2014。

[121] 曾亦、郭晓东:《春秋公羊学史》,华东师范大学出版社,2017。

[122] 陈苏镇:《〈春秋〉与"汉道":两汉政治与政治文化研究》,北京:中华书局,2011。

[123] 焦桂美:《南北朝经学史》,上海:上海古籍出版社,2009。

[124] 葛焕礼:《尊经重义:唐代中叶至北宋末年的新〈春秋〉学》,济南:山东大学出版社,2011。

[125] 牟润孙:《两宋〈春秋〉学之主流》,《注史斋丛稿》,北京:中华书局,2009。

[126] 林颖政:《明代春秋学研究》,台北:致知学术出版社,2014。

[127] 文廷海:《清代前期〈春秋〉学研究》,北京:中国社会科学出版社,2012。

[128] 萧敏如:《从"华夷"到"中西"——清代〈春秋〉学华夷观研究》,台北:花木兰文化出版社,2009。

[129] 蒙文通:《经学抉原》,上海:上海人民出版社,2006。

[130] 蒙默编:《蒙文通学记:蒙文通生平和学术》(增补本),北京:三联书店,2006。

[131] 朱维铮编:《周予同经学史论著选集》(增订本),上海:上

海人民出版社,1996。

[132] 徐复观:《两汉思想史》,上海:华东师范大学出版社,
2001。

[133] 钱穆:《两汉经学今古文平议》,北京:九州出版社,2011。

[134] 钱穆:《中国近三百年学术史》,北京:商务印书馆,1997。

[135] 宋鼎宗:《春秋胡氏学》,台北:万卷楼图书有限公司,
2000。

[136] 康凯淋:《胡安国〈春秋传〉研究》,台北:致知学术出版社,
2014。

[137] 陈来:《宋明理学》,上海:华东师范大学出版社,2004。

[138] 章太炎:《检论》,《章太炎全集》,上海:上海人民出版社,
2014。

[139] 马勇整理:《章太炎书信集》,上海:上海人民出版社,
2017。

[140] 梁启超:《清代学术概论》,上海:上海古籍出版社,1998。

[141] 梁启超:《中国近三百年学术史》,北京:商务印书馆,
2011。

[142] 徐亮工编:《中国近三百年学术史论》,上海:上海古籍出
版社,2006。

[143] 陆宝千:《清代思想史》,上海:华东师范大学出版社,
2009。

[144] 张舜徽:《清儒学记》,武汉:华中师范大学出版社,2005。

[145] 陈祖武、朱彤窗编:《乾嘉学术编年》,石家庄:河北人民出
版社,2005。

[146] 於梅舫:《学海堂与汉宋学之浙粤递嬗》,北京:社会科学
文献出版社,2016。

[147] 齐思和:《中国史探研》,北京:中华书局,1981。

［148］汪晖：《现代中国思想的兴起》，北京：三联书店，2008。

［149］张志强：《朱陆·孔佛·现代思想：佛学与晚明以来中国思想的现代转换》，北京：中国社会科学出版社，2012。

［150］李孟存、李尚师：《晋国史》，太原：三晋出版社，2014。

［151］中国人民大学清史研究所编：《清史编年》，北京：中国人民大学出版社，2000。

［152］高翔：《康雍乾三帝统治思想研究》，北京：中国人民大学出版社，1995。

［153］姚念慈：《定鼎中原之路：从皇太极入关到玄烨亲政》，北京：三联书店，2018。

［154］姚念慈：《康熙盛世与帝王心术》，北京：三联书店，2018。

［155］杨启樵：《雍正帝及其密折制度研究》（增订本），长沙：岳麓书社，2014。

［156］高王凌：《乾隆十三年》，北京：经济科学出版社，2012。

［157］周远廉：《乾隆皇帝大传》，西安：陕西人民出版社，2008。

［158］商衍鎏：《清代科举考试述录》，北京：故宫出版社，2014。

［159］郭成康、林铁钧：《清朝文字狱》，北京：群众出版社，1990。

［160］刘文鹏：《盛世背后：乾隆时代的伪稿案研究》，北京：人民出版社，2014。

［161］杜家骥：《杜家骥讲清代制度》，天津：天津古籍出版社，2014。

［162］邸永君：《清代翰林院制度》，北京：社会科学文献出版社，2007。

［163］安东强：《清代学政规制与皇权体制》，北京：社会科学文献出版社，2017。

［164］冯尔康：《清代人物传记史料研究》，北京：商务印书馆，2000。

[165] 冯尔康:《清史史料学》,北京:故宫出版社,2013。

[166] 曹虹:《阳湖文派研究》,北京:中华书局,1996。

[167] 黄进兴:《优入圣域:权力、信仰与正当性》,中华书局,2010。

[168] 张崇玖、窦学义编著:《窦光鼐传》,杭州:西泠印社出版社,2007。

三、学位论文

[169] 张广庆:《刘逢禄及其春秋公羊学研究》,博士学位论文,台湾师范大学国文研究所,1996。

[170] 蔡长林:《常州庄氏学术新论》,博士学位论文,台湾大学中国文学研究所,2000。

[171] 王江武:《胡安国〈春秋传〉研究》,博士学位论文,复旦大学哲学学院,2008。

[172] 丁蓉:《科举、教育与家族:明清常州庄氏家族研究——以毗陵庄氏族谱文献为中心》,博士学位论文,华东师范大学古籍研究所,2012。

[173] 黄铭:《董仲舒春秋学研究》,博士学位论文,复旦大学哲学学院,2013。

[174] 施婧娴:《孔广森〈春秋〉学研究》,博士学位论文,复旦大学历史学系,2013。

[175] 邵鹏宇:《学缘、血缘与地缘——以常州学派为中心的学术史、家族史与地域史的考察》,博士学位论文,华东师范大学历史系,2015。

[176] 刘方玲:《清朝前期帝王道统形象的建立》,博士学位论文,南开大学历史学院,2010。

[177] 关行邈:《北宋天人关系思想研究——以祥瑞灾异为中

心》,博士学位论文,中国科学技术大学,2018。

[178] 金荣奇:《庄存与春秋公羊学研究》,硕士学位论文,台湾政治大学中国文学研究所,1990。

[179] 许嘉哲:《〈春秋正辞〉之义理诠释研究》,硕士学位论文,高雄师范大学经学研究所,2008。

[180] 刘静:《清代常州庄氏家族家学研究》,硕士学位论文,扬州大学社会发展学院,2010。

[181] 黄声豪:《清代公羊礼学研究》,硕士学位论文,台湾大学文学院中国文学研究所,2015。

[182] 黄世豪:《陈立〈公羊义疏〉研究》,硕士学位论文,台湾中国文化大学中国文学研究所,2002。

[183] 王海杰:《陈立与扬州学派研究》,硕士学位论文,香港大学中文研究所,2005。

[184] 郑仲烜:《清朝皇子教育》,硕士学位论文,台湾"中央"大学历史研究所,2011。

[185] 于堃:《庄存与〈公羊〉学研究》,硕士学位论文,广西师范大学文学院,2014。

[186] 钟一涛:《试论〈春秋正辞〉之灾异观》,硕士学位论文,清华大学历史系,2015。

[187] 陈婷玉:《庄存与公羊学思想探究》,硕士学位论文,河北师范大学,2016。

四、论文

[188] 杨向奎:《清代的今文经学》,《清史论丛》1979年第1期。

[189] 汤志钧:《清代经今文学的复兴》,《中国史研究》1980年第2期。

[190] 刘桂生:《从庄存与生平看清初公羊学之起因》,赵和平等

编：《周一良先生八十生日纪念论文集》,北京：中国社会科学出版社,1993。

[191] 黄开国：《庄存与时代的学术与他的经学道路》,《中华文化论坛》2005 年第 2 期。

[192] 黄开国：《庄存与的经学思想》,《四川大学学报（哲学社会科学版）》2005 年第 3 期。

[193] 黄开国：《〈春秋正辞〉的书法》,《社会科学战线》2005 年第 6 期。

[194] 黄开国：《庄存与〈春秋〉学新论》,《哲学研究》2005 年第 4 期。

[195] 黄开国：《庄存与是清代〈公羊〉学的开创者》,《天府新论》2008 年第 6 期。

[196] 黄开国：《庄存与重春秋公羊学的经学取向》,《中共宁波市委党校学报》2016 年第 4 期。

[197] 郜积意：《论庄存与的〈公羊〉学》,《孔子研究》2003 年第 5 期。

[198] 郜积意：《汉代今、古学的礼制之分——以廖平〈今古学考〉为讨论中心》,《"中央"研究院历史语言研究所集刊》第 77 本第 1 分,2006 年 3 月。

[199] 郜积意：《汉代今、古学之争的再认识——以贾逵与〈公羊〉之争为例》,《中国文哲研究集刊》第 22 期,2003 年 3 月。

[200] 陈祖武：《关于常州庄氏学渊源之探讨——兼论〈春秋正辞〉之撰著年代》,林庆彰、张寿安编：《乾嘉学者的义理学》,台北：中研院中国文哲研究所,2003。

[201] 田汉云：《试论庄存与的〈春秋正辞〉》,《清史研究》2000 年第 1 期。

[202] 王俊义：《庄存与复兴今文经学起因于"与和珅对立"说辨

析——兼论对海外中国学研究成果的吸收与借鉴》,《清史研究》2007 年第 1 期。

[203] 汤志钧:《从庄、刘到龚、魏:晚清启蒙思想生发之轨迹》,《学术月刊》2007 年第 2 期。

[204] 汤志钧:《从"家学"到"显学"——清代今文经学的复兴与和珅专权》,《史林》2009 年第 5 期。

[205] 王惠荣、张爱青:《清代今文经学复兴原因新论》,《山西师大学报(社会科学版)》2013 年第 5 期。

[206] 郭晓东:《略论庄存与的经学思想——以庄氏〈春秋〉学为讨论中心》,洪涛、曾亦、郭晓东编:《经学、政治与现代中国》,上海:上海人民出版社,2007。

[207] 郭晓东:《〈春秋〉重义不重事:论庄存与和孔广森对〈春秋〉的看法》,《杭州师范大学学报(社会科学版)》2012 年第 1 期。

[208] 杨济襄:《方法论与儒学研究——研究庄存与春秋学之新发现》,《国际儒学研究》(第 16 辑),2008。

[209] 吴泽、陈鹏鸣:《常州学派史学思想研究》,《华东师范大学学报(哲学社会科学版)》1995 年第 3 期。

[210] 汤仁泽:《论常州学派兴起的社会条件》,《史林》1999 年第 4 期。

[211] 汤仁泽:《清代今文经学诸问题——兼论庄存与和今文学派》,《学术月刊》2002 年第 2 期。

[212] 张丽珠:《乾、嘉、道从论学到议政的今文学发扬》,《清华中文学报》2011 年第 6 期。

[213] 王裕明:《庄存与经学思想渊源简论》,《学海》1999 年第 4 期。

[214] 陆振岳:《常州公羊学派的萌生及演进》,《江苏社会科学》

2000 年第 2 期。

[215] 本杰明·艾尔曼:《乾隆晚期和珅、庄存与关系的重新考察》,《复旦学报(社会科学版)》2009 年第 3 期。

[216] 本杰明·艾尔曼:《乾隆晚期和今文经学》,《国学》2013 年第 12 期。

[217] 田吉:《"和珅压制庄述祖"辨——从艾尔曼教授的误读看史料运用》,《史林》2010 年第 2 期。

[218] 何铭鸿:《庄存与〈尚书〉学探析》,《古文献研究辑刊》(第 4 辑),南京:凤凰出版社,2012。

[219] 赖志伟:《庄存与的〈尚书〉研究:对〈尚书既见〉的新解读和新看法》,《原道》2015 年第 4 期。

[220] 杨兆贵:《论庄存与文史之学——以庄存与〈尚书既见〉对周公的论评为研究对象》,《南开学报(哲学社会科学版)》2017 年第 2 期。

[221] 杨兆贵:《论庄存与经史子兼融之学及其学术渊源——以〈尚书既见〉对周公论评为研究对象》,《中国典籍与文化》2018 年第 4 期。

[222] 杨自平:《庄存与〈易〉学与儒家伦理思想》,《经学文献研究集刊》2015 年第 2 期。

[223] 张广生:《常州今文经学:历史语境与内在理路》,《中国人民大学学报》2013 年第 4 期。

[224] 蒋孝军:《从庄存与到康有为:经学、制度与政治观念的演变》,《哲学动态》2012 年第 10 期。

[225] 王秋月:《庄存与的重民尚农思想》,《农业考古》2014 年第 1 期。

[226] 王秋月:《庄存与和清代今文经学的复兴》,《泰山学院学报》2009 年第 1 期。

［227］邵鹏宇：《庄存与〈味经斋遗书〉推迟辑刊缘由之探讨》，《历史教学问题》2015年第4期。

［228］康宇：《论清代常州学派对今文经学的复兴——以庄存与、刘逢禄、宋翔凤为中心》，《陕西师范大学学报（哲学社会科学版）》2015年第4期。

［229］钱寅：《论庄存与〈春秋正辞〉与〈春秋胡氏传〉的关系》，《常州大学学报（社会科学版）》2016年第5期。

［230］罗军凤：《庄存与〈春秋正辞〉的阴阳灾异观》，《长安学术》2017年第2期。

［231］王鹜嘉：《学术史中的话语演变与谱系构建——清代公羊学史与庄存与》，《学术月刊》2018年第3期。

［232］郑任钊：《庄存与和清代公羊学复兴的发端》，《船山学刊》2018年第5期。

［233］徐立望：《驳清代今文经学复兴源于上书房"讲义"说——兼论今文经学在康雍乾三朝的地位》，《复旦学报（社会科学版）》2010年第5期。

［234］徐立望：《论清代今文经学复兴的"和珅因素"》，《社会科学战线》2019年第11期。

［235］张广庆：《清代经今文学群经大义之〈公羊〉化》，林庆彰编：《经学研究论丛》（第一辑），桃源县中坜市：圣环图书有限公司，1994。

［236］张广庆：《从〈春秋公羊解诂〉看何休对贾逵的反驳》，刘小枫、陈少明主编：《赫尔墨斯的计谋》，北京：华夏出版社，2005。

［237］罗检秋：《从清代汉宋关系看今文经学的兴起》，《近代史研究》2004年第1期。

［238］张高评：《台湾近五十年来〈春秋〉经传研究综述（上）》，

《汉学研究通讯》2004 年总第 91 期。

［239］张高评:《台湾近五十年来〈春秋〉经传研究综述(下)》,《汉学研究通讯》2004 年总第 92 期。

［240］孙运君:《清代今文经学兴起考——以惠栋、戴震、张惠言为中心》,《船山学刊》2005 年第 4 期。

［241］汪高鑫:《论汉代公羊学的夷夏之辨》,《南开学报(哲学社会科学版)》2006 年第 1 期。

［242］蔡长林:《从"以〈春秋〉当新王"到"〈春秋〉托王于鲁":〈公羊学〉"三统"说及其历史际遇》,《中国文哲研究通讯》第 17 卷第 3 期,2007 年 9 月。

［243］童正伦:《〈四库全书〉对春秋类的删改》,甘肃省图书馆、甘肃四库全书研究会编:《四库全书研究文集:2005 年四库全书研讨会文集》,兰州:敦煌文艺出版社,2006。

［244］冯尔康:《乾隆初政与乾隆帝性格》,《天津师范大学学报(社会科学版)》2007 年第 3 期。

［245］王丰先:《〈钦定春秋传说汇纂〉纂修时间考正》,《中国典籍与文化》2009 年第 2 期。

［246］张昭军:《从复"义理之常"到言"义理之变"——清代今文经学家与程朱理学关系辨析》,《清史研究》2010 年第 2 期。

［247］康凯淋:《论清初官方对胡安国〈春秋胡氏传〉的批评》,《汉学研究》2010 年第 1 期。

［248］戚学民:《汉学主流中的庄氏学术:试析〈清史稿·儒林传〉对常州学术的记载》,《中华文史论丛》2011 年第 4 期。

［249］申屠炉明:《清代常州学派的名义及范围》,《社会科学战线》2011 年第 5 期。

［250］漆永祥:《方东树〈汉学商兑〉新论》,《文史哲》2013 年第 2 期。

［251］陈鸿森：《江藩〈汉学师承记〉纂著史实索隐》，《文史》2019
　　　　年第 3 期。

［252］张宗友：《"表章圣经""治统所系"：清初御定经解之经典
　　　　化与学术影响》，《古典文献研究》2014 年第 1 期。

［253］张勇：《孔广森与〈公羊〉"家法"》，《中国史研究》2007 年
　　　　第 4 期。

［254］陈冬冬：《清代〈公羊〉学者论"三科九旨"》，《北京理工大
　　　　学学报（社会科学版）》，2014 年第 5 期。

［255］蔡智力：《公羊家对〈春秋〉的创造诠释——以董仲舒对"元
　　　　年春王正月"之诠释为例》，《鹅湖学志》2017 年 12 月总第
　　　　59 期。

［256］王伟波：《窦光鼐传记资料辑要》，潍坊市中华文化促进会
　　　　编著：《窦光鼐及其家族文化研究：窦光鼐与窦氏家族学术
　　　　研讨会论文集》，济南：山东人民出版社，2016。

五、工具书

［257］王重民、杨殿珣等编：《清代文集篇目分类索引》，北京：中
　　　　华书局，1965。

［258］林庆彰、李光筠等编：《经学研究论著目录（1912—1987）》
　　　　（第二版），台北：汉学研究中心，1994。

［259］林庆彰、汪嘉玲等编：《经学研究论著目录（1988—1992）》，
　　　　台北：汉学研究中心，1995。

［260］林庆彰、陈恒嵩、何淑苹等编：《经学研究论著目录（1993—
　　　　1997）》，台北：汉学研究中心，2002。

［261］林庆彰、冯晓庭等编：《日本研究经学论著目录（1900—
　　　　1992）》，台北："中研院"中国文哲研究所筹备处，1993。

［262］简宗梧、周何编：《左传·春秋公羊传·春秋穀梁传·春秋

总义论著目录》,《十三经论著目录(五)》,台北:洪叶文化事业有限公司,2000。

[263] 周何:《春秋公羊传著述考》,"国立"编译馆主编:《中华丛书·十三经著述考》,台北:"国立"编译馆,2003。

[264] 周何:《春秋穀梁传著述考》,"国立"编译馆主编:《中华丛书·十三经著述考》,台北:"国立"编译馆,2003。

[265] 李启原:《左传著述考》,"国立"编译馆主编:《中华丛书·十三经著述考》,台北:"国立"编译馆,2003。

[266] 周何:《春秋总义著述考(上、下)》,"国立"编译馆主编:《中华丛书·十三经著述考》,台北:"国立"编译馆,2004。

[267] 林颖政:《明代春秋著述考(上、下)》,台北:致知学术出版社,2014。

[268] 黄爱平:《清史书目(1911—2011)》,北京:中国人民大学出版社,2014。

[269] 宗福邦、陈世铙、萧海波主编:《故训汇纂》,商务印书馆,2003。

[270] 汉语大词典编纂处:《汉语大词典》,上海辞书出版社,2011。

[271] 汉语大字典编纂处:《汉语大字典》,四川辞书出版社,2010。

附　录

《春秋正辞》标点平议

　　庄存与(1719—1788),字方耕,号养恬,江南武进(今常州)人。作为清代常州学与公羊学的开山,庄存与"素称魁儒",①湛深经术,先辈大儒即称叹其文风闳深奥衍,索解不易。② 当前对庄存与著作的研读,主要集中在其《春秋正辞》之上。该书作为清代公羊学的肇端之作,对清代后期的学术思想影响深广。然而由于庄氏文风艰晦,及春秋学本身事、义、例的繁琐深奥,皆使标点(包括解读)该书颇为不易。

　　目前而言,对《春秋正辞》的标点主要体现在两类文献中,一是现有的庄存与研究文献,多会征引部分《春秋正辞》原文,并给出标点。虽然此类标点仅为全书之一鳞半爪,但既被研究者引证,自然居于该研究的关键位置,故讨论其标点,或有助于对当前形成的某些庄存与研究结论进行再探讨。需要说明的是,本文仅涉及庄存

---

① 李慈铭:《越缦堂读书记》"尚书既见"条,上海书店出版社,2000 年,第19 页。

② 如,李慈铭即称其"文辞奥衍";谭献称其"文事深醇古厚""闳深博大""深美闳约";刘师培称其"深美闳约,雅近《淮南》";章太炎称其"渊邈"。分别见:《越缦堂读书记》"味经斋遗书"条,上海书店出版社,2000 年,第799 页;范旭仑、牟晓朋整理:《谭献日记》,中华书局,2013 年,第 6、41、143 页;刘师培:《南北学派不同论·南北考证学不同论》,徐亮工编校:《中国近三百年学术史论》,上海古籍出版社,2006 年,第 204 页;马勇整理:《章太炎书信集》(上),上海人民出版社,2017 年,第 11 页。

与文本的标点与理解问题,并不涉及对诸篇研究文献的全面评价,亦不欲以微瑕毁全璧,请读者鉴之。二是上海古籍出版社于2014年12月出版了《春秋正辞》的点校本,乃该书第一个点校整理本,筚路蓝缕,为功实多,可惜存在较多标点失误。本文即拟对此二类文献中的标点问题略作检讨,以供后续研究参考。

一、现有研究文献中的标点失误举例

现有《春秋正辞》研究文献中的标点失误,据笔者眼见所及,以年代先后为序,择要举数例如次:

1979年,杨向奎先生作《清代的今文经学》,是文革后研究清代今文经学的首出之作,其中援引《春秋正辞》原文:

> 王事惟农是务,无有求利于其官,以于农工,谷不可胜,由此道也。[1]

此行引文有两处误字,或为手民之误:"以于农工"之"于",原文作"干";"谷不可胜",原文作"谷不可胜食"。[2]（后收入杨氏文集时,此类误字亦未得到改正。[3]）

最为关键者"王事惟农是务,无有求利于其官,以干农工",乃庄存与援引自《国语·周语上》,原文"工"作"功"。而"谷不可胜食",亦援引自《孟子·梁惠王上》。故正确标点,此二句皆需用引号。庄存与之意,不外重农惜功,乃地道儒家之见。杨向奎先生因失察此二句原有所本,故将引文理解为与剥削农民、鼓吹农战的法

---

[1]　杨向奎:《清代的今文经学》,《清史论丛》,1979年第1期,第179页。

[2]　参见庄存与《春秋正辞·内辞中》"土功"隐七年经例,道光七年（1827）宝砚堂本《味经斋遗书》六种本。

[3]　参见《绎史斋学术文集》,上海:上海人民出版社,1983年,第329页。

家思想相近,恐有误解。

　　1993 年,吴义雄先生论文中援引《春秋正辞》:

　　　　《公羊》奥且明矣,不可不学;《谷梁》、《左丘》眊乎瞽哉。①

此一标点法后为多人沿用,且为点校本《春秋正辞》所因袭。② 几
近众口一辞,但却是错误的。此则引文,来自《春秋正辞·诸夏辞》
"诸侯卒葬"小序。依照《春秋正辞》体例,每一"辞"皆分若干小辞
目,每一辞目皆有一概述该辞目主旨之小序。而后文则附有解释
该辞目主旨的《春秋》经例及解说。因此,若按照上引标点法,在后
文的经例及解说中,则必定会有批评《穀梁》"眊乎瞽"的文字。然
而本条辞目所附的 18 条经例中,并无一语责及《穀梁》。并且遍检
《春秋正辞》全书,亦不见任何明确批评《穀梁》之文,反而褒扬之
辞,所在多有,如称:"《穀梁》绳愆,子夏所传"(《春秋正辞·奉天
辞》"俟后圣"小序),"善乎穀梁子之言,隐公成父之恶以为让"
(《春秋正辞·内辞上》"公继世"隐公经例)。而且在庄存与另一
本专著《四书说》中,有明确评定《穀梁传》的文字:"《穀梁》实《公
羊》之争友,其言约,其旨微,皆以为'短',而孰与继其志乎?"③可

-----

① 吴义雄:《清代中叶今文经学派学术思想论略》,《中山大学学报》(社会科
　学版),1993 年第 2 期,第 59 页。
② 黄开国:《庄存与〈春秋〉学新论》,《哲学研究》,2005 年第 4 期,第 35 页;
　黄开国:《公羊学发展史》,人民出版社,2013 年,第 469 页;王光辉:《常
　州之所以为常州何?——常州学派研究方法之探寻》,《常州工学院学报》
　(社科版),第 33 卷第 2 期(2015 年 4 月),第 2 页。庄存与著,郭晓东点
　校:《春秋正辞》,上海古籍出版社,2014 年,第 133 页。
③ 庄存与:《四书说》,道光十八年(1838)李兆洛刊《味经斋遗书》七种本,
　第 49a 页。

见庄存与并不赞成范宁对《穀梁》的"短"毁（范宁《春秋穀梁传序》称："《穀梁》清而婉，其失也短。"），而认定其为《公羊》诤友。此当为庄存与对《穀梁传》的真实看法，故自不会以"眊乎瞀"来批评之。附带一言庄存与对《左传》的看法，在《春秋正辞》全书中，对《左传》确多明确贬责，如称："彼徒据左邱，经将以何明之？经鲜不乱，传且失之诬矣。"（《春秋正辞·内辞下》"大夫卒"隐五年经例）"获罪圣人者，传左邱氏者也。"（《春秋正辞·诛乱辞》"弑"桓二年春经例）故上引对《春秋正辞》的标点，是有问题的，正确者当为：

> 《公羊》奥且明矣，不可不学《穀梁》，《左邱》眊乎瞀哉！
> （《春秋正辞·诸夏辞》"诸侯卒葬"小序）

1997 年，陈其泰先生出版《清代公羊学》，并于 2011 年出版该书的增订本，其中论及庄存与的部分，有多处引及《春秋正辞》原文，疑误者例举如下：

> 让国诚，则循天理、承父命不诚矣。虽行即位之事，若无事焉。
> 系王于天一人，匪自号曰天王也。
> 且夫皇极所以立命，故曰建五事，所以事天，故曰敬事。一不修敬有阙，尔皇之不极，非不克建而已，
> 辞有诡正，而书者皆隐其所大，不忍辟其所大，不可；而后目其所常，不忍常，不可也。①

---

① 陈其泰：《清代公羊学》（增订本），上海人民出版社，2011 年，第 53、59、63、65 页。

第一则,正确者为:

> 让国诚,则循天理、承父命;不诚矣,虽行即位之事,若无
> 事焉。(《内辞上》"公继世"隐公经例)

此则庄存与论鲁隐公即位,"诚"与"不诚"对举。

第二则,正确者为:

> 系王于天,一人匪自号曰天王也。(《天子辞》"王伐"桓
> 五年经例)

系王于天,乃《公羊》大义,"一人"无"天",自不敢称"天王"。

第三则,正确者为:

> 且夫皇极所以立命,故曰建;五事所以事天,故曰敬。事
> 一不修,敬有阙尔。皇之不极,非不克建而已,(《奉天辞》"察
> 五行祥异"经例。)

《尚书·洪范》:"次二曰敬用五事","次五曰建用皇极"。此为庄
存与此段文义所谈论之语脉。

第四则,正确者当为:

> 辞有诡正而书者,皆隐其所大不忍,辟其所大不可,而后
> 目其所常不忍、常不可也。(《春秋要指》)

本条庄存与所论者乃《春秋》书法,所谓"诡正而书",按照存与之
意,即不书其所"大不忍""大不可",而书严重性次一等的"常不

忍""常不可"。读《春秋》者,由后者可推知前者之微义。

2009 年,针对中文学界对自己的批评意见,美国艾尔曼先生撰文进行反批评,援引的几则《春秋正辞》文本,断句亦多有误,如:

> 争逆德也。兵争之末,战兵之末。(中略)圣人之心不宁,惟是仁而已。(中略)去兵无益亡之道也。
> 《春秋》书天人外内之事有主,书以立教也。①

第一则,正确者当为:

> 争,逆德也。兵,争之末;战,兵之末。(中略)圣人之心,不宁惟是,仁而已矣(艾文并夺"矣"字)。(中略)去兵无益,亡之道也。(《禁暴辞》"战"小序)

第二则,"主书"为《春秋》笔法之一,故正确者当为:

> 《春秋》书天人外内之事,有主书以立教也。(《春秋要指》)

2013 年,黄开国先生《公羊学发展史》出版,其中论及庄存与的部分,标点疑误者除与上揭吴义雄先生相同的一则外,另有:

> 义例一宗《公羊》,起应寔述何氏事,亦兼资《左氏》义,或

---

① 艾尔曼:《乾隆晚期和珅、庄存与关系的重新考察》,《复旦学报》(社会科学版)2009 年第 3 期,第 60、61 页。

拾补《穀梁》条例。其目属比，其词若网在纲，如机之在括，
　　公羊奥且明矣，烦烦如繁诸百世之变，尽在《春秋》矣。
　　公羊子之义纳、入、立，皆篡也。何休氏传之矣。①

第一则，原文"条例"作"条列"；"如机之在括"作"如机省括"。其
正确标点当为：

　　义例一宗《公羊》，起应寔述何氏，事亦兼资《左氏》，义或
拾补《穀梁》。条列其目，属比其词，若网在纲，如机省括，（朱
珪《春秋正辞序》）

第二则，正确者为：

　　公羊奥且明矣。"烦烦如繁诸"，百世之变尽在《春秋》矣。
（《诸夏辞》"诸侯卒葬"隐三年十二月经例）

"烦烦如繁诸"，出自《大戴礼记·少闲》。卢辩注云："烦，众也。
如繁者，言如万物之繁芜也。"故此处庄存与指《春秋》所书诸侯卒
葬，蕴含之意旨繁多，可涵括百世之变。故"百世之变"当属下。
　　第三则，正确者当为：

　　公羊子之义，纳、入、立皆篡也，何休氏传之矣。（《春秋
要指》②）

---

① 黄开国：《公羊学发展史》，第468、469页。
② 黄开国先生原文引注出处有误。

《春秋·隐公四年》:"冬十有二月,卫人立晋。"公羊子传:"晋者何? 公子晋也。立者何? 立者不宜立也。其称人何? 众立之之辞也。然则孰立之? 石碏立之。石碏立之则其称人何? 众之所欲立也。众虽欲立之,其立之非也。"何休解诂:"立、纳、入皆为篡。"故此处"纳、入、立"当属下。

2013 年,张广生先生论文中,多次引及《春秋正辞》原文,疑误举例如下:

> 元,正天端自贵者始,
> 支与,坏与,饮歌,戒与民,不听,罪圣人,觉与。
> 天乎,与人甚可畏也。
> 屈信之;志详略之文,智不危身,义不讪上;有罪未知其辞,可访拔乱启治,渐于升平,十二有象,太平以成。
> 《春秋》应天受命作制。孟子與有言,天子之事,以托王法鲁。无惕焉以治万世,汉曷觊焉。①

第一则正确者当为:

> "元"正天端,自贵者始。(《春秋正辞·奉天辞》"建五始"小序)

"元",指《春秋》经文开篇"元年春王正月"之"元",何休解诂:"政莫大于正始,故《春秋》以元之气,正天之端。""自贵者始",即责上

---

① 张广生:《常州今文经学:历史语境与内在理路》,《中国人民大学学报》,2013 年第 4 期,第 142、143 页。

率下之义。

第二则正确者当为：

> 支与？坏与？饫歌戒与？民不听罪，圣人觉与？（《春秋正辞·奉天辞》"审天命废兴"小序）

《国语·周语下》："周诗有之曰：'天之所支，不可坏也。其所坏，亦不可支也。'昔武王克殷而作此诗也，以为饫歌，名之曰'支'，以遗后之人，使永监焉。"庄氏原文指此。

第三则正确者当为：

> 天乎与人，甚可畏也。（《春秋正辞·奉天辞》"察五行祥异"小序）

董仲舒《天人三策》称："《春秋》之中，视前世已行之事，以观天人相与之际，甚可畏也。"庄存与文字化自此。第四则正确者当为：

> 屈信之志，详略之文。智不危身，义不讪上。有罪未知，其辞可访。拔乱启治，渐于升平。十二有象，太平以成。（《春秋正辞·奉天辞》"张三世"小序）

"屈信之志，详略之文"，出自《春秋繁露·楚庄王》，苏舆注："差世之远近，为恩隆杀，此屈远而伸近也。""智不危身，义不讪上。有罪未知，其辞可访"亦出自《春秋繁露·楚庄王》，即指《春秋》多微词，乃孔子所以容身远害也。

第五则，"无惕"原文作"无惕"，正确标点当为：

> 《春秋》应天,受命作制。孟子與有言,"天子之事"。以托
> 王法,鲁无愒焉。以治万世,汉曷觊焉。(《春秋正辞·奉天
> 辞》"俟后圣"小序)

所谓"《春秋》应天,受命作制",即指《春秋》乃孔子于端门受天命
而作制,参见《公羊传·哀公十四年》何休解诂。另《孟子·滕文公
下》称:"《春秋》,天子之事也。""以托王法,鲁无愒焉",指《春秋》
乃因鲁史而托王法,非为王鲁焉。

二、上古本《春秋正辞》点校疑误举例

2014 年,上海古籍出版社点校出版《春秋正辞》,为该书第一
个点校本。① 遗憾的是,标点存在较多疑点,本节仅取其第一、第二
两卷(共 65 页),择其疑误显见者(其中与上揭疑误雷同者,则不再
讨论),试做检讨如下。

4 页 1 行:畴昔之岁,与余同官禁近,朝夕论思无间,术业挹其
渊醰,如饮醇醴,

应为:畴昔之岁,与余同官禁近,朝夕论思,无间术业,挹其渊
醰,如饮醇醴,

按:朱珪此句意在表明当年与庄存与论学时的无间所学之情。

5 页 10 行:自天地生民以来,神圣有攸,经纬于是焉。在圣所
贵,贵其民循厥理,

应为:自天地生民以来,神圣有攸经纬,于是焉在。圣所贵,贵
其民,循厥理。

按:"攸",意同助词"所"。"经纬",意指经纬其民,似化用自
《左传·昭公二十九年》:"夫晋国将守唐叔之所受法度,以经纬其

---

① 庄存与著,郭晓东点校:《春秋正辞》,上海古籍出版社,2014 年。

民,卿大夫以序守之。""于是焉在",语出《左传·昭公二十九年》。且"来""在"为韵脚。

6页4行:圣乃钦底,罚于有辞。以差厥罪,

应为:圣乃钦底罚于有辞,以差厥罪。

按:钦,意为"敬"或"重",《书·立政》:"帝钦罚之。"孔安国注为"敬",江声注为"重"。底,同厎,《左传·昭公元年》:"厎禄以德,德钧以年,年同以尊。"厎,一本作"底",杜预集解:"厎,致也。"罚于有辞,《书·多士》:"凡四方小大邦丧,罔非有辞于罚。"孙星衍疏:"凡四方小大国丧亡,无非有罪状而天诛伐之。"故本句意为圣人乃慎重地以不同罪状致罚,以差别其人之罪过。

6页6行:噫嘻! 皋女,民以生,其女曷克生,生女怙于日,实乃惟怙于天德。

应为:噫嘻! 皋女民以生,其女曷克生生,女怙于口实,乃惟怙于天德。

按:皋,发语词,无实意,表示其后文将拉长声调言说。《仪礼·士丧礼》:"北面招以衣,曰:'皋某复。'"郑玄注:"皋,长声也。"生生,《书·盘庚》:"汝万民乃不生生。"孙星衍疏:"生者,《诗》传云:'财业也。'生生者,《庄子·大宗师》云:'生生者不生。'《释文》引崔云:'常营其生为生生。'"日实,原本作"口实",点校者据《皇清经解》本误改为"日实"。《易·颐》:"自求口实。"孔颖达疏:"求其口中之实也。"高亨注:"须自求口中之食物。"

6页9行:圣秉道,垂文辞,惟义之训,憝事之违。

应为:圣秉道垂文,辞惟义之训,憝事之违。

按:垂文,为成词,指立言垂后。憝,同"憖",意为宁愿、宁肯。此句意指《春秋》非纪事之史。

10页2—3行:子曰:"吾说夏礼,杞不足征也;吾学殷礼,有宋

存焉;吾学周礼,今用之,吾从周。”“王天下有三重焉,其寡过矣乎。”

当为:“子曰:‘吾说夏礼,杞不足征也;吾学殷礼,有宋存焉;吾学周礼,今用之,吾从周。’王天下有三重焉,其寡过矣乎。”

按:此节文字全部出自《中庸》。

11 页倒 4—3 行:何休曰:“明王者当奉顺四时之正也。”《尚书》曰:“钦若昊天,历象日月星辰,敬授人时”,是也。

应为:何休曰:“明王者当奉顺四时之正也。《尚书》曰:‘钦若昊天,历象日月星辰,敬授人时’是也。”

按:此节文字全部出自《公羊传·隐公六年》何休解诂。

12 页倒 2 行:《庭燎》之诗曰:“夜如何? 其夜未央。”

应为:《庭燎》之诗曰:“夜如何其? 夜未央。”

按:“其”为句末语气词。

15 页 6 行:忘父葬,母谋取仇女,

应为:忘父葬母,谋取仇女,

按:鲁庄公之母文姜,与异母兄齐襄公通奸,并一起谋害了亲夫鲁桓公。文姜于庄公二十一年薨,二十二年《春秋》书:“癸丑,葬我小君文姜。”本条庄存与讥鲁庄公忘父仇而以礼葬母。

15 页倒 3 行:昭公十年,不说义。何曰:

应为:昭公十年,不说义何? 曰:

按:《春秋·昭公十年》:“十有二月甲子,宋公戌卒。”无“冬”字。公羊无传,此为庄氏设问之由。

15 页倒 2 行:今上下之文未有,以明见,必如“郭公”类也。

当为:今上下之文未有以明见,必如“郭公”类也。

按:该句之上文称“昭公无‘冬’,上下皆见”,指无“冬”字,但上下文之事件皆全,故知为史有阙文。而此处既无“冬”,上下文又不显(故会疑惑是孔子削之,还是本年冬原本无事可记),庄存与以为必如《春秋》庄二十四年所书之"郭公",乃夫子笔削也。

17 页倒 4 行:故圣人以为,草妖失秉之明也。

应为:故圣人以为草妖,失秉之明也。

按:此处乃讨论《洪范》五行祥异中的"视之不明","时则有草妖"。此处文字解释为何在"视之不明"下,会出现"草妖"(而非"诗妖""鼓妖"等)。该段文字俱见《汉书·五行志第七中之下》,可参看。

17 页倒 2—1 行:木胜土,强则木不能令土,弱则木侮之。

应为:木胜,土强则木不能令,土弱则木侮之。

按:此处解释花蘖,故云"木胜"。后文所释"木""土"关系,亦在进一步解释"花蘖"而已。

18 页 7 行:是故五事有变伤其质,质具于地;

应为:是故五事有变,伤其质,质具于地;

按:所谓"五事有变",即指"貌、言、视、听、思"不按常理运行。

18 页倒 4 行:天夺其鉴,已在《易》明夷之贲曰:

应为:天夺其鉴已。在《易》《明夷》之《贲》曰:

按:"已"为语助。《明夷》《贲》为《周易》卦名,似标注书名号为好。此类问题点校本下文多有,不再枚举。

18 页倒 1 行:其在《周礼·春官》职之厥咎类、蒙厥罚类。风不别着象,何也?

应为:其在《周礼》春官职之。厥咎类蒙,厥罚类风,不别着象,何也?

按:前一句属上,指春官之执掌。下句乃释"思之不睿"之咎征。

19页5行：五事尽失，六极不尽，应独归之弱，何也？

应为：五事尽失，六极不尽应，独归之弱，何也？

按："应"指不与五事尽失相感应。

19页6—7行：踣其国家者，胥在此人，见其弱也，而悲之，

应为：踣其国家者，胥在此。人见其"弱"也，而悲之，

按："此"当指此处所讨论之"皇之不极"，"弱"为其特征。

20页倒3—2：所谓《春秋》之道，举往以明来也。

按："《春秋》之道，举往以明来"，语出《汉书·五行志上》引董仲舒语，似应标引号。

21页7—9行：刘向以为，冰者阴之盛而水滞者也，木者少阳，贵臣卿大夫之象也，此人将有害，则阴气胁木，木先寒，故得雨而冰也。是时叔孙侨如出奔，公子偃诛死。

按：本卷凡"刘向以为""董仲舒以为"或"刘向、董仲舒以为""《汉志》以为"者，皆完整出自《汉书·五行志》；"何休以为"者，皆完整出自《春秋公羊传解诂》。而点校者常对同一段落中的公羊子、穀梁子语多加引号，其他人则多不加引号，殊为混乱，且易滋误解。或为不明其所自导致。故恰当者应皆用引号。此类问题点校本下文屡见，不再一一标明。

28页8行：皆贱公行，非其正也。

应为：皆贱公行非其正也。

按：意为"贱"宣公所做多不符合正道。

29页2行：《书》曰："惟时天罔念，闻厥惟废元命，降致罚。"

应为：《书》曰："惟时天罔念闻，厥惟废元命，降致罚"。

按：孔安国注："惟是桀恶有辞，故天无所念闻，言不佑。"

31页倒6—5行：何休曰："京房《易传》曰：'旱异者，旱久而不

害物也。斯禄去公室,福由下作,故阳虽不施,而阴道独行,以成万物也。'政在公子遂之所致。"

应为:何休曰:"京房《易传》曰:'旱异者,旱久而不害物也。斯禄去公室,福由下作,故阳虽不施,而阴道独行,以成万物也。'"政在公子遂之所致。

按:引文见庄三十一年何休解诂。

34 页倒 3 行:故曰'无冰,天下异'也。

应为:故曰'无冰',天下异也。

按:引文出自《汉书·五行志中之下》,乃对襄二十八年经文"春,无冰"所做的解释。

36 页倒 2 行:是月决不日而月也。

应为:是月,决不日而月也。

按:"是月"乃《春秋》经文,"决不日而月也"乃为对此一经文的解释。

39 页 2 行:穀梁子曰:"虫,灾也。甚则月,不甚则时。"

应为:穀梁子曰:"虫灾也。甚则月,不甚则时。"

按:本句为对经文"螟"的解释,"虫灾"指此。另桓五年经文"螽",穀梁子传曰:"螽,虫灾也;甚则月,不甚则时。"亦可证。

43 页倒 5 行:窃谓所食漫祸浸深也。

应为:窃谓所食漫,祸浸深也。

按:此为对经文"鼷鼠食郊牛,牛死"的解释,所谓"漫",来自《公羊传》,何休解诂:"漫者,遍食其身。"

43 页倒 2 行:仲舒曰:"不时,不见信哉。"

应为:仲舒曰:"不时不见。"信哉!

按:引文见《汉书·五行志上》"武帝建元六年六月丁酉,辽东高庙灾。四月壬子,高园便殿火"条。

45页7行:震,动也。地不震者也,

应为:震,动也。地,不震者也。

按:不震者也,乃释"地"。

48页倒2行:"离明两作",突如可畏。"同召六卿","道扬末命",

应为:《离》"明两作","突如"可畏。同召六卿,道扬末命。

按:《易·离》:"《象》曰:'明两作,离。大人以继明照于四方。'"孔颖达疏:"明之为体,前后各照,故云'明两作,离',是积聚两明,乃作于离。"《易·离》:"九四:突如其来如,焚如,死如,弃如。"另《书·顾命》载成王将崩,召六卿太保奭、芮伯、彤伯、毕公、卫侯、毛公留遗训,并对康王册命:"皇后冯玉几,道扬末命……用答扬文、武之光训。"

50页2行:正王臣私交曰:有至尊者不贰之,祭吾同祖,不得受其私。

应为:正王臣私交曰:"有至尊者,不贰之。"祭,吾同祖,不得受其私。

按:《春秋·隐公元年》:"冬十有二月,祭伯来。"榖梁子传:"有至尊者,不贰之也。"祭(音 zhài),指祭伯。祭国始封之君亦为周公之子,故曰"祭,吾同祖"。

50页5行:其人已微,其礼已亢王室。蠢蠢尔,侯伯也,曾不若媵妇忧宗周之陨。

应为:其人已微,其礼已亢。王室蠢蠢,尔侯伯也,曾不若媵妇,忧宗周之陨。

按:《左传·昭公二十四年》:"抑人亦有言曰:'嫠不恤其纬,而忧宗周之陨,为将及焉。'今王室蠢蠢焉,吾小国惧矣。"杜预集解："蠢蠢，动扰貌。"

50 页倒 7 行：《终南》作歌，愤兮其谓诸侯君。

应为：《终南》作歌，愤兮其谓诸侯"君"。

按：《诗·秦风·终南》："颜如渥丹，其君也哉！"小序："戒襄公也。能取周地，始为诸侯，受显服，大夫美之，故作是诗以戒劝之。"《礼记·坊记》："子云：'……礼：君不称天，大夫不称君，恐民之惑也。'"故此处庄存与以为秦大夫出于义愤，故称原本为诸侯的秦襄公为"君"。若不加引号，此义不明。

50 页倒 5—4 行：为之者晋，重也。晋重，请之王，惟从之也。

应为：为之者，晋重也。晋重请之，王惟从之也。

按：晋重，指晋文公重耳。"晋重请之"，指僖公二十八年"天王狩于河阳"乃重耳胁王所为，故"王惟从之也"。

50 页倒 2 行：自亵其天，盍思出言定名之自上。祐乎，王实承天，为天之子，

应为：自亵其天，盍思出言定名之自上祐乎！王实承天，为天之子，

按：本句指庄元年"王使荣叔来锡桓公命"。因鲁桓公弑君兄得位，周天王不但不诛讨且尚来赐命，故存与称其"自亵其天"，责其为何不思出言定名皆出自上天之祐。

51 页倒 5 行：自侯氏言之，从王焉，朝于王焉，至尊者王也。不上援于天，若王后、王世子、王子、王姬，系于王则止，皆不得以不称天为疑问矣。

应为：自侯氏言之，从王焉，朝于王焉，至尊者王也，不上援于天。若王后、王世子、王子、王姬，系于王则止，皆不得以不称天为疑问矣。

按：此处解释《春秋》部分经文何以称"王"而不称"天王"，庄

存与认为是自诸侯和王族亲属角度的称呼,故系于王则止,不上援于天。故"不上援于天"属上。

52页8行:夫王迹在朝觐、享献、贺喜、吊灾云尔乎? 在举一世而甄陶之嗥嗥如也。平王祚东周二十余世,而后亡礼乐典章,夫子问苌叔时具存无恙,

应为:夫王迹在朝觐、享献、贺喜、吊灾云尔乎? 在举一世而甄陶之,嗥嗥如也。平王祚东周二十余世而后亡,礼乐、典章,夫子问苌叔时具存无恙,

按:《孟子·尽心上》:"孟子曰:王者之民,皞皞如也。"朱熹集注中有"举一世而甄陶之"之语,庄存与此处显然化用了二者。平王东迁之后,东周又持续了二十余王,后为秦所灭,参见《史记·周本纪》。另《史记·乐书》索隐引《大戴礼》:"孔子适周,访礼于老聃,学乐于苌弘。"《史记·天官书》正义:"苌弘,周灵王时大夫也。"孔子曾向苌弘学礼乐,故庄存与称礼乐、典章至此时尚无恙。

53页5行:《公羊传》之逆天下之母,若逆婢妾,将谓海内何哉?

应为:《公羊》传之,"逆天下之母,若逆婢妾,将谓海内何哉?"

按:此处的"《公羊》传之",意为公羊学者曾对此有传释,即后引号中之语,乃出自何休。

54页7—8行:王室之从政者,固若此乎? 不与夷狄之执中国,岂与执天子之使哉! 非愈乎执也,执亦不言执也。

应为:王室之从政者固若此乎! "不与夷狄之执中国",岂与执天子之使哉! 非"愈乎执"也,执亦不言执也。

按:庄存与意在阐释隐七年经文"戎伐凡伯于楚丘,以归",并暗与公羊子、穀梁子对话,所谓"不与夷狄之执中国""愈乎执"即分别出自《公羊传》和《穀梁传》。

55 页倒 6 行：公一朝王，比使聘，则以为非常数而志之矣。

应为：公一朝，王比使聘，则以为非常数而志之矣。

按：庄存与意在解释《春秋》屡书天王遣使聘鲁之原因，即以为"非常数"。

55 页倒 1 行：是岁有事举，不足录也，以天时为于此焉变矣。

应为：是岁有事，举不足录也，以天时为于此焉变矣。

按：庄存与所阐释者为桓四年经文，该年《春秋》只有"春""夏"，无"秋""冬"，故庄存与有此说。所谓"举"，意为"全，皆"。

56 页 3 行：比年而聘，何为乎？谨而志之，不可得而略也。

应为：比年而聘，何为乎谨而志之？不可得而略也。

按：庄存与意在解释《春秋》为何对天王于桓四年、桓五年遣使聘鲁，皆谨而志之。

56 页倒 5 行：时则绝不志晋之聘使，不得与齐、卫为伦比，辟天子也。

应为：时则绝不志晋之聘，使不得与齐、卫为伦比，辟天子也。

按：庄存与以为《春秋》不志晋聘，乃不使其与志聘的齐、卫等同，意在讳僭越也。

60 页倒 4—3 行：寰内诸侯行外诸侯之礼，故曰不正。聘，弓、镞、矢不出竟，易正也。束脩之问，不行竟中，无乃已甚乎！

应为：寰内诸侯，行外诸侯之礼，故曰"不正"。"聘弓、镞矢，不出竟易"，正也，"束脩之问，不行竟中"，无乃已甚乎？

按：庄存与所释为隐元年经文"冬十有二月，祭伯来"，榖梁子传："来者，来朝也。其弗谓朝，何也？寰内诸侯，非有天子之命，不得出会诸侯，不正其外交，故弗与朝也。聘弓、镞矢，不出竟场；束脩之问，不行竟中。有至尊者，不贰之也。"可见庄存与乃针对《榖梁》发言。其中，"易"，即通"场"。另原点校者依《皇清经解》将

"鏾"改为"镞",亦无必要。

62 页倒 6 行：私天子之田在郑伯，则罪均在桓公，则轻重殊科，是以不言桓之予之，

应为：私天子之田，在郑伯则罪均，在桓公则轻重殊科，是以不言桓之予之。

按：隐八年"三月，郑伯使宛来归祊。庚寅，我入祊"，桓元年"郑伯以璧假许田"。乃鲁、郑私自交换天子所赐之汤沐邑。但约定此事者为郑庄公与鲁隐公，鲁桓公仅是执行先君遗策。故在郑，则皆为庄公而罪均，故两处目言之；于鲁则前者隐公干王章罪重，后者桓公以先君（鲁隐公）之志为辞，罪轻，故前者目言"我入祊"，后者则不书桓公予之。

63 页 7 行：滑，畿内之国。郑入之，无异文何？曰：善如问也。是郑、滑也，言内则皆内也，言外则皆外也，不内滑而外郑也。

应为：滑，畿内之国，郑入之，无异文何？曰：善如问也，是郑滑也，言内则皆内也，言外则皆外也，不内滑而外郑也。

按：所谓"郑滑"，"郑"为动词，"滑"为国名，即郑化滑，或视滑如郑之意。不因为滑是畿内国，郑为畿外国，而区别对待也。

63 页倒 3 行：自是无滑矣。秦虽弗有滑，固灭矣，

应为：自是无滑矣，秦虽弗有，滑固灭矣，

按：指滑已被秦所灭。

64 页 7 行：遂与图事受命而行，则归恶焉尔。

应为：遂与图事，受命而行，则归恶焉尔。

按：遂，指公子遂。图事，语出《仪礼·聘礼》："聘礼。君与卿图事，遂命使者。"本句意为公子遂参与谋聘之事，且受君命而出使，故当承担责任。

　　此外,前两卷中,另有三处或为手民之误的文字讹错,一并订正如下:

　　26页倒2行:土怠也。"土"当作"上"。

　　30页倒5行:肃其臣。"肃"当作"谓"。

　　52页7行:诸侯服享共职。"共"当作"其"。

庄存与研究三题平议

庄存与(1719—1788)作为对晚清学术思想影响甚巨的人物，向来受到海内外学术界的普遍关注，不断有新论著出现。然而细审庄存与研究，一些基础性工作却仍欠缺，有待厘清与夯实。本文仅拈庄存与研究中影响甚大，几近成说的三题略作考察，借以再探事实的同时，反思现有庄存与研究之某些固定结论，以就正于方家。

一、所谓庄存与著作的"秘不示人"

庄存与著作在其身前并未刊刻，一直以来流传有一种说法，认为是因为庄存与同当身的汉学氛围"枘凿不入"，故"秘不示人"，从而借此有意凸显庄存与同乾嘉汉学的异趣。这一说法最早来自《味经斋遗书》的几篇序言：

道光八年(1828)，董士锡撰《易说序》称："其时庄先生存与以侍郎官于朝，未尝以经学自名，成书又不刊板行世，世是以无闻焉。"①

1828年前后，阮元作《庄方耕宗伯经说序》②称："[庄存与]在

---

① 庄存与：《味经斋遗书》，卷首，道光十八年(1838)宝砚堂本《味经斋遗书》十三种本。关于《味经斋遗书》诸版本的刊刻时间和过程，参见本书绪论章第二节。

② 该序阮元《揅经室集》失收，最早见于1838年刊刻的宝砚堂《味经斋遗书》十三种本卷首，晚于载有魏源序的《味经斋遗书》七种本。序文云："绥甲虑子孙不克世守，既次弟付梓行世，元复为之序其大略，刊入《经（转下页）

上书房授成亲王经史垂四十年,所学与当时讲论或枘凿不相入,故秘不示人,通其学者邵学士晋涵、孔检讨广森及子孙数人而已。"①

此处阮元的"所学与当时讲论或枘凿不相入,故秘不示人",比董士锡之"成书又不刊板行世"更显得严重,暗示庄存与主观意图如此,即有意与其当身的汉学派立异。

这两则文献由于附刻于庄存与总集《味经斋遗书》的卷首,易获睹目,故被后世学者频繁引用,成为论定庄存与同汉学立异的核心证据之一。甚者如钱穆、张舜徽、艾尔曼②等先生都以此为核心文献来构建一己之论。及至近年以降,依旧有学人探讨庄存与著作推迟刊刻的缘由。③ 可见此一说法已近众口一词之成说,然若仔细分疏,实并不可据以为信。首先,董、阮二人之所以为庄著作序,与庄存与之孙庄绶甲此时刊刻乃祖著作有关,他们与绶甲交好,但都比庄存与小两辈,皆未与庄存与有过亲身接触,故对庄存与的认识并非亲承謦欬而得。而作序的 1828 年,上距庄存与过世恰满 40年。此时已经是道光初年,学术风气早已有所转换,从乾隆朝汉学的隆隆日起,发展到汉学流弊的初步呈现,即使是汉学中人,亦渐渐出现反思与批评之音,如凌廷堪、段玉裁、焦循等人无不如此。而汉学外部,则批评渐趋激烈,如方东树之《汉学商兑》,也约在

（接上页）解》,以告世之能读是书者。"庄绶甲所刻之著为《味经斋遗书》六种本,刊刻于 1827 年。阮刻《皇清经解》开刻于 1825 年,完成于 1829年。因此,暂系此序于 1827 至 1829 年之间。

① 庄存与:《味经斋遗书》,卷首。

② 参见钱穆:《中国近三百年学术史》,商务印书馆,1997 年,第 580—584页。张舜徽:《清儒学记》,华中师范大学出版社,2005 年,第 321—324页。艾尔曼著,赵刚译:《经学、政治和宗族——中华帝国晚期的常州今文学派研究》,江苏人民出版社,2005 年,代中文版序,第 13 页。

③ 邵鹏宇:《庄存与〈味经斋遗书〉推迟辑刊缘由之探讨》,《历史教学问题》2015 年第 4 期。

1810 年开编,最终在 1818 年完成并刊刻。① 此一时期,董、阮等人突出庄存与同汉学的分歧,是否与此一世风转换有关,则需要更加仔细的分辨。

实际上,庄存与致仕(1786 年)之后,一直在整理一己著作,有心出版。即乾隆五十四年十二月(阳历已跨入 1790 年),庄存与过世年余后(庄存与卒于乾隆五十三年[1788]七月十五),其门下士鲁九皋作《祭庄座主文》称:"前年尚奉手书,谓平生于诸经疑义,皆有训释,今得归田,将订正成书,命九皋进与校字之役。"②此则材料未见前贤使用,其包含的信息却十分重要,直接显示董士锡之"成书又不刊板行世",并不准确(书未成,尚在整理阶段)。③ 阮元之"秘不示人",更属空穴来风。其著作没有及时整理完成并出版,是庄存与致仕短短两年后即过世所致。④

现存的《味经斋遗书》,是经其孙绶甲及李兆洛董理遗稿,分别于道光七年(1827)和道光十八年(1838)两次汇刻而来。其后人为什么没有及时整理刊刻,而迟至此时方出版?实际上这一工作一直在进行,1793 年,即出版了《尚书既见》,不过是一个"未及手定,但连累书之"⑤的未定稿。再次显示庄存与著作确实一直缺乏董理,当时的出版已经体现出某种急就章的特征。1803 年,又出版了六卷本《周官记》,据后来 1827 年重编时的情况可知,这一版本

---

① 陈鸿森:《江藩〈汉学师承记〉纂著史实索隐》,《文史》2019 年第 3 期。

② 鲁九皋:《鲁山木先生文集》卷 12,《清代诗文集汇编》第 378 册,上海古籍出版社,2009 年,第 197 页。

③ 庄存与著作多未整理完成,这从有关《味经斋遗书》的内容及多篇序跋皆可见。现存之《味经斋遗书》,为后人逐渐整理递刻而成。

④ 庄存与 68 岁,即以"年力就衰"而"原品致休"。可见其身体并不算康强。参见王钟翰点校:《清史列传》卷 24《庄存与》,中华书局,1987 年,第 1799 页。

⑤ 庄绶甲:《拾遗补艺斋文钞》,《清代诗文集汇编》第 512 册,第 401 页。

尚余部分手稿未及收入,后补编为《周官说》。① 可见整理庄存与
著作确为不易。

　　此外,迟至 1820 年代后期,庄家尚在谋求庄存与著作的出
版。此时一直经营庄存与著作出版事宜的庄绥甲,已年过五十,
阮元称其"虑子孙不克世守",似乎显示出绥甲的某种焦灼之情,
担心一旦奄忽,子孙更无能为力。这从刘逢禄听闻阮元刊刻《清
经解》即将庄存与著作寄与请采择,亦可看出。② 说明庄存与过
世三十余年后,庄家似乎一直对无能力出版其著作耿耿于怀,在寻
找各种机会。再则,当时庄家内部的人力和经济情况似乎亦不容
乐观,庄存与共育三子六孙,儿子中只有次子通敏在世稍久,过世
于 1810 年;长子逢原过世于 1795 年,是在庄存与过世七年之后;
而三子选辰过世于 1785 年,尚在庄存与生前。这当是庄存与著作
的出版任务不得不落在孙辈肩上的缘由。然而孙子中,至第一次
结集刊刻庄存与著作的庄绥甲在道光戊子(1828)十二月二十三日
过世时,只有庄贵甲还在世(卒于道光乙未[1835]十二月初八
日),其他四人皆已谢世,③也充分说明庄家于 1820 年代,在人力上
亦不见充裕。此外,就庄氏家族的经济能力而言,亦可称寒素,庄
贵甲等即称:"吾家故守儒素,曾大父兵备公[存与父庄柱]归田后,
余禄无几,仅仅构祠宇、居室而已。大父[庄存与]京朝官,刍马仆

① 庄绥甲:《周官记跋》,道光七年(1827)宝砚堂本《味经斋遗书》六种本。
② 阮元:《庄方耕宗伯经说序》,《味经斋遗书》卷首。
③ 庄衡甲未成年即卒;庄隽甲卒于嘉庆丙寅(1806)十一月初五日,当时其父
　通敏尚在世;庄褒甲卒于道光戊子(1828)六月二十九日;庄涛卒于道光辛
　巳(1821)八月十九日。参见庄怡孙等编:《毗陵庄氏增修族谱》卷 10《世
　表》,清光绪元年(1875)刻本,第 20—25 页。

赁费尝不给,家人琐悉实有不及顾者。"①李兆洛亦称庄绶甲"以贫故时时客游"。② 另外,庄存与侄庄述祖对其家族的拮据状况亦多有描述,参见氏撰《先姊彭恭人行述》。③ 实际上,庄存与第一部刊行的著作,即乾隆癸丑(1793)刊行的不分卷本《尚书既见》,尚是其侄庄述祖"由山东任所寄资促刊",而非由其直系子孙出资,④也大概显示出其家庭的经济状况。在古人刻一部书所费不赀的情形下,这些都是庄存与著作刊刻的实际障碍。因此,认为庄存与或庄家"秘不示人""推迟辑刊",恐皆为推测之辞,并无实据。

职是之故,隐藏在"秘不示人"之说背后的庄存与同乾嘉汉学对立的说法,就更值得重新考察。笔者以为,这一认识过度受限于后世今古文对立视野的限制,误将汉学同道的庄存与,描述成了汉学对立面。实际上,如果究极而言,复兴公羊,依旧是汉学家复兴家法、回归原典的一种举动,并不外在于当时的风潮。而且庄存与自己就对汉学诸门类学问多有研究,给他作传记的亲朋多有言及,并不存在所谓有心同汉学立异的问题。

二、庄存与复兴公羊学与和珅无关

公羊学蔚为晚清时代主潮,论者对其在乾隆朝兴起的原因多有考察。其中美国学者艾尔曼先生的论说,影响最大。他从社会史、政治史的角度,认为常州一地的经世传统,汉学在江南的复兴,

① 庄贵甲、庄绶甲:《顾太孺人事略》,庄怡孙等编《毗陵庄氏增修族谱》卷20下《事述志补遗》,第12页。
② 李兆洛:《附监生考取州吏目庄君行状》,《养一斋文集》卷14,《续修四库全书》第1495册,上海古籍出版社,2003年,第236页。
③ 庄述祖:《珍艺宦文钞》卷7,《清代诗文集汇编》第430册,第122—129页。
④ 庄绶甲:《拾遗补艺斋文钞》,第401页。

以及庄存与和刘逢禄家族的科举世家状况,皆为公羊学复兴的外
部原因。而庄存与复兴公羊学的直接原因,则在于与和珅斗争的
失败。① 其论据是魏源、汪喜孙等人所写的某些序跋和传记。这一
观点广受瞩目,引起的争论也最多。以下先对迄今为止的主要反
驳意见略作排比,以为进一步申说的基础。

2003 年,陈祖武先生指出,《春秋正辞》撰于乾隆三十至四十
年代间,与乾隆四十五年才开始掌权乱政的和珅关系不大,若以此
作为庄存与结撰该书的初衷,有待商量。②

2004 年,罗检秋先生指出,魏源在《武进庄少宗伯遗书序》中
所述庄存与同和珅的郁郁不合,多是对半个世纪前庄存与心理的
揣测:"魏源所说即使有据,也主要指庄氏有关《诗》《易》的古文经
著作,并非流传后世的《春秋正辞》及《春秋要指》。另一方面,当
时和珅的反对者也包括一些古文经学家如焦循、汪辉祖等人。这
说明和珅专权似非一些学者研究今文经的充分必要条件,或者说
两者没有必然联系。魏源的看法主要是借古抒今,感慨现实。"③

2007 年,王俊义先生通过考比庄存与同和珅的相互简历,认为
在时间上不存在两人的矛盾、对立、斗争。且通过勾稽材料,认为
研究经学是庄存与一生的学术行为,并不开始于晚年,故"与和珅
对立说"并不能成立。④

①　艾尔曼:《经学、政治和宗族——中华帝国晚期常州今文学派研究》,代中
　　文版序第 14 页、序论第 2 页。
②　陈祖武:《关于常州庄氏学渊源之探讨——兼论〈春秋正辞〉之撰著年
　　代》,林庆彰、张寿安主编:《乾嘉学者的义理学》,台北"中研院"中国文哲
　　研究所,2003 年,第 635 页。
③　罗检秋:《从清代汉宋关系看今文经学的兴起》,《近代史研究》2004 年第
　　1 期,第 27 页。
④　王俊义:《庄存与复兴今文经学起因于"与和珅对立"说辨析——兼论对
　　海外中国学研究成果的吸收与借鉴》,《清史研究》2007 年第 1 期。

　　2009 年,艾尔曼先生再次撰文,对上述反驳文章进行反批评,但只摘列了若干清人文本,以重申其观点。① 不过遗憾的是,虽然其观点一定程度上得到了汤志钧先生的应和,称:"从时间来说,庄存与和和珅年龄虽相差 31 岁,但他们'共事'也有十一年之久。庄存与主张'大一统',看到'中央权落',自然不会无动于衷。"②但艾尔曼先生简单罗列的材料,只有之前已经使用过的魏源、汪喜孙的文字与其论题略有关系,其他材料与其论题并无直接联系,甚至还存在误读现象,③致使其论辩的说服力不足。

　　2010 年,田吉先生指出,艾文的一条论述庄存与同和珅存在矛盾的重要证据,实误读了原始材料。田吉通过考辨指出,在科考中压制庄述祖的恰是和珅的政敌阿桂,而非和珅。这种误读也误导了汤志钧、王俊义和徐立望。④

　　笔者认为,以上诸位先生的反驳,皆理据充足,但尚可略作申述:

　　第一,陈祖武、王俊义先生都注意到《春秋正辞》的写作时间与和珅上台时间不合,此为对庄存与写作目的是缘于和珅专权的重

---

① 艾尔曼:《乾隆晚期和珅、庄存与关系的重新考察》,《复旦学报》(社会科学版)2009 年第 3 期。

② 汤志钧:《从"家学"到"显学"——清代今文经学的复兴与和珅专权》,《史林》2009 年第 5 期。

③ 如援引的几则《春秋正辞》文本,其断句亦多有误,如其第 6 条证据,引《春秋正辞·禁暴辞》,艾尔曼先生的断句为:"争逆德也。兵争之末,战兵之末。…… 圣人之心不宁,惟是仁而已。……去兵无益亡之道也。"正确者当为:"争,逆德也。兵,争之末;战,兵之末。…… 圣人之心,不宁惟是,仁而已矣(艾文并夺'矣'字)。……去兵无益,亡之道也。"其第 7 条证据,引《春秋要指》,其中有"《春秋》书天人外内之事有主,书以立教也"一句,正确者当为:"《春秋》书天人外内之事,有主书以立教也。"(艾尔曼:《乾隆晚期和珅、庄存与关系的重新考察》,第 60、61 页。)

④ 田吉:《"和珅压制庄述祖"辨——从艾尔曼教授的误读看史料运用》,《史林》2010 年 02 期。

要反驳。现据诸位先生未提及的庄存与孙庄绶甲《味经斋遗书总跋》所述,庄存与的全部著作,主要写作于乾隆二十七年庄存与丁父忧服阕回朝,至乾隆四十一年丁母忧返乡,这十三年当中。① 而乾隆四十年,弘历才第一次见到和珅。显然,认为庄存与著书是因为和珅专权,不符事实。在这十三年当中,庄存与于乾隆三十三年入直上书房,据被其授读的皇子永瑆所述,庄存与对其五经皆有授读,故刘桂生先生认为庄存与著作当与其授读皇子相关,或即为授读皇子的教本,②显然这一推断更加可信。

第二,艾尔曼先生最直接的证据,是发现魏源为庄存与著作所撰序言的手稿中,留有一句庄存与同和珅郁郁不合的叙述,但在公开出版的庄氏著作书首则不见此言,从而推定庄存与同和珅有所对立,是庄家后人出于政治敏感而做了删除。实际上,魏源的叙述,并不能作为过硬的证据,首要缘由还是因为魏源乃庄存与孙辈之人,从未与庄存与有过亲身接触,且魏序写作于 1827 年前后,③

---

① 　庄绶甲:《味经斋遗书总跋》,《拾遗补艺斋文钞》,《清代诗文集汇编》第512 册,第 403 页。

② 　刘桂生:《从庄存与生平看清初公羊学之起因》,周绍良等编:《周一良先生八十生日纪念文集》,中国社会科学出版社,1993 年,第 430 页。

③ 　此序最早见于 1838 年李兆洛所刻《味经斋遗书》七种本卷首,是第一个出现在《味经斋遗书》中的总序。其撰写于何时,有待考证。有些研究者径将之归于 1828 年,亦出于推断,并无实据。查该序中提到的庄氏著作有"《周易象义》《尚书既见》《尚书说》《诗说》《春秋正辞》《周官说》若干卷",除《周易象义》之外,皆见于庄绶甲 1827 年所刻的《味经斋遗书》六种本中。而所谓的《周易象义》,应即为庄勇成乾隆乙卯仲春(1795)于《少宗伯养恬兄传》中所著录之《象传论》或《象象论》,此二书最早刊刻于 1838 年的《味经斋遗书》七种本中,可见魏源并未确见此二书。因此,此序当为庄绶甲而非李兆洛整理刊刻遗书时托魏源所撰。六种本没有收入,应和绶甲提前过世没有刊完计划中的《味经斋遗书》有关,故将之暂系于绶甲刻六种本的 1827 年。

距庄存与过世近 40 年,或难免有捕风捉影之嫌。其次,该序首次刊刻于 1838 年的《味经斋遗书》七种本卷首,此时已是道光后期,批评和珅早已为政治正确之事,并不存在艾尔曼先生所言的敏感,那么庄家依旧删除此言,或即缘于亦并不认可魏源的推断。再则,退而言之,即使魏源所述全部真实,正如罗检秋先生所言,按照魏源上下文所指的也是庄存与和《诗》《易》相关的著作,而非《春秋正辞》。

第三,庄存与乾隆四十一年归乡丁母忧,四十三年回朝。和珅的崛起,主要是在其丁母忧家居的三年中。一直到庄存与于乾隆五十一年致仕,他们一起在朝中共事 9 年。所以汤志钧先生支持艾尔曼,认为庄存与主张大一统,看到"中央权落",自然会在其经说中有所反应。这一说法值得重新考量。因为对于大一统,庄存与有明确的界定,即《奉天辞》"大一统"小序之"天无二日,民无二王""治非王则革,学非圣则黜",即维护王权的无上权威,不使旁落。但是,和珅的地位是否已达到天有二日、民有二王的地步?换言之,与其说他具有了类似霍光、王莽般左右朝局、摆弄皇帝的能力,还不如说他的所作所为,原本即是乾隆帝纵容的结果,迹近"俳优弄臣"罢了。揆诸乾隆帝方死,他即能被嘉庆帝处死,更可知清朝的皇权从未旁落过。认为乾隆与和珅势据两端,庄存与主张大一统是为了反对和珅、维护乾隆,恐有张皇夸大之嫌。

第四,凡是认为庄存与以经说反对和珅的论者,有时还有一暗含的前提,即认为庄存与的著作在当时是具有革命性的,或对官方有所批判,或与汉学有所对立。因此,庄存与的《味经斋遗书》亦迟至道光初年方出版。[1] 实际上,这个说法并不可信。首先,上文已

---

① 艾尔曼:《经学、政治和宗族——中华帝国晚期常州今文学派研究》,第78 页。

述,所谓《味经斋遗书》主观推迟出版的问题并不存在。其次,这一说法忽略了庄存与的经学旨趣,实际上,庄存与意在卫道,与官学桴鼓相应,同样并不存在所谓直接批判官方的问题。

第五,亦为最重要的,赞同艾尔曼先生说法的论者,亦多疏于对庄存与《春秋正辞》旨趣的考察。我们仅从《春秋正辞》的目录即可看到,该书开篇为"奉天辞",之后方为"天子辞""内辞"等。可知庄存与的格局气象,完全不同。他的及门弟子邵晋涵即称其学问是"所贵儒者,天人贯通",①显示他有继承董仲舒式儒生精神的一面。当时人称他为"当代之儒宗,士林之师表",②这一评价分量颇重,亦远远超出一般客套话的程度,显示出庄存与确有惊艳时人的一代儒宗的阔大气象。实际上,笔者认为庄存与的学术主旨在于维护以"礼"为核心的结构天人、政治、社会、人伦的"王道礼秩",远远超出"尊王"或"维护大一统"一义。如此一位关怀远大、抱负不凡的儒者,将他的著作当成是针对某个人而发不满的作品,恐揣测过度,不免小觑了古人。魏源云:"曾有以通经致用为诟厉者乎?"③诚哉斯言!

第六,庄存与作为一名入直上书房教授皇子的大儒,面对未来可能的人君继承者,自然不会在自己的讲授中,对历代传统政治中常出现的弊病全无防微杜渐之意。权臣弄权、妇寺蠹政等题目,常出现在庄存与的论说中,④再自然不过。这些论说并不一定专为某

① 邵晋涵:《庄养恬先生祭文》,《南江文钞》卷10,《续修四库全书》第1463册,第514页。
② 朱珪:《春秋正辞叙》,庄存与:《春秋正辞》卷首。
③ 魏源:《默觚·学篇九》,《魏源全集》第12册,岳麓书社,2004年,第23页。
④ 庄存与《毛诗说》中此类论说所在多有,如卷二《正月》篇即论权臣窃权,《瞻印》篇即论妇寺蠹政,参见道光七年(1827)宝砚堂本《味经斋遗书》六种本。

人而发,但其道理却不一定不能将这些人包括在内。盖儒者立论,原从大处着眼,此类传统政治中的弊端,又为历代习见,以史为鉴、为教,亦为古人素习。但作为研究者,我们若欲一一对号入座,尤须实据,以免过甚其辞,制造误读。对庄存与自身而言,他主要谨守的还是皇子师傅的职业要求,所有工作也都通过这一职业来展现,对于不在其位而议政,他曾有明确看法:

> "不在其位,不谋其政",君子焉得引为己责? 一国之士,又焉得以不论不议为君子耻乎? 此非清议所及,乃执法之任也。鲁人为长府,其事未成且未遂,闵子有言,事乃得已,夫子不以为出位。① 既以"不言"表其平生,而必深许其言之"有中"也。苟无及于事,不言决矣。② 而岂郑人游于乡校比哉!③

可见庄存与给议论朝廷事件,设置了两个明确的前提:一是在位谋政,不在则否;二是言及于事,即言说了之后对改变事情有用,否则则不言。再联系到庄存与的现存著作多与其给皇子授读关系密切(或即为其授读的底稿),则考虑这些著作与和珅的关系可思过半矣。

三、庄存与学问是公羊学还是春秋学

庄存与学宗公羊,历来并无太多歧见。如庄存与当身师友大

---

① 《论语·先进》:"鲁人为长府。闵子骞曰:'仍旧贯,如之何? 何必改作。'子曰:'夫人不言,言必有中。'"
② 意为如果所言不足以改变事情,必定不言也。
③ 庄存与:《毛诗说》卷3《大雅·抑》,道光七年(1827)年宝砚堂本《味经斋遗书》六种本。

多认为他是公羊学传人，①这种认识一直持续到 1880 年前后缪荃孙作《国史儒林传》之时。② 即使晚清章太炎、梁启超、刘师培等人在今、古文对立的视野中，开始强调庄存与的今文经学家身份，但亦并不否认其公羊家的地位，③盖以为二者本同一事也。但新近对庄存与研究着力较多的代表性作品中，却对庄存与的公羊学属性发生怀疑，认为其更接近舍传求经（即所谓"《春秋》三传束高阁，独抱遗经究终始"）之春秋学，而非公羊学。其主要理由有二：

一，认为庄存与以圣人之道折中《公羊》，因此，公羊学并不是他的最高标准，圣人真意才是他的最高准的，故"他的《春秋正辞》体质应是近于啖、赵以来的《春秋》学传承，所欲探究者乃《春秋》之精神，仅执《公羊》以视《正辞》，目庄氏为今文学家，尊为晚清今文学之祖，实非真能原庄氏之意者"。④

---

① 如，存与弟子邵晋涵在《庄养恬先生祭文》中认为是："麟义公羊，折中王道。"（《南江文钞》卷 10，《续修四库全书》第 1463 册，第 514 页。）友人朱珪的《春秋正辞序》认为："义例一宗《公羊》，起应寔述何氏，事亦兼资《左氏》，义或拾补《穀梁》。"等等。

② 参见戚学民：《汉学主流中的庄氏学术：试析〈清史稿·儒林传〉对常州学术的记载》，《中华文史论丛》2011 年第 4 期。

③ 如章太炎在《清儒》中称："今文者……皆以公羊为宗。始武进庄存与……"（徐亮工编校：《中国近三百年学术史论》，第 16 页。）刘师培在《清儒得失论》中称："始庄存与治《公羊》，行义犹饬……"（徐亮工编校：《中国近三百年学术史论》，第 159 页。）梁启超称："今文学之中心在《公羊》……今文学启蒙大师，则武进庄存与也。"（梁启超：《清代学术概论》，上海古籍出版社，1998 年，第 74 页。）周予同称："清代今文学复兴的出发点是《春秋公羊传》……至于复兴今文学的首倡者，当推庄存与。"（朱维铮编：《周予同经学史论著选集》（增订本），上海人民出版社，1996 年，第 19 页。）

④ 蔡长林：《从文士到经生——考据学风潮下的常州学派》，台北中研院文哲研究所，2010 年，第 34 页。黄开国：《庄存与〈春秋〉学新论》，《哲学研究》2005 年第 4 期，第 35 页。

　　二，承袭皮锡瑞所言，以为公羊学有大义、微言之分：所谓大义乃尊王而诛乱，所谓微言乃改制而革命。而"庄存与虽自称是以《公羊》为宗，但不重微言专重大义就没有《公羊》学的特色，所以不能说他的《春秋》学是《公羊》学"。①

　　这二种观点，为近年之新见，影响较大，故有再讨论之必要。

　　首先，第一种看法将公羊学与圣人真意（或"三代圣王之理想"）对立起来，认为庄存与推原圣王理想的追求，超越了公羊学。这显然是对公羊学有所误会而引起的。

　　比如，在公羊大师董仲舒处，圣人之道所体现的先王理想，本身即为其据以立说的根据，所谓"《春秋》之道，奉天而法古"，"《春秋》之于世事也，善复古，讥易常，欲其法先王也"。② 并且在《春秋繁露》和《天人三策》中，董仲舒常以五帝三王之道为说，欲图建立效法三代圣王的理想政治秩序。可见以效法三代为标榜，原本即为董仲舒所理解的公羊精神。

　　再如，继承董氏春秋学的司马迁曾明确称："夫《春秋》，上明三王之道，下辨人事之纪……王道之大者也。"（《史记·太史公自序》）似乎也显示高唱三代理想，并未超越公羊精神。乃至在《公羊传》卒章处，亦有对全书旨趣的明确总结，称：

　　　　君子曷为为《春秋》？拨乱世返诸正，莫近诸《春秋》。则未知其为是与？其诸君子乐道尧、舜之道与？末不亦乐乎尧、

---

① 黄开国：《庄存与〈春秋〉学新论》，《哲学研究》2005 年第 4 期，第 36、38 页。此一观点黄先生一直持之未变，参见氏著《清代今文经学的兴起》，巴蜀书社，2008 年，第 129 页；氏著《公羊学发展史》，人民出版社，2013 年，第 471—473 页。

② 董仲舒撰，钟肇鹏等校释：《春秋繁露校释》，河北人民出版社，2005 年，第 25、27 页。

舜之知君子也？（《公羊传·哀公十四年》）

徐彦疏云："君子，谓孔子。"显然认为《公羊传》的真正作意即在于乐道尧舜之道。可见推原圣人真意或三代圣王理想，并不一定出离公羊精神。并且通过本书前文的研究，我们也知道庄存与期待的圣王理想，完全是在公羊大义之下展开的，将二者对立起来是不准确的。

至于第二种观点，认为公羊精神在改制微言，不在尊王大义，则更是晚清以来的看法，乃变法者的有为之言，并不可据此以判定乾隆朝的庄存与之学非公羊学。如刘逢禄曾称："无三科九旨，则无《公羊》；无《公羊》，则无《春秋》矣。"① 康有为称："读《公羊》，先信改制。不信改制，则《公羊》一书，无用之书也。"②"《春秋》为改制之书，包括天人，而礼尤其改制之著者。"③ 而康氏的如此主张，在当时即遭致讥评："道、咸以来，说经专重微言，而大义置之不讲，其所谓微言者，又多强《六经》以就我，流弊无穷。"④"至于近代，一二猖狂者出，拨乱反正之书，一变而为犯上作乱之媒介，吁可叹也。"⑤ 所谓"大义置之不讲""拨乱反正之书"，正是强调公羊学之尊王大一统的"大义"而已，论者多批评康有为仅注重改制之微言而于此漠然，可见只以"微言"为公羊之为公羊的特色所在，并不能使人翕

---

① 刘逢禄：《春秋论下》，《刘礼部集》卷3，《清代诗文集汇编》第517册，第140页。

② 康有为：《康南海先生讲学记》，姜义华、张荣华编校：《康有为全集》第2集，中国人民大学出版社，2007年，第121页。

③ 康有为：《春秋董氏学·春秋礼第三》，姜义华、张荣华编校：《康有为全集》第2集，第330页。

④ 朱一新：《无邪堂答问》，中华书局，2000年，第21页。

⑤ 张尔田：《与王静安论治公羊学书》，晁岳佩选编：《民国期刊资料分类汇编：春秋学研究》，国家图书馆出版社，2009年，第125页。

然信服。

本来，最早探究《春秋》作意的孟子即称："世衰道微，邪说暴行有作，臣弑其君者有之，子弑其父者有之。孔子惧，作《春秋》。《春秋》，天子之事也。""孔子成《春秋》而乱臣贼子惧。"（《滕文公下》）司马迁述董仲舒语亦称："贬天子，退诸侯，讨大夫，以达王事而已矣。"（《史记·太史公自序》）可见尊王大义，历来被看作是公羊学的根本大义之一。

实际上，以上两种认为庄存与学问属于舍传求经之春秋学而非公羊学的观点，皆来自对庄存与学术追求的某种推测。由于对《春秋正辞》中庄存与和公羊家法、公羊大义具体关系的考察略显不足，故结论尚可商量。

此外，从当时人的论说，亦可见庄存与对晚唐以来舍传求经的春秋学有所驳正，而对公羊家法和大义有完整恢复，如朱珪给《春秋正辞》作序，在详细描述公羊学从汉代以来的传承状况，尤其是唐宋以来独逞臆臆、毁弃师法的流习之后，特别表彰庄存与"义例一宗《公羊》，起应寔述何氏，事亦兼资《左氏》，义或拾补《穀梁》"的做法，突出其恢复、默守公羊义例的功绩。[1] 而同时的王昶亦称：

> 时《公羊》何氏学，久无循习者，所谓五始、三科、九旨、七等、六辅、二类之义，不传于世，惟武进庄侍郎存与默会其解，而鹤侣[褚寅亮]能阐发之，世称为绝业。[2]

从此类线索返回到庄存与文本中，仔细探究他是如何具体复兴公

---

① 朱珪：《春秋正辞叙》，庄存与：《春秋正辞》卷首。
② 王昶：《湖海诗传》卷14《褚寅亮》，上海古籍出版社影印嘉庆八年泖渔庄刻本，2013年，第147页。

羊家法和公羊大义的,或可对其学术取向有更加准确的把握。

四、结语

　　庄存与素称魁儒,学贯六艺而文辞奥衍,再加上经学本文本身的难度,致使现有研究在庄氏本文阅读上出现很大困难,失误屡见不鲜。因此,当前庄存与研究中最为首要的问题,是如何突破言辞障碍,深入到其所论说的经学内核中去,然后才可能在更大范围内探讨庄氏学术的多种面向及意义,从而在研究上真正有所推进。以上三题,即对庄存与《味经斋遗书》长期未得刊刻的缘由,庄存与复兴公羊学与和珅的关系,以及庄存与为学与公羊家法的关系,略作考述,期待能够抛砖引玉,辨明真相,还庄氏学以本来面目,为进一步研究提供基础。

庄存与尚书学探微

　　庄存与（1719—1788）学贯六艺，现存总集《味经斋遗书》共有著作 13 种，皆为解说六经及四书之作。但由于《春秋正辞》非凡的学术水平，他在后世的学术声名几为之掩，后人均以"公羊家"目之，而忽视了庄存与在其他经学方面的造诣。实际上，据其孙庄绥甲所述，庄存与自己最为得意者，并非其在春秋学上的成就，而是他的《诗》《书》之学。① 并且常州庄氏一门，亦以尚书学传家，庄存与侄庄述祖、孙庄绥甲，皆传存与《尚书》之学，前后相望，有声于时。② 然而目前对庄存与《诗》《书》学的研究，尚显得单薄，有待进一步展开。③

---

① 庄绥甲《尚书既见跋》称："先大父尝自言生平于《诗》《书》之学最明。"见庄绥甲：《拾遗补艺斋文钞》，《清代诗文集汇编》第 512 册，第 401 页。

② 庄绥甲《尚书既见跋》称："从父珍艺先生［庄述祖］从大父讲授，有《尚书驳议》《尚书授读》之著，亦考信于序，有《书序说义》之著。从父尝叹曰：'《书》所著，盖文武之道，贤者识其大者，世父是也，余则不贤者识其小者而已。'一时学者因目大父与从父为大小夏侯焉。恪守家法，亦不为墨守，如今文、古文，则从阎氏、惠氏之说，大指则无不合揆云。从父于诸兄子中尤好为绥甲讲论，令为《尚书考异》，绥甲又私述所闻为《尚书集解》，以《诗》《书》通《春秋》之大义，冀承先业而未能也。"见庄绥甲：《拾遗补艺斋文钞》，《清代诗文集汇编》第 512 册，第 402 页。

③ 据笔者所见，目前专研庄存与尚书学的论文仅有以下四篇：何铭鸿《庄存与〈尚书〉学探析》，《古文献研究集刊》（第 4 辑），凤凰出版社，2012 年；赖志伟《庄存与的〈尚书〉研究——对〈尚书既见〉的新解读与新 （转下页）

一、《尚书既见》《尚书说》的刊刻与文体特征

庄存与一生,从乾隆十年榜眼及第之后,即入翰林,历内阁,终以礼部侍郎致仕。其间也像大多数翰林出身的文官一样,多次入值上书房、南书房,出兼学政、试差,职任清华,足称荣显。作为主管文教的官员,庄存与的著作皆与其职务有密切关系,刘桂生先生以为或即为庄存与授读皇子的教本,①揆诸庄存与著作大多没有完成,且多留讲说痕迹,这一论断是可信的。

庄存与关于《尚书》的著作仅有两部,即《尚书既见》《尚书说》,其写作年份已不可考知,不过庄存与初次入值上书房是乾隆三十三年(1768),而其孙庄绶甲亦称庄存与平生的著作,多写作于丁父忧服阕还朝的乾隆二十七年至乾隆四十一年之间,②并称庄存与著述的顺序是最早治《周礼》,其次治《诗》《书》,③则此二书初始的写作年份亦约略可以推知。不过庄存与现存著作,大多未及手定,④因

(接上页)看法》,《原道》2015 年第 4 期;杨兆贵《论庄存与文史之学——以庄存与〈尚书既见〉对周公的论评为研究对象》,《南开学报(哲学社会科学版)》2017年第 2 期;杨兆贵《论庄存与经史子兼融之学及其学术渊源——以〈尚书既见〉对周公论评为研究对象》,《中国典籍与文化》2018年第 4 期。

① 刘桂生:《从庄存与生平看清初公羊学之起因》,赵和平等编:《周一良先生八十生日纪念论文集》,第 430 页。
② 庄绶甲:《味经斋遗书总跋》,《拾遗补艺斋文钞》,《清代诗文集汇编》,第 512 册,第 404 页。
③ 庄绶甲《味经斋遗书总跋》称:庄存与"最初治《礼经》,次《诗》《书》,次《春秋》,次《周易》,次乐律,其间说《论语》《中庸》《大学》《孟子》,为圣言释指。"见《拾遗补艺斋文钞》,《清代诗文集汇编》,第 512 册,第 403 页。
④ 庄存与致仕之后即有整理一己著作的计划,但因两年后即过世而未能实现。参见鲁九皋《祭庄座主文》,《鲁山木先生文集》卷 12,《清代诗文集汇编》第 378 册,第 197 页。

此在内容和体例上,多显得零碎和不完整。这在《尚书既见》《尚书说》二书中体现得同样明显。

《尚书既见》初版于乾隆癸丑(1793),由庄存与孙庄绥甲整理并刊刻,当时并未分卷,是庄存与著作最早面世者。道光七年(1827),庄绥甲在汇刻整理乃祖遗书时,重新对《尚书既见》进行了编辑,将其内容析分为三卷,并将绥甲父庄逢原新又收集的"零章断句"编为《尚书说》一卷,一起付刊。① 《尚书说》共收集 21 条庄存与论《尚书》的文字,除极个别者外,基本一条论述《尚书》中的一篇。其篇幅有长有短,长者或就《尚书》某篇的一个问题,阐述一己之看法;短者则或仅为一句,解释对某个字词意涵的独特理解。因此,显示出明显的随手笔录特征,原非成书可知。

由《尚书说》的存在及其文本特征,以及庄绥甲在跋文中所言的庄存与对《尚书既见》"既脱稿,未及手定",② 则可以断言,庄存与著述不但未及最后完成,而且他原本亦并非有意写作一本体例完整、内容全面的解经之作,而是更接近于写作一本关于《尚书》的学术札记,重点记录自己对该书不同篇章的某些感想及发明,攻其一点,重阐心得,而不求其全。

这样的写作特征,亦与庄存与的治学方法密切相关。在乾嘉长于求是,短于风议的时代氛围中,庄存与独摆落文字,以大义为尚。称:"诵《诗》读《书》,不深惟古人之终始,心意浅薄,俾盛德不宣究于后世","知其说者必明于天道,诵师之言仅能弗失者,何足以及此"。③ 可见庄存与治学,注重原始要终,体察古人之作意,以

---

①　庄绥甲:《尚书既见跋》,《拾遗补艺斋文钞》,《清代诗文集汇编》第 512 册,第 401—402 页。

②　庄绥甲:《尚书既见跋》,《拾遗补艺斋文钞》,《清代诗文集汇编》第 512 册,第 401 页。

③　庄存与:《尚书既见》卷 2,道光七年(1827)宝砚堂本《味经斋遗书》六种本。

天道为旨归，而不斤斤一字一句的谨守弗失。

职是之故，庄存与尚书学向来聚讼不一，毁誉参半。以庄氏之法读庄氏之书者，推原庄氏用心，以为不分辨《尚书》今古文真伪，乃因伪《书》中颇存圣人真言，尤疴瘁关后世，"帝胄天孙，不能旁览杂氏，惟赖幼习五经之简，长以通于治天下"，故不得不稍贬须臾之道以授之，即所谓"自韬污受不学之名，为有所权缓亟轻重，以求其实之阴济于天下"。①　并以为"承学之士，诚思扩其胸、高其识，无域乎庸夫孺子之见，请由是[《尚书既见》]而之焉可乎！"②许其为"国朝"第一流。③

而标榜"实事求是"，落脚在以字词通篇章的学人，则不免惊异于庄存与的率尔臆说。称："今读其《尚书既见》，皆泛论大义，多主枚书，绝无考证发明之学"，"皆未免轻弃传记，凭私臆造"，斥其为"附会纠缠，浮辞妨要，乾隆间诸儒经说，斯最下矣"。④

如此有若天渊的评价，在清代的学人间间，似乎还并不多见，提醒我们需要更进一步深入到文本中间，去仔细考察庄存与尚书学的具体内容。

二、庄存与尚书学的政治视域

《尚书既见》的内容，庄绥甲曾有过准确概括：

---

① 龚自珍：《资政大夫礼部侍郎武进庄公神道碑铭》，王佩诤点校：《龚自珍全集》，上海人民出版社，1975 年，第 142、141 页。
② 李兆洛：《庄方耕先生尚书既见序》，《养一斋文集》卷 2，《清代诗文集汇编》第 493 册，第 24 页。
③ 范旭仑、牟晓朋整理：《谭献日记》，中华书局，2013 年，第 6 页。
④ 李慈铭：《孟学斋日记》甲集首集下，同治癸亥（1863）十月十七日，《越缦堂日记》第 4 册，广陵书社 2004 年影印本，第 2526、2528、2531 页。

今绶甲冥心讽诵,谨条其大旨,弟为三卷。一卷首篇正后儒之误解《禹谟》为再征有苗,重为《书》诬,因以明不攻古文之意;次篇释《盘庚》,而证以二《雅》,因以著以经解经之法;三篇阐《书》之言天、言命、言性至明切,而怪后儒卤莽读之也。二卷皆论周公相武王、辅成王之事,一衷于经与序,以明文武之志事,述显承之艰难,辨成王不能莅阼、周公践阼摄政之诬。三卷皆论舜事父母之道,以孟子之言为本,而证明逸《书》之《舜典》,后述伊尹、周公之遇,皆所以明圣人之于天道也。①

可以见出,该书主要内容,庄存与多围绕《尚书》史事,以阐发新见。而另外《尚书说》一书,则多为疑难字句的新释,所做的阐说较少。

综合两书而言,庄存与的论说范围不离王朝政治领域,析言之,似乎主要集中在圣王、治国、人子三个方面,为便于后文讨论,以下则逐一述之。

(一)圣王问题

三代圣王历来是儒家推崇与取法的对象,然而由于典籍有缺,现存早期文献对他们的叙述时有矛盾,甚至还有圣人形象不那么光辉的记载。庄存与从推原圣人之心的角度出发,不斤斤于语言文字,极力维护三代圣王的理想形象。

如《书》载两次征有苗,即《舜典》舜摄位之时,"窜三苗于三危",而古文《大禹谟》又称,舜禅位、禹摄位之时,舜派禹征有苗,即:"帝[舜]曰:'咨,禹!惟时有苗弗率,汝徂征。'"庄存与不相信《大禹谟》的记载,认为此乃一事二书,《大禹谟》将后一事归在禹摄位之时,乃作《书》者之误。然而他做出此一判断的理由,却并不

---

① 庄绶甲:《尚书既见跋》,《拾遗补艺斋文钞》,《清代诗文集汇编》第512册,第401—402页。

是今古文《尚书》各有真伪,而是舜敷文德,则苗民自归,然后"舜哀
矜不辜,遏绝其君,并窜其族于三危"。质言之,盖舜乃大德之君,
德化所被,"教化行,淑慝辨",不可能需要两次出征,即所谓:"舜有
天下,选于众,举皋陶,不仁者远矣。"①这种从理势,而非更看重文
本证据的做法,显然会略显牵强,②不过正因为如此,也许才更值得
我们去体察庄存与立说不得不如此的苦心。

　　再如,文王、武王伐纣灭商,成王、周公诛管、蔡,前者以臣弑
君,后者骨肉相残,皆难免于圣德有累。而庄存与认为,古之明德,
莫如帝舜,"其德好生,其治人不杀",而到了伊尹相商汤伐桀,虽然
未尝行一不义、杀一不辜,但是却不能做到像舜一样未尝杀一人。
文王之心如舜,享国五十年而崩,而纣却不能以自毙。武王之德如
汤,太公之志如伊尹,因为行有诛伐,故不逮舜与文王,但"此则圣
人于天道之命也",言下之意,此类诛伐,乃缘于纣不自毙,是天命
如此。不过他同样强调,这类诛伐虽然不能无所伤,但其事则点到
为止。因此,武王克商诛纣即止,奄及飞廉、五十国则不诛(留待成
王时方行诛除),多罪逋逃之大夫卿士亦不诛,而立纣之子武庚,俾
守其宗庙、社稷,修其礼物以客事天子,"虽曰征诛,其与'虞宾在
位'③何异哉!"④庄存与对文武伐纣的态度,于此彰彰可见。

　　而对于成王、周公诛管、蔡,庄存与首先痛责管蔡不道,称"管

①　庄存与:《尚书既见》卷1,道光七年(1827)宝砚堂本《味经斋遗书》六
　　种本。
②　李慈铭即从此一角度批评庄存与,称:"其开首即论舜征苗事,谓此尚是舜
　　摄位而未为天子时,则枚书述益赞禹之言,明云'帝初于历山',舜但摄位
　　而皋陶已称之曰'帝',不几自相矛盾乎?"见李慈铭:《孟学斋日记》甲集
　　首集下,同治癸亥(1863)十月十七日,《越缦堂日记》第4册,第2530页。
③　《书·益稷》:"虞宾在位,群后德让。"蔡沈集传:"虞宾,丹朱也,尧之后,
　　为宾于虞,犹微子作宾于周也。"
④　庄存与:《尚书既见》卷2。

叔及其弟,亲在大姒十子之列,①伤败礼义,文王所以治国家者,破之缺之,淫酗肆虐,由行纣之所为",而后凸显周公在此一事件中的痛心疾首,以为"管叔,兄也,一旦致辟焉,圣人[周公]哀伤惨怛,岂复常情所能拟哉!""作《常棣》吊二叔之不咸,自念其过,终身闵焉。病己[周公]之不如舜也。"实际上,在庄存与看来,骨肉相残,终究不如亲亲相隐,"遭人伦之变者,必以舜为法于天下后世,而周公且曰有过也",②但庄存与谴责管蔡无道,推原周公哀伤惨怛之心,已无异于在最大限度上为周公自解于天下后世了。

以上例证可以看出,庄存与极力撇清三代圣王的道德瑕疵,维护他们纯德纯圣的形象,甚至不惜罔顾现存文本记载,而以大义推而论之。其所持立场,及其立论的缘由,都值得我们去仔细推究。

(二)治国问题

作为札记体的学术著作,庄存与不可能全面探讨治国理政中的各种问题。梳理《尚书既见》《尚书说》文本,大概可以看到庄存与的论说涉及以下几个方面。

一是中央权力旁落之害。庄存与举犬戎灭周之例,以为西周覆灭,绝非一朝一夕之事。即使姜戎攻入镐京之后,西周都邑环峙,形势尚存,而最终却不得不东迁者,乃是由于世家诸侯各顾私邑,皆莫以王室为念所致。或畏有所属不得以自恣适己,或持两端以

---

① 《史记·管蔡世家》:"武王同母兄弟十人。母曰太姒,文王正妃也。其长子曰伯邑考,次曰武王发,次曰管叔鲜,次曰周公旦,次曰蔡叔度,次曰曹叔振铎,次曰成叔武,次曰霍叔处,次曰康叔封,次曰冉季载。冉季载最少。同母昆弟十人,唯发、旦贤,左右辅文王,故文王舍伯邑考而以发为太子。"

② 所谓"人伦之变",指骨肉相残、手足相杀等类事件。见庄存与:《春秋正辞》卷10《诛乱辞》"逐世子母弟"隐元年经例,道光七年(1827)宝砚堂本《味经斋遗书》六种本。

观望成败,甚至东西周各拥立一君,而侵伐无已,日以仆灭。最终使得岐丰之地界秦,成就了秦襄公的霸业,而周辙遂不复西矣。庄存与质问:"乡使大夫、邦君统于一尊,相亲相救,岐丰之地何渠为秦有?"并以此类推,以为商王盘庚迁都之时,《书》所述者,如"不能胥匡以生",则意指"下莫知君之在上而奉其命也";如"若颠木之有由蘖",则"夫木何以颠? 非以数世争立,各树私人,莫相统壹之故乎";如"汝猷黜乃心",则指群下各私其身与其子孙,罔以王室为念也;如"傲",则意指不顾王命,惟以自恣适己也。通过这样种种的解读,庄存与认为,造成这一状况的根本原因是开始于"君之不为政,政之不出于君",最终的结果就是权臣相争相杀,若晋之栾、郤,①齐之崔、庆,②宋之戴、桓,③郑之驷、良,④且不至尽杀不已也。庄存与总结道:"是故万民之'荡析离居,罔有定极',⑤由国之不知有君也。'命汝一',⑥命之一于大君也。"⑦庄存与态度鲜明而词锋甚利,其意指不难窥见。

二是治国以德礼为本,以兵刑为末。历代《尚书》的注疏,多以

---

① 栾、郤皆为晋卿族,栾书与三郤(郤锜、郤犨、郤至)交恶,挑唆晋厉公诛三郤,后又弑厉公。详见《左传·成公十七年》。

② 崔、庆皆为齐卿族,崔杼弑齐庄公,庆封助之。后庆封因崔氏内乱而灭崔氏,独揽国政。详见《左传》襄公二十五年、二十七年。

③ 戴、桓为宋公族,即宋戴公、宋桓公之后。戴族,华氏;桓族,向氏。华定、华亥、向宁等结党诛诸公子而攻公,失败出逃后又引诸侯兵攻宋,再败,出亡楚国。详见《左传》昭公二十年、二十一年、二十二年。

④ 驷、良为郑公族,"七穆"之子驷、子良之后。子晳,驷氏;伯有,良氏。二人携群公子互斗的本事,详见《左传·襄公三十年》。

⑤ 《书·盘庚下》:"今我民用荡析离居,罔有定极。"孔安国传:"水泉沉溺,故荡析离居,无安定之极,徙以为之极。"

⑥ 《书·盘庚中》:"今予命汝一,无起秽以自臭。"蔡沈集传:"尔民当一心以听上,无起秽恶以自臭败。"

⑦ 庄存与:《尚书既见》卷1。

为周公摄政之初,奄与淮夷从管、蔡作乱,周公征而定之。成王即政之初,淮夷与奄又叛。庄存与却认为,并不存在再叛的问题,两次叛变实为一次。武王既丧,周公居东,叛变发生,待三年之丧告毕,成王迎周公,周公相成王经过三年而平定天下。之所以花费三年时间,是因为"盖灭国者五十,皆俟其人之自归,然后变置其君。故迟之又久,以至于三年,而实未尝有行陈衔枚之事也"。① 庄存与以为,成王即位之初,因文王之德化未洽,所以周公宽裕以容之,文理以别之,德盛化神以齐之,"盖至于三年,而四国之有罪不敢赦、有教不能听者,鲜矣。然后成王率其百君子、友民,东征以昭其文德,罚以义制,命以义降,用毕赏罚之政,富必善人,黜伏者必罪人"。② 在庄存与看来,成王、周公皆以德礼为先,以兵刑为末,导之以德,而后齐之以刑。在这种叙述中,将一己对治国之道的根本看法叙述而出。

三是治国任贤而反对世卿。庄存与以为,人之身统于心,家统于父,国统于君,天下统于天子,天子可谓是君也,父也,心也,但他也并不是最高源头,而还得"上系于天"。因此,儿子完全听从父令,并不能称作孝,臣子完全听从君令,并不能称作贞:"然则曷从?曰:天也。天不言,能言惟圣,世有圣人则天矣,无古今一也。故曰:'要君者无上,非圣人者无法,非孝者无亲。'以其逆天之大也。"可见庄存与将一切义理的源头,最终归之于圣人,以为皇极建,则圣人合天。"天所贵惟圣,其次惟贤,高明非所畏也。"在这一看法之下,他自然极力推崇治国应以圣贤为本,而反对世卿之制。以为周德既衰,诸侯、卿、大夫、士皆世位,"而圣贤位在匹夫,帝王之制

---

① 庄存与:《尚书既见》卷2。
② 庄存与:《尚书既见》卷2。

遂不可复振"，其迭兴迭废的关键原因，就在于不能选贤任贤而已。① 在其他著作中，此一层意思庄存与有更显豁的表达，如称："君不尊贤，则失其所以为君。彼世卿者，失贤之路、蔽贤之蠹也。"②

（三）人子问题

庄存与非常关注作为人子当如何立身行事的问题，不过仔细阅读其文本，他关注的并不是泛泛的普通人子，而是有继位资格的皇子，他多借对舜的解读来予以阐述。此一问题，同样分为以下几个方面。

一是非天命不敢嗣。《孟子·万章》篇称"天子不能以天下与人"，庄存与以此为基础，以为天子能命人为诸侯，但不能命人为天子，因此其人苟无天命，则不得继位为天子。然而后世对开国之君如舜、禹得天命易知，但对继体之君如启、太甲、成王之受命于天则难知。故有以为自身得天命，而强致之者，庄存与以为"天命不可为而致也"。③ 职是之故，尧崩，舜避尧之子丹朱于南河之南，但天下之民不从丹朱而从舜。舜崩，禹避舜之子商均于阳城，而天下之民不从商均而从禹。禹崩，益避禹之子启于箕山之阴，天下之民不从益而从启。庄存与以为，盖天命在舜、禹、启，而不在丹朱、商均、益也。与之类似，伊尹知天命在太甲，虽然因太甲不肖而放之于桐三年，但终迎太甲复位。而反之即使圣德如周公、孔子，以不得天命故，也不得有位，即周公相成王而并不亲践祚，④孔子不能有天

---

① 庄存与：《尚书说·洪范》。
② 庄存与：《春秋正辞》卷 2《天子辞》"王臣卒葬"隐三年经例。
③ 庄存与：《尚书既见》卷 3。
④ 庄存与以长篇大论反复申论周公未践祚，以驳斥《礼记》周公践祚之说，参见庄存与：《尚书既见》卷 2。

下,即所谓"夫位之不尚于德也,天命之矣"。① 庄存与如此强调得天命在继位中的作用,显然有其防微杜渐的理由。

二是为人子者当大孝。庄存与以舜为例,讲述为人子者当大孝。尧举舜于畎亩之中,以二女嫁舜,不以天子之贵加舜,不以天子之贵加舜之父母昆弟,二女亦不以天子之女之贵视舜,不以天子之女之贵视舜之父母昆弟,当时舜尚未继位,仍为耕稼之匹夫。庄存与认为,尧以舜事于天下,而舜则以尧事于父母,尧派来服事舜的九男、二女,以及为之配备的百官、牛羊、仓廪,皆成为舜的悦亲爱弟之资。"舜何有焉,而后可以底豫,底豫而后天下化,天下化而后大孝成,②舜惟终身于慕父母之诚而已,他不与有也。是故谓之大圣,是故谓孝子之至,是故可为法于天下,传于后世,而为人子之极则。"③庄存与突出舜大孝的努力可见一斑。在这一认识的基础上,庄存与以长篇大论为舜不告而娶辩诬,以维护舜大孝的形象。其结论不过是名告而实不告,反经以合道,圣人之权也。④ 不过这一论述,还是以庄存与一贯的推原圣人之心的写作方式而出,是结论在先的推想,故多显得牵强而迂曲。庄存与并且认为,天子尊养其父,不当以名,而当以其实与其诚,即"养非口体之养,志之养也。《孝经》曰'爱敬尽于事亲,而德教加于百姓,刑于四海',是之谓以天下养而尊亲之至也。不惟其物,惟其诚焉;不惟其名,惟其实焉。"同样显示出庄存与对此一问题的关注点。

三是处人伦之变当法舜。史载舜父瞽叟顽,母嚚,弟象傲,皆欲杀舜。处于这样人伦惨境中的舜,却能够顺适不失子道、兄道,

---

① 庄存与:《尚书既见》卷3。
② 《孟子·离娄下》:"舜尽事亲之道,而瞽瞍底豫。瞽瞍底豫,而天下化。瞽瞍底豫,而天下之为父子者定。此之谓大孝。"赵岐注:"底,致也。豫,乐也。"
③ 庄存与:《尚书说·尧典》。
④ 庄存与:《尚书既见》卷3。

欲杀,不可得;即求,尝在侧。终于感化父母及兄弟,而避免了骨肉相残的人伦惨剧。庄存与以为:"舜果非圣人,而不可以为子矣。春秋以来,不胜书也。"庄存与并推原为何必须要像舜一样对待兄弟,认为虽然天下皆谓舜为圣人,但如果瞽瞍独谓舜不孝,则天下莫能自持其说;虽然天下皆谓象为凶人,但如果瞽瞍独谓象能孝,则天下莫能执象之口而服其心。而舜也明白,能悦天下者,己也;能悦亲者,弟也。悦天下万万,不若悦亲,则己断断乎其不如弟。而就道理而言,舜所顺者父母之天也,而不顺其人;象所顺者父母之人也,而不顺其天。因此未敢谓舜全得、象全失矣。因此,象之心一日不安,则舜之心终身不著。故舜引咎归己,日以爱弟之道待象。庄存与且谓"兄弟宁校计是非之人邪! 是以诗人所刺、《春秋》所讥,皆遭人伦之变而不能如舜之善全之,以为大恶",人苟不能为舜,则终为残杀手足之不孝不慈而已矣,必无中立之道也。并且认为天子待兄弟之法,无有不富贵者,不当问其仁不仁也。"天下之为人兄者,不可以不善其弟。弟之不仁,兄不可以为仁人也。天子之为人兄也,不可以不私其弟,他人不容吾私,吾弟则必行吾私。无私者,无亲也。天子必有亲,圣人必有亲,人道亲亲,未有不如此而王天下者,不自有虞氏始,以人心为皆有之。"并再次强调"为天子者,慎毋使诸父昆弟怨其尊而不亲也。然后能合万国之欢心以事其亲,则天下和平之本在是矣"。同时指出,"夫兄弟之恩,不在共富贵,在常相见;不在同政以子万民,在同心以事父母",[①]可见富之以财,不尊之以位,同心事父母,而不共同子万民,依旧是庄存与为天子兄弟划出的范围,这其间有着非常明显的分寸讲究。

　　通过以上梳理,我们可以看出,庄存与所说解的《尚书》,皆围

绕政治问题展开,为人君治国治家提供镜鉴。揆诸庄存与一生的任职经历,可以肯定,此类论说的对象即为其教授的皇子。以上圣王问题、治国问题、人子问题,不过是树立取法典型,阐述治国要道,规范皇子行为而已。其间既包含为皇子指出正面治国理政当效法的榜样,以及应该重视的根本原则,这是培养一位有为人君所不可缺少的正面教育。同时又在反方向上,提防由于皇子所处的敏感境地,而出现因争位致使父子离心、骨肉相残的人伦惨剧,故而他尤其强调天命在继位中的首要条件性,以及效法舜的大孝与大悌的重要性。在经过康熙晚年诸子争位,父子相离,以及雍正初年手足相残的人伦惨剧之后,庄存与在乾隆朝做这样的强调,就更显得不是无的放矢。总之,不论是树立典型,还是防止问题,这都是庄存与作为皇子师傅的本职工作,也是王朝上下对他们的职业期待,当然更可能包含有他作为一位经学通明的儒者,处在权力核心中所期望发挥的一己职效。因此有必要从他的职业入手,继续对此类问题做进一步的剖析。

三、皇子师傅的限度与能耐

庄存与一生,两次出任上书房师傅。第一次是在乾隆三十三年(1768),这次任职大约至三十九年其提督山东学政、寻调河南学政为止,共7年时间。第二次是在乾隆四十七年(1782),[1]此次供职的时间大约为5年,至五十一年庄存与原品致休为止。

庄存与第一次入职上书房,教授的是皇十一子永瑆,现有永瑆《送庄方耕师傅授提督河南全省学政序》可证。[2] 庄存与第二次入

---

① 《清高宗实录》卷1149,乾隆四十七年正月丙寅,中华书局影印本,1987年,第23册,第405页。

② 永瑆:《诒晋斋集》卷7,《清代诗文集汇编》第432册,第67页。

直,教授者为谁,目前史料缺乏,尚待考证。另外,清代宗室亦有承恩入上书房读书者,据庄氏族谱所述,庄存与亦曾授读过弘昑和永珊。①

清代的皇子教育,从康熙朝开始形成制度并逐渐固定下来,历来甚为用心,要求亦甚为严格。皇子六龄入书房,每日卯入申出,一年的假期只有万寿节、元旦等少数几天。② 并且皇帝还经常以各种方式检查课业,一旦发现问题,皇子与师傅皆会连带受到责罚,《清高宗实录》中此类记载所在多有,约可分为两类:

一类是师傅不能勤于供职,皇子学业荒疏而受到责罚,如乾隆二十年,皇上偶行至上书房,不闻读书声,发现师傅多半未到,考核皇子作诗,虽然依韵完篇,但全无精义,乾隆发怒,命将上书房师傅"嵩寿、蔡新、奉宽、程景伊、陈德华、周玉章、梁锡玙、吴炜、张泰开俱著罚俸三年"。③ 再如乾隆五十四年,皇上简阅上书房师傅入直门单,发现自三十日至初六日,所有皇子皇孙之师傅竟全行未到,不由大怒,将上书房师傅"刘墉、胡高望、谢墉、吉梦熊、茅元铭、钱棨、钱樾、严福、程昌期、秦承业、邵玉清、万承风俱著交部严加议处。至阿肃、达椿,身系满洲,且现为内阁学士,毫无所事,其咎更重,均著革职,仍各责四十板,留在尚书房效力行走,以赎前愆而观后效"。④ 一天之后,又将上书房总师傅刘墉予以惩处:"刘墉著降

---

① 庄怡孙等编:《毗陵庄氏增修族谱》卷 27 上《盛事》,光绪元年(1875)刻本。弘昑,字仲升,号瑶华道人,康熙孙,胤秘第二子,乾隆八年生,嘉庆十六年卒。永珊,字远亭,号红玉主人(庄氏族谱作"红屿主人"),康熙曾孙,胤祉孙,弘景第三子,乾隆十一年生,嘉庆二年卒。
② 郑仲烜:《清朝皇子教育》,台湾"中央大学"硕士学位论文,2011 年,第 166、217 页。
③ 《清高宗实录》卷 481,乾隆二十年正月庚子,第 15 册,第 23 页。
④ 《清高宗实录》卷 1324,乾隆五十四年三月甲子,第 25 册,第 925—926 页。

为侍郎衔,仍在总师傅上行走,不必复兼南书房,以观其能愧悔奋勉否。"①从此类处罚的力度,也可以看出乾隆对皇子师傅要求之严格。

另一类是皇子言行不当或越轨,则师傅会一并受到牵连。如乾隆十三年,孝贤皇后去世,乾隆甚为哀痛,而大阿哥、三阿哥举止不当,"并无哀慕之忱",被乾隆责为不孝,大为震怒,除明白宣示此二子将来不能继承大统之外,并以诛杀相戒,称"伊等如此不孝,朕以父子之情,不忍杀伊等,伊等当知保全之恩,安分度日"。② 并归咎于师傅和谙达平时并未尽心教导,命将"和亲王、来保、鄂容安著各罚食俸三年,其余师傅、谙达著各罚俸一年"。③ 再如乾隆四十一年,礼部司员秦雄褒与阿哥绵德交通,为乾隆发现,除绵德被革退王爵,秦雄褒被发往伊犁之外:"绵德之师傅李中简,不能教诫管束,咎无可辞。该员本系缘事降调,复经赏给编修职衔,仍令在书房行走。今复不能尽职,即著革职,逐出书房。"④

再如乾隆三十五年,八阿哥以己事私自入城,被乾隆发现,除八阿哥及师傅、谙达受到处罚外,乾隆并下谕曰:

> 师傅为诸皇子授读,岂仅以寻章摘句为能,竟不知随事规劝,俾明大义。而总师傅,则尤当尽心诲导,凡事纳之于善,勿使稍有过愆,方为无忝厥职。今于八阿哥擅自出入一节,漫无觉察,所司何事?⑤

---

① 《清高宗实录》卷1324,乾隆五十四年三月乙丑,第25册,第927页。
② 《清高宗实录》卷317,乾隆十三年六月甲戌,第13册,第208页。
③ 《清高宗实录》卷311,乾隆十三年三月丙午,第13册,第89页。
④ 《清高宗实录》卷1000,乾隆四十一年正月甲戌,第21册,第376—377页。
⑤ 《清高宗实录》卷858,乾隆三十五年五月癸未,第19册,第490—491页。

如果说中国经典原本包含着成学与成人两个面向，那么从以上两类被连带责罚的事例可以看出，皇子师傅的职责重在教授成人，而轻于教授成学，即所谓"随事规劝，俾明大义"，"凡事纳之于善，勿使稍有过愆"。因此在皇子师傅的选择上，除学问优长之外，首重人品端方。① 而在授读上，亦要求以立身行己、进德修业为要，而不以寻章摘句、记诵文辞为贵。可以说，这是从康熙朝上书房制度逐渐形成以来，历代清帝的共同要求。② 这样做的理由，自然是由于皇子未来以经略天下为务，不能培养成为舞文弄墨的才人学士，而必以培养品德，明白治世之要为尚。正是这样的一种职业要求，使得师傅的职责不仅体现在书房的课堂之上，更深入到皇子日常的行为举止中。由此我们再反观庄存与的《尚书》解说，他特别强调的人子问题，即非天命不敢嗣、为人子当大孝、处人伦之变当法舜，就更容易获得理解。道光朝在上书房读书的皇子，就曾对其受学的过程有明白记述：

---

① 如乾隆上谕选派新任上书房师傅，即明确要求："著总师傅等另选人品端方、学问优长之员，带领引见，候朕简派。"见《清高宗实录》卷 1324，乾隆五十四年三月乙丑，第 25 册，第 928 页。

② 雍正帝谕曰："皇子课读，事关重大，当教以立身行己、进德修业之要，若徒寻章摘句、记诵文辞，一翰林能为之，非朕所望于卿等者。"（张廷玉：《澄怀主人自订年谱》卷 2，《清代诗文集汇编》第 229 册，第 203 页。）乾隆帝谕曰："尚书房翰林入教皇子皇孙等读书，惟须立品端纯，藉资辅导，原不同应举求名者，仅在文艺词章之末。"（《清高宗实录》卷 1365，乾隆五十五年十月己巳，第 26 册，第 317 页。）嘉庆帝谕曰："[皇子]总不得自署别号，竞尚虚文，惟当讲明正学，以涵养德性、通达事理为务，至词章之学，本属末节，况我朝家法相传，国语骑射，尤当勤加肄习。若竟以风雅自命，与文人学士争长，是舍其本而务其末，非蒙以养正之意也。"（《清仁宗实录》卷 126，嘉庆九年二月丁卯，第 29 册，第 697 页。）

课程诵读之暇,凡余一言一动,师辄援引经义,曲加譬拟化导,闲以伦常大节,责备尤严。①

所谓"伦常大节",在在显示出皇子师傅的着眼重点。皇子的日常行为稍有不轨,师傅则会连带受到责罚,作为内廷供奉,这一职位显然有其紧要却不得不慎重的一面。尤其是在雍正有惩于康熙晚年诸子争位的惨剧,而确立秘密立储制度之后,由于并未公开宣布皇位继承者,使得诸皇子至少在表面上变得皆有成为下届人君的可能,因此皇子师傅的这一职业就更加显得敏感。如嘉庆帝回忆师傅朱珪对其的授读即云:

犹忆伊(朱珪)官翰林时,皇考简为朕师傅。尔时朕于经书,已皆毕业,而史监事迹,均资讲贯。其所陈说,无非唐虞三代之言,不特非法弗道,即稍涉时趋之论,亦从不出诸口,启沃良多。②

嘉庆所道的朱珪,正是庄存与的同事。朱珪于乾隆十三年中举,入庶常馆学习,此时庄存与正因为第一次散馆考列二等而被留馆继续学习三年,因此二人有三年在庶常馆同学的经历。而庄存与初次入值上书房是在乾隆三十三年,朱珪初次入值是在四十一年,③可谓先后比肩。而所谓的朱珪"其所陈说,无非唐虞三代之言",这在上揭庄存与《尚书既见》《尚书说》之中,也莫不如此。

① 奕譞:《窗课存稿》,"自序",《故宫珍本丛刊》第585册,海南出版社,2000年,第199页。此则材料得自郑仲烜《清朝皇子教育》一文的提示,已核对原书。
② 《清史列传》卷28《朱珪传》,中华书局,1987年,第2127页。
③ 《清高宗实录》卷1008,乾隆四十一年五月辛巳,第21册,第543页。

"非法弗道","稍涉时趋之论,亦从不出诸口",则让我们更能理解为何授读讲说,不论多么牵强附会,皆要借经典发言,而又多从唐虞三代立说的苦心。内廷禁地之中,皇家父子之间,恐怕稍涉时趋,耽误的不光是自己的身家性命,甚至还会搭上皇子的前程。历代典籍中对此类事件的记载比比皆是,对于饱读诗书的皇子师傅而言,怎么可能轻忽以应呢。

因此可以说,在一定程度上,皇子师傅同样是戴着脚镣的职业舞者。在这一职业的敏感地位及各种要求的前提下,皇子师傅在必须老成持重、谨言慎行的同时,还必须对未来的人君进行培养教育。有关怀抱负的师傅,必然会想到他肩头的责任,这不仅仅是培养一名普通童子,而是培养未来可能会对天下负责的人。在这样的处境中,他自然会将经典中一位人君需要明白的重要道理,以及他自己日常所体验到的政治感、现实感,皆加入对皇子的授读中。当然,这种讲授,一定是借着经典的外衣。回顾上揭庄存与的论说,可以发现,在庄存与眼中,似乎这些道理就集中在持身、理家、治国三个方面。

在个人行为上,庄存与非常强调对亲长孝、对兄弟悌,以舜为例,做了长篇而迂曲的论说。在皇家内部,则尤其强调继位与天命的关系,防止皇子争权夺位,更提前预防由此而来的父子昆弟间的人伦惨剧。在治国方面,极力维护唐虞三代圣王的理想形象,突出圣王纯德纯圣的特点。而在更加具体的治国方略上,却显示了庄存与个人独特的关注,即极力维护中央集权,强调德治为本,兵刑为末,并且主张任人唯贤,而反对世卿制。在康雍父子相离、手足相残的时代里,以及在乾隆帝痛责大阿哥、三阿哥不孝,且自诩"十全武功",而满族亲贵世袭罔替的时代里,庄存与此类的论说,显然是有着自己的政治识见和政治考量的,有着明确的针对性,是需要予以特别重视的。

正是出于以上原因,龚自珍在为庄存与撰写神道碑时,才将庄存与著作深心掘发如下:

> 古籍坠湮十之八,颇藉伪书存者十之二,帝胄天孙,不能旁览杂氏,惟赖幼习五经之简,长以通于治天下。昔者《大禹谟》废,"人心道心"之旨、"杀不辜宁失不经"之诚亡矣;《太甲》废,"俭德永图"之训坠矣;《仲虺之诰》废,"谓人莫己若"之诚亡矣;《说命》废,"股肱良臣启沃"之谊丧矣;《旅獒》废,"不宝异物贱用物"之诚亡矣;《冏命》废,"左右前后皆正人"之美失矣。今数言幸而存,皆圣人之真言,言尤病痒关后世,宜贬须史之道,以授肄业者。①

龚氏巨笔如椽,真可谓辞华而语谛。庄存与著作,至此方得解人,所谓辨古籍真伪,真乃"为术浅且近者也"。

四、结语

庄存与作为朝廷"留心经学"的魁儒,同时又作为皇朝的文化教育官员兼皇子师傅,其一生的工作主要集中在主持科举考试、出任学政和教育皇子方面。在职业要求与儒学义理,家国担当与朝廷规制之间,或顺或逆,皆与其经说存在着千丝万缕的复杂联系。并且朝廷的文教主张,原本即是他"宣扬圣化"的基本依据。本文通过分析其两种尚书学著作《尚书既见》《尚书说》的刊刻经过及文体特点,可以发现其个人并不注重对《尚书》全经的完整解读,而更看重借助某些主题来发挥经义,呈现出鲜明的札记体特征。其所

---

① 龚自珍:《资政大夫礼部侍郎武进庄公神道碑铭》,王佩诤点校:《龚自珍全集》,第142页。

关注的主题,主要集中在政治层面,从圣王问题、治国问题到人子问题,皆暗含有对其时代敏感而重要的根本问题的回应,这均与其作为皇子师傅的这一职业相关。原本在朝廷甚为重视皇子教育且不公开立储的前提下,皇子师傅的这一职业,既地位显要又十分敏感,时趋之论并不能轻易出口,庄存与只能借着经典解释,既来贯彻皇朝对师傅的职业要求,又来贯彻作为一名处于权力核心且湛深经术的儒者,他对中国经典中的政治原则以及王朝现实政治的理解,曲折表现其一己的家国关怀。因此在理解其经学论说及成就时,就不应该按照李慈铭式的汉学学术标准,而更应该从龚自珍的角度知人论世,才能真正把握庄存与学术面貌的成因及其内在追求,并且让我们通过他的著作,以及他的处境,增加对他的时代某些面向的了解。

庄存与毛诗学探微

　　庄存与(1719—1788)作为清代公羊学复兴的初祖,直接开启了晚清百余年的公羊学研究热潮,对晚清学术、思想有着重要影响。正因为如此,虽然庄存与"学贯六艺",但当前对他的研究还主要集中在其春秋学方面。不过,如果回到庄存与自身,他认为自己最优长的学问却不是春秋学,而是尚书学和毛诗学。① 而其门生邵晋涵的观察,则是诗经学与周礼学在庄存与整个学问中较为特出。② 可见,不论是庄存与本人,还是其当身友朋,都认为诗经学是庄氏学问的代表。我们也发现,庄存与参加科考,所习的专经亦为《诗经》,③说明他确实在此一经上用功有年。由此我们可以判定,虽然后世从学术影响的角度出发,最为看重庄存与的春秋学,但在庄存与自身的学术体系中,诗经学实际占有尤为重要的地位。在今日对晚清春秋学研究多有进展的当下,亟需回到庄存与本身,对其学问的其他面向做出探索,以拓展庄存与研究的视野,推进相关问题的整体研究。据笔者目见所及,目前庄存与诗经学的研究文

---

① 庄存与的孙子庄绶甲称:"先大父尝自言生平于《诗》《书》之学最明。"庄绶甲:《尚书既见跋》,《拾遗补艺斋文钞》,《清代诗文集汇编》第512册,第401页。

② 邵晋涵《庄养恬先生祭文》称:"徐窥所学,《诗》《礼》居要。"见《南江文钞》卷10,《续修四库全书》第1463册,第514页。

③ 庄存与乡会试朱卷现尚留存,参见庄柱编:《庄氏乡试会试朱卷》,国家图书馆藏,清刻本。

献仅有一篇,①相关问题还有待进一步展开。

一、《毛诗说》所持守的经学家法

就诗经学而言,庄存与仅撰有《毛诗说》四卷。其中前两卷是正文;第三卷题"毛诗说补";第四卷题"毛诗说附",只包含两篇文章,一为《楚茨篇集释》,一为《朱子〈柏舟诗序辨说〉正误》。可以推知卷三、卷四当是庄绶甲董理刊刻乃祖著作时,从遗稿残编中重新掇拾而来。这四卷著作,除《楚茨篇集释》是对《诗经·楚茨》篇的完整集解外,其他篇章与庄存与的大多数著作一样,都是择篇、择要而释,并不完整囊括《诗经》全书,也常不通解每一首诗的全篇,同样表现出明显的札记特征。

我们知道,《诗经》在经学的阐释史上,历来聚讼纷纭,有三家诗与毛诗、毛传与郑笺、汉学与宋学等诸多派别的互相驳难,《四库全书总目》曾对此有简要概述:

> 自《郑笺》既行,齐、鲁、韩三家遂废。然《笺》与《传》义亦时有异同。魏王肃作《毛诗注》《毛诗义驳》《毛诗奏事》《毛诗问难》诸书,以申毛难郑。欧阳修引其释《卫风·击鼓》五章,谓郑不如王。王基又作《毛诗驳》以申郑难王,王应麟引其驳《芣苢》一条,谓王不及郑。晋孙毓作《毛诗异同评》,复申王说。陈统作《难孙氏毛诗评》,又明郑义。袒分左右,垂数百年。

可见,在汉学内部,先有四家诗的分歧,及郑玄出笺毛传而三家废,

---

① 即蔡长林《庄存与〈诗经〉论述的方法学意义》,见氏著《从文士到经生——考据学风潮下的常州学派》,台北"中研院"文哲所,2010 年。

但又带来其与毛传的是非短长,垂数百年。下逮宋代,则又在这一原本纷纭杂沓的局面下,带来新的争论:

> 至宋郑樵,恃其才辨,无故而发难端,南渡诸儒,始以掊击毛、郑为能事。……于是专宗朱《传》,汉学遂亡。然朱子从郑樵之说,不过攻《小序》耳。至于诗中训诂,用毛、郑者居多。后儒不考古书,不知《小序》自《小序》,《传》《笺》自《传》《笺》,哄然佐斗,遂并毛郑而弃之。是非惟不知毛、郑为何语,殆并朱子之传亦不辨为何语矣。[1]

虽然朱熹将毛郑看作一体而加以掊击,但又将《小序》和《传》《笺》予以分别对待,不再遵信前者的诗旨阐释,却在诗句的文字训诂上多遵从后者。致使朱子以下,"说《诗》者遂分攻《序》、宗《序》两家,角立相争,而终不能以偏废"。[2]

庄存与的毛诗学探索,也只有置回到此一学术脉络中,方容易获得准确理解。其著作命名为"毛诗说",显然是尊毛之作,如果再进一步翻检全书,可以看出是属于彻底宗毛《序》而难郑笺、朱传的一派。这一点从《毛诗说》对各篇诗旨的阐释上即可以看出。庄存与并没有坠入常见的对《序》文真伪、时代先后的讨论之中,而是一依《序》文解诗,与其在尚书学上同样遵信"百篇之《序》"的态度是一致的。[3]

---

[1]　魏小虎汇订:《四库全书总目汇订·毛诗正义》,上海古籍出版社,2012年,第450—451页。

[2]　魏小虎汇订:《四库全书总目汇订·诗集传》,第463页。

[3]　庄存与常依百篇《书序》来定史事、明去取,如庄绶甲《尚书既见跋》称:"[庄存与]为说多取之於《序》,以《书》为孔子论次,《序》与《书》相表里,别嫌明微,推见至隐,与《春秋》同义。"见《拾遗补艺斋文钞》,《清代诗文集汇编》第512册,第401页。

此处仅举《毛诗说》中几例以说明之：

《诗·周南·桃夭》有一句"之子于归,宜其家人",对于其中"家人"一词,毛、郑有分歧:毛传以为是"一家之人尽以为宜";而郑笺却说"家人,犹室家也",即以为是原诗首章"宜其室家"之变文,盖谓男女年时俱当,适合成家耳。庄存与的解释完全采纳毛传之说,并阐释说:"'一家之人',有亲疏焉,有长幼焉,有贵贱焉,有贤不肖焉,'尽以为宜',亶其难哉! 引此诗而申之,可以教国人,若之何舍毛而从郑?"①所谓"可以教国人",不过是本诗《小序》所称的后妃不妒忌,带来"男女以正,婚姻以时,国无鳏民",意在突出后妃之化。由此可以看出庄存与通过一个字词的解释,来维护《小序》诗旨阐释的态度。

对于朱熹不信《小序》,庄存与更有专门辩驳,作有《朱子〈柏舟诗序辨说〉正误》一则。朱子原本的辨说,是反对《诗序》中认为的《诗经》无一篇不为美刺时君国政而作的说法,批判其"有害于温柔敦厚之教",②庄存与讥讽道:"今将明大义,垂臣戒,而猥举幽、厉之所不罪,斥为怼上,等诸不道,开人君纵念之心,伤忠臣尽谏之志,启万世言语之祸,速国家危亡之忧,非所闻也。"③表现了明确的护卫诗《序》的态度。再如《执竞》一诗,《小序》称"祀武王也",朱熹集传以为"此祭武王、成王、康王之诗",庄存与称:"'《执竞》,祀武王也',以为祀武王、成王、康王,安得继体守文之君跻诸受命王之列! 若是班乎?"④批评的态度也是明确的。

与此同时,虽然在整个诗旨的阐释上,庄存与宗《序》申毛而难

① 《毛诗说》卷3《周南·桃夭》,道光七年(1827)宝砚堂本《味经斋遗书》六种本。
② 《毛诗说》卷4《朱子柏舟诗序辨说正误》。
③ 《毛诗说》卷4《朱子柏舟诗序辨说正误》。
④ 《毛诗说》卷2《周颂·清庙》。

郑、朱，但是同前人一样，在个别诗句的训诂上，则有采用郑、朱之处，也常有摒弃诸家而个人发挥之处。这种层次感和分寸感，也是需要我们注意的。此类例子很多，如《周颂·雝》之"烈考"一词，毛传以为是"武王"，而庄存与以为是"文王"；《载见》等篇中，毛传、郑笺将"辟公"解释为"诸侯"，庄存与却认为是"周公"；①《邶风·柏舟》"隐忧"一词，毛传释"隐"为"痛"，朱熹集传同，庄存与以"隐"为"人不能知"。② 不过这些个别字词上对旧解的放弃，并没有影响庄存与在解释这些诗篇的全旨时，依旧完全依照《小序》为说。总之，在庄存与的诗学解说里，毛《序》是占有第一阶的位置的，是他解说全诗意指的基本依据；而在个别诗句的训诂上，则也有对郑笺、朱传的采信，也时有个人发挥，但这些细部的处理，是为他总体上维护毛《序》服务的，而不是相反。

　　清代学术经过惠栋的提倡之后，治经讲求家法、惟汉是好的观念，逐渐深入人心成为学术主流。可是我们知道，在五经之中有汉代完整家法可寻者，仅《毛诗》和《公羊春秋》为完帙。③ 而庄存与在此二经的解读上，也恰完整坚持了汉儒家法，由此透露出的学术倾向是明显的。这也提示我们，章太炎、钱穆先生从家法观念出发，认为常州庄氏之学源自苏州惠氏的看法，是有卓见的。④ 庄存

---

① 以上俱见《毛诗说》卷2。

② 《毛诗说》卷1《邶风·柏舟》。

③ 段熙仲先生称："典午南迁，北方胡马，先汉师说，于是多亡。今之存者，今文则《公羊春秋》，古文则《毛诗》而已。《书》伪于梅赜，《礼》乱于王肃，《穀梁》淆于范宁，《左氏春秋》坏于杜预，家法荡然，不复守专门之学。"见氏著《春秋公羊学讲疏》，"自序"，第1页。

④ 章太炎《清代学术之系统》称："与苏州学派不算一支而有关系者，为常州学派。"见章念驰编：《章太炎全集·演讲集（上）》，上海人民出版社，第429页。钱穆《国学概论》称："治《公羊》者，始于常州。刊落训诂名物，而专求其所谓'微言大义'者，显与皖派戴、段之徒，取径不同。盖（转下页）

与的这一学术主张，甚至还保留在其后学兼外甥刘逢禄的学术取向中，钱穆先生明确说："刘氏惟尊家法，故以《公羊》《毛诗》并言"。[1] 这也从反面提醒我们，常州学在"微言大义"之外，另有"家法"观念需要特别予以重视，前者关注的是经书的意指，后者关注的是说经的方法，以往我们对此似乎关注不足，多因为治学既有今文《公羊》，又有古文《毛诗》《周礼》，而强调庄存与不分今古的特征，而忽视了这种不分之中其实有着统一的坚持家法的一面，而这才是尤其值得注意的。显现出常州庄氏之学同样不过是承苏州惠氏遗风而起，与乾嘉考据学同本连枝，并没有多少歧异。

二、《毛诗说》的解经视角及其内涵

《毛诗说》不但家法特征非常明显，在具体内容的阐释上，也体现出庄存与独到的个人关注。为后文讨论方便，本节首先进入《毛诗说》的内容，来观察庄存与的诗学旨趣何在。综合而言，《毛诗说》主要围绕圣王、治身、治家、治国等问题展开讨论，劝教人君，以纳之于轨范。由于是札记体著作，因此所有论述皆有缘事而发、随机施教的特点，并不追求论说的整全性和体系性。现逐一分疏如下。

（一）圣王问题

在庄存与眼里，三代圣王是纯德无瑕的人君模范，这在庄存与的《尚书既见》中即有充分的论说，在《春秋正辞·奉天辞》中也单

（接上页）其渊源所自，亦苏州惠氏尊古而守家法之遗，而又不甘为名物训诂，遂遁而至此也。"见《国学概论》第九章《清代考证学》，商务印书馆，1997 年，第 304—305 页。钱穆《中国近三百年学术史·宋于庭》："要之常州公羊学与苏州惠氏学，实以家法之观念一脉相承，则彰然可见也。"见《中国近三百年学术史》，商务印书馆，1997 年，第 586 页。

① 　钱穆：《中国近三百年学术史·魏默深》，第 587 页。

独列有"宗文王"一条。在《毛诗说》中,此类论述依旧习见,如对
《大雅》之《文王》《大明》《旱麓》《皇矣》等诗篇的解说中,庄存与
全力阐述周之先王如大王、王季、文王等人的修德行仁形象,其中
《旱麓》"鸢飞戾天,鱼跃于渊"一句,庄存与以为是诗人言说"大
王、王季能知时也",彼时商德小破,鸢飞戾天以喻诸侯多不循道,
鱼跃于渊以喻民失其所,大王、王季修德行仁,能治其国家,天助者
人助之,累积至文王,而多士生周。因此庄存与认为,本诗毛序所
谓"受祖"者,即是指此。① 庄存与同时认为,文王"以天之心为心,
以天之事为事",②文王之德行,即为《易大传》所谓的"元亨利贞"。
"文王之德,皆有仪而可象也;文王之典,皆有法而可遵也",其后子
孙有国,历世不坠,并非因为天有私于周,而是因为文王之德诚厚,
其功诚远也。③ 他并且认为,成王能够继承文、武之政,故王道存而
兴;厉王反先王之道,则文、武之政荡然而大坏,《诗经》所录正雅、
变雅亦是表明此一状况而已。④ 庄存与对文王德业的崇敬,由此
可见。

(二)治身问题

庄存与所论说的治身问题,也主要针对人君而发。在《毛诗
说》中,他从王者当自奉有道和敬学亲师的角度进行了论说。

《小雅·鸳鸯》一诗,毛《序》以为诗旨是在阐述"思古明王,交
于万物有道,自奉养有节焉"。庄存与在此基础上,做了充分的阐
说,认为"王者享海内之奉,目视备色,耳听备声,口极滋味,四支极
安佚。自公侯至于庶人,自山川至于草木昆虫,莫不一制其命",而
通过礼乐兵刑等手段,更控制着人物群生的存亡。处在深宫之中,

---

① 《毛诗说》卷3《大雅·旱麓》。
② 《毛诗说》卷3《大雅·大明》。
③ 《毛诗说》卷3《大雅·文王》。
④ 《毛诗说》卷3《大雅·板》。

只需意喻色授,外人即奔走震动,无远弗届,来求取供奉之物,为了一人的供御,天下财殚力逋而弗能胜也。上失其道,则含生之类,莫能尽其气。因此在上者,当"取之时,用之节,如天道之信。而公卿逮于庶人,不敢私意损益以觊悦于上,则其仁爱函覆万万亿亿不能尽其数,而福禄如之矣"。① 可见庄存与不但对人君的自奉提出要求,而且对臣下的揣摩迎合也给予了提醒。

庄存与同时强调人君当敬学亲师而远离妇寺。如卫惠公童年继位,《芄兰》一诗刺其骄而无礼,庄存与特别强调对其的教育,称"能不以师保奉之,俾日知其所未知,日习其所未习乎! 不我知,则必知其所不当知。不我习,则必习其所不当习",并明确点出"敬学亲师,人君之盛节也"。② 而在对《瞻卬》一诗的解说中,另外指出人君更需与妇寺保持距离,以为人君惟妇寺之人是崇是奉,而弃先王之教诲,则妇寺肆其蛊媚,行权谋私,降乱阶厉,其国不得有公卿大夫,而国亡无日矣。③ 庄存与在这方面的态度也是明确的。

(三)治家问题

皇家贵胄,由于父母、兄弟、后妃、子女等人都处在权力核心,向来与国家的长治久安密切相关。庄存与在《毛诗说》中仅论及前三者。对于父母兄弟亲族,庄存与主张亲睦爱护,称"天者,人之始也。父母者,人之本也",故主张即使自己不见待于父母,也应该隐忍含受,自求己过,如在描述子不见待于父母的《小弁》一诗中,"心之忧矣,云如之何"一句表现出亲而不怨的基调,庄存与以为乃"有亲其父母之道"。④ 对于兄弟,则主张应当友爱,而不当责之以道。比如"周室世以《常棣》为家法",而周襄王、周惠王却不用周公、召

---

① 《毛诗说》卷 2《小雅·鸳鸯》。
② 《毛诗说》卷 1《卫风·芄兰》。
③ 《毛诗说》卷 2《大雅·瞻卬》。
④ 《毛诗说》卷 2《小雅·小弁》。

公遗法,致使兄弟父子相残,"王室愈卑"。① 庄存与以为,人君作为元首,当居尊覆下,人君与兄弟,本是根同生、枝同荣者,若"宗族先落,则公从之。王室既卑而同姓失序,必至之势也"。过于苛刻地对待亲族,只能寒骨肉之心,如果不幸造成冤枉,还会抱增积之痛。

对于后妃,《诗经》中不少篇章都有涉及,庄存与对之亦做了相对充分的阐释。他认为后妃敬事人君,以司内治,故当以德不以色,并将其与贤相、贤士相比,即"贤相治外,多士升朝;贤妃治内,微妾进御。非以示恩也,以求助也;非以启宠也,以共职也。士不惟其能,惟其德;女不惟其色,惟其贤。所以修洁百物,协和神人也"。② 甚至认为人君未娶之时,"贤女不至则君德不成"。③ 因此对于《毛诗》之中原本论及后妃之德的篇章,如《樛木》《螽斯》等篇,庄存与亦皆从此类视角出发予以阐发。而对于不能尽职的后妃,则多有贬词,如卫庄公夫人庄姜,在庄公身后,不能阻止州吁弑杀新君,庄存与评论曰"为人父母岂不负哉!"正是由于庄存与予后妃这样的地位,他对于嫡庶礼法秩序异常坚持,对"内宠并后"之类的僭越礼法的行为,持严肃批评态度,称"嬖孽之僭,天所以祸人国也","嬖孽之僭,未有不亡者也"。④ 态度同样是明确的。

(四)治国问题

治国乃人君本务,庄存与在《毛诗说》中,着重从任贤受谏、善待功臣、崇学养士、养民慎战等几个方面做出了阐说。

《兔罝》一诗,有"赳赳武夫,公侯干城","赳赳武夫,公侯好

---

① 《毛诗说》卷3《小雅·斯干》。
② 《毛诗说》卷1《周南·关雎》。
③ 《毛诗说》卷2《小雅·车舝》。
④ 《毛诗说》卷1《邶风·绿衣》。

仇"，"赳赳武夫，公侯腹心"等语，盖美公侯得贤佐也。庄存与以为，诗中如此表述，是突出"武夫"贤能，公侯"得斯人，则民安；不得斯人，则民不安"。然而公侯好德不如好色，多有初曰"干城"，而终不曰"腹心"者。而要是被称为"好仇"，则表明匹合无间矣。及至此时，"天下贤才，有不归之如流水者乎？'武夫'非一节之士，必大度之主，然后能尊显之矣"。① 而同时指出，"世非无深虑知化之士也，然所以不敢尽忠拂过者，多忌讳之禁，忠言未卒于口，而身为戮没矣"，②可见进谏之难。而不能宽容大度，就会造成"君臣朋友，雷同相从，一有持异议者出于其间，如恶药石而保疾疢也，弗之味也，不和莫甚焉。物情由是去，而神明所不歆飨也"。③ 职是之故，庄存与对那些不能重用贤臣而致使国家衰乱的情形严厉批评，称："君，天也。国有斯臣，而使不得志以去，君谁与为国矣。"④并且主张对开国功臣之后予以善待，赞赏后世守文之君依旧对开国功臣子孙续旧不废的做法。⑤

　　除了重用贤才之外，庄存与还特别提到造士、养士问题。以为考察《泮水》一诗，可以确知鲁国养士之常法。认为养士于学校，必使其无事而食，而《汉书·艺文志》所谓"古之学者耕且养，三年而通一艺"，乃非周公之典、孔子之训。养士，必然不使其谋食，更不会使其耕食。他并根据《王制》"有发，则命大司徒教士以车甲"一句，以为出征也必且受成于学，表现出诸侯重学而不敢不以仁义行师的状态，进而突出对从容养士的赞颂。⑥

---

① 《毛诗说》卷 3《周南·兔罝》。
② 《毛诗说》卷 3《大雅·桑柔》。
③ 《毛诗说》卷 3《颂·烈祖》。
④ 《毛诗说》卷 1《邶风·北门》。
⑤ 《毛诗说》卷 2《小雅·裳裳者华》。
⑥ 《毛诗说》卷 2《鲁颂·泮水》。

　　在庄存与的经说体系中,教民、养民是非常重要的关注焦点。如对"凫鹥在泾"一句诗文的理解,他没有依从之前如毛公、郑玄或朱熹等人的解释,而是给出了自己的理解,认为所谓"凫鹥",乃指"大平君子"之民也。凫鹥为水中沙洲之鸟,来去靡定,以比喻民人不恒所依,但也不被拘缚,因此先王以德养民,而民莫不怀之,即:"是故先王畜民,聚散而不离其所主,德也;浮沉而不失其所性,教也。德以怀之,民莫不怀;教以正之,民莫不正。夫民之系于君子,非一世矣。"①由此,民有归之之志,而神降之福也。因此,对于人君劳民伤财之举,有妨民命、民生之举,如战争、劳役等举措,庄存与多持批评态度,如对《何草不黄》的解读,即着重依照毛传的说法,突出"征夫弥苦"之意。②

　　从以上梳理可以看出,庄存与对诗旨的阐说,不论是树立圣王榜样,还是人君治身、治家,其实终归目的还在治国。所有的这些阐说,表面上均是从儒家的理念出发,披着经典的外衣,故显得正大堂皇。但皇子师傅这一职业,又要求他们的教授不能仅仅传授大而无当的死知识、空说教,而需要特别关注皇子在立身行事和治国理政两方面的培养,这就必然要求师傅们的教授要包含现实针对性,既要针对皇子个人的品性、学习程度等进行教授,也一定要针对当朝发生的一些重要事情有所表现,需要防止者防止,需要继承者继承,如善待兄弟、自奉有道等说法,联系雍正朝的兄弟相残,乾隆朝后期的腐败进贡等问题,可能皆有庄存与的某种政治感觉。当然,由于皇子和师傅的敏感地位,这样的教授也一定是披着经典的外衣加以论说的,而不会将"时趋之论"直接出诸口。因此谭献

①　《毛诗说》卷2《周南·凫鹥》。
②　《毛诗说》卷2《何草不黄》。

称庄存与的经说"可以推见时事,乾嘉之际朝章国故隐寓其中",①
是有一定道理的。但是,在另一方面,也需要注意庄存与毕竟是讲
解经典的饱学之士,历览前代的成败得失,汲取政治经验来防微杜
渐,同样是他教授中非常重要的一面,这就提醒我们,他的讲说同
样有从传统儒家义理出发而显得宽泛的一面,并不能将之与乾隆
朝的政治现实一一对应,否则恐怕会带来泥死句下而推论过甚的
问题,比如庄存与在《毛诗说》中所充分论述的妇寺问题,我们就很
难说是在针对某种现实情况,因为清代内务府、宗人府等制度的设
立,已经基本避免了此类中国历史中常见的问题。再比如由外国
学者最先提出的庄存与研究经学是因为和珅专权的说法,也都是
无根据的猜想。这一方面尤其需要注意。

三、庄存与毛诗学的经学诉求

如果从上揭庄存与的毛诗学旨趣出发,来反观他对家法问题
的坚守,我们就会发现,这二者之间是互相支撑的,让我们能对乾
嘉学者为何要复兴汉学、坚守家法多获得一层理解。

我们知道,在经学的阐释史上,朱熹是和郑玄一样带来范式转
换的关键人物。在诗经学上亦是如此。比如原本《诗大序》虽然也
认为诗是"情动于中而形于言",即强调感兴的一面,但最终的落脚
点,还是将诗的功能定位在政教之上,称:

> 正得失,动天地,感鬼神,莫近于诗。先王以是经夫妇,成
> 孝敬,厚人伦,美教化,移风俗。故诗有六义焉:一曰风,二曰
> 赋,三曰比,四曰兴,五曰雅,六曰颂,上以风化下,下以风刺
> 上,主文而谲谏,言之者无罪,闻之者足以戒,故曰风。至于王

---

① 范旭仑、牟晓朋整理:《谭献日记》,中华书局,2013 年,第 144 页。

道衰,礼义废,政教失,国异政,家殊俗,而《变风》《变雅》作矣。国史明乎得失之迹,伤人伦之废,哀刑政之苛,吟咏情性,以风其上,达于事变而怀其旧俗也。①

在《大序》看来,诗的创作及其功能,均与王者明政教得失,知今日之衰弊而返归"旧俗"有关。但是在朱子看来,《小序》既不可信,将诗篇一一对应美刺王侯,也是把诗篇看死了,因此他更强调要观其大略,得吟咏性情之正,如称:

> 公不会看《诗》。须是看他诗人意思好处是如何,不好处是如何。看他风土,看他风俗,又看他人情、物态。只看《伐檀》诗,便见得他一个清高底意思;看《硕鼠》诗,便见他一个暴敛底意思。好底意思是如此,不好底是如彼。好底意思,令自家善意油然感动而兴起。看他不好底,自家心下如着枪相似。如此看,方得《诗》意。②

朱子强调看《诗》,要看它里面体现出来的风俗人情,明了诗篇主旨之后,要在自己身上油然感兴,显然这已与《大序》重视王者政教得失的看法,拉来了不小的距离。

朱子的这一解释路线,发展到后来,即出现隐然与毛郑相对立的一种视角,这也是《诗经》自身文本的二重性所决定的。《四库全书总目》云:"盖文士之说《诗》,多求其意;讲学者之说《诗》,则务绳以理。"③即一种强调它的文学性,从感性的角度解读赋比兴、思

---

① 孔祥军点校:《毛诗传笺》,中华书局,2018年,第1—2页。
② 王星贤点校:《朱子语类》卷80《诗一·论读诗》,中华书局,1986年,第2082页。
③ 魏小虎汇订:《四库全书总目汇订·毛诗本义》,第457页。

无邪等说法,突出诗本性情的一面;另一种强调它的经学性,以美刺、当谏书、兴观群怨等为说,强调其中的政教意涵,所谓"声音之道与政通"。① 朱子在宋人疑经改经的氛围中,不信《诗序》《书序》,大胆新创,也是一时风会使然。而乾嘉学者的重返汉学,则是经过晚明学人回归原典的努力,尤其是清初诸儒有惩于亡国之痛,对宋明理学滋生出越来越强烈的批判意识的前提之下,突破朱子学禁锢的一种选择。在这一学术脉络转换之中,惠栋继承顾炎武等人的学术意识,又极力提倡"家法"观念,以之作为对宋儒形上探讨进行釜底抽薪的切入口,由此逐渐将宋学判定为"臆说""虚理",而使之有了游谈无根的意味。

在此一时代氛围之下,庄存与显然也是时代风会的同路人。他一反朱子,而遵信《书序》《诗序》,同样以家法为上通汉学的工具。在此基础上,他同样对宋学极尽批判之能事,对宋学形而上地讨论"太极""无极""理""气"等概念,深致不满。然而同样需要注意到,他与乾嘉正统的汉学家寻求家法的目的有着明显差别,汉学家借助"家法",意在将上通的汉学落实在由训诂考据通向典章制度,进而通向经世关怀方面,有学者将之描述为"从心性伦理到实践伦理"的过渡,②窃以为此言得之。而庄存与所上通的汉学,借助上揭对其解说《毛诗》的内容可知,他甚至超越了"诗可以观"的外围态度,即王者以一种相对外围的站位,通过采风观诗来察知政教得失,③而是直接站在执政者的角度,强调直接汲取诗篇中所蕴含

① 皮锡瑞著,杨世文等笺注:《经学通论》,上海古籍出版社,2021 年,第353—354 页。
② 钱寅:《从心性伦理到实践伦理:清代礼学的进路》,《学习与实践》2019年第 5 期。
③ 《汉书·艺文志》称:"古有采诗之官,王者所以观风俗,知得失,自考正也。"《汉书》卷 30《艺文第十》,中华书局,1962 年,第 1708 页。

的政治经验,以资治道。因此他更看重汉学中表现在君臣、父子、夫妇之间的政治伦理意涵,这才是他借助"家法"上通汉学的本质原因。阮元称其"详于变雅,发挥大义,多可陈之讲筵",①正是看出了此一方面的特点。

不得不说,庄存与此类经说,还是与他皇子师傅的职业密切相关。庄存与的孙子绶甲曾说,乾隆二十七年服阕入京至乾隆四十一年丁母忧离京的十三年间,庄存与"生平著述于是时为多。入侍皇子课读,惟以经术讲授,不负平日所学。具见器重,敬爱日深"。②庄存与第一次入直尚书房的时间是乾隆三十三年,至乾隆三十九年出任河南学政而止,可见庄存与的著作时间,与其教授皇子的时间,高度重合。彼时庄存与教授的是皇十一子永瑆,③永瑆生于乾隆十七年,庄存与入直之时,永瑆方 17 岁,虽然清高宗一生共育有 17 子,但大多早卒,此时具备竞争储君资格的仅有 5 位皇子,即皇六子永瑢(卒于乾隆五十五年)、皇八子永璇(卒于道光二年)、皇十二子永璂(卒于乾隆四十一年)、皇十五子永琰(即后来的嘉庆帝,生于乾隆二十五年),及永瑆。而皇四子永珹虽然也在世,但已出继允祹,失去了继位资格,另外最小的皇十七子永璘尚未出生(生于乾隆三十五年)。因此,永瑆此时具有皇位竞争的很大潜力。庄存与处于这样核心和敏感的地位,以经说来教授皇子,自然具有了与正统汉学家相异的学术面貌。

这种差别,是在整个时代回归汉学、反对宋学的共同氛围下,

① 阮元:《庄方耕宗伯经说序》,庄存与:《味经斋遗书》卷首,道光十八年(1838)宝砚堂本。

② 庄绶甲:《味经斋遗书总跋》,《拾遗补艺斋文钞》,《清代诗文集汇编》第512册,第404页。

③ 现有永瑆所作《送庄方耕师傅授提督河南全省学政序》可证,参见永瑆:《诒晋斋集》卷7,《清代诗文集汇编》第432册,第67页。

因为学者所处地位不同,治学的目的不同,而造成的内部学术路线的分歧。这一点是我们今日治乾嘉学术史所需要析分和明确的。

四、结语

庄存与作为惠栋之后从家法入手解经的儒者,在其解《诗经》的著作之中,同样坚持了其一贯的学术路线。他将家法作为自己"通经"的前提,一反朱熹不信《书序》《诗序》的态度,遵从《小序》对诗旨的阐发。在此基础上,他将"致用"落实在了自己教育皇子的工作之上,阐发经典中的政治经验,从治身、治家、治国等方面,突出一个未来的人君在封建王朝的治理当中,所需要注意的道理。与乾嘉主流的汉学家相比,庄存与同他们共享着复古开新的时代语境,有着同样的学术方法和学术主张。但是学术旨趣上,则由于身份地位的悬殊而略有差异,庄存与没有表现出由训诂考据以通达典章制度的兴趣,更多还是一种西汉儒生大义为先、名物为后的致用精神,将关心的重点放在了整个王朝的政教得失之上。这与其春秋学的关注是一致的。

后 记

2012 年，笔者入清华大学历史系，师从张勇先生读博。2016 年毕业，本书即为博士论文略施删润而成。

四年从游，张勇师示教开愚，颇有成法。常能依学生资性所近、理解所到，做循循之善诱。期间收获之多，中心之乐，何日忘之。2013 年，张勇师组织《春秋正辞》读书会，是为本书缘起。当时在老师的指点下，笔者将该书初步笺释一过，由此形成博士论文撰写之基础。鉴于《正辞》文辞奥衍及研究尚浅，张勇师遂命逐章读解，以免泛泛与想当然。从体贴对象、揭示意蕴，到最终之文辞润饰、结构调整，皆经张师倾心指教与擘画，预答辩前，甚至不顾抱恙在身，而为黾勉操持，并构划修改论文诸事，至今感愧在心。本书出版之际，又特蒙老师赐序，于本书少及之材料及欠缺之理解再予点醒，自是作为学生之幸，亦当是庄氏之幸。张勇师日常谨严自持，言行有法，更获身教之益于随时随地间。谨以此份作业，向先生致敬。

博士论文的开题、中期考核、预答辩、答辩等诸阶段，曾得蔡乐苏、王宪明、欧阳军喜、黄兴涛、彭林、李帆、彭刚、林存阳、戚学民、董世伟、倪玉平等诸位先生指教，珠玉言启，茅塞心开，特此致谢。博士阶段，张勇师之近代学术思想文献研读课、彭刚老师之史学理论研读课、黄裕生老师之康德纯批研读课、戚学民老师之近代史资料研读课，均曾发蒙启滞，令笔者受益于今。

本研究开始之初，既得贺照田先生垂注与指教，提醒注意庄存与之身份地位与后来者如刘逢禄等人皆不同。后期写作中,对所遇问题也多得指点。张志强先生从问题意识、读书眼光、学问养成等方面,皆曾谆谆诲教。而多年以来,领受硕士导师靳大成先生之风采教益,早已越出读书与治学间。2014 至 2015 年,在达慕思学院(Dartmouth College)访学期间,亦承柯娇燕教授、谢年林老师屡屡照拂,本书初稿之大部,即写作于此一时期,亦受益于在美文献资料之充沛与研究环境之安谧。在此对诸位先生之高情厚赐,一并致谢。

近代以来,清华园恒为国人神往之一处所在,时至今日,吾辈步入校园,依旧可为夹杂于荷塘、大礼堂、图书馆、清华学堂、日晷、二校门等建筑中之风神所感染。窃谓此一清朗畅美之氛围,乃为清华所独有。与同学诸君在此相遇相识,若无大家陪伴,述志言学、谈往思来谅亦枯燥乏味得多。尤其感谢最初共举《正辞》读书会的刘洪强、钟一涛、段鑫三君,怀念吾辈的青葱岁月,也怀念大家的共学共情。钟一涛师弟更与为期一年之读书会相始终,对笔者坚持阅读与理解庄氏及其《正辞》,鼓励与帮助兼具,至今念念。后来一涛亦写出了高质量的硕士论文《试论〈春秋正辞〉之灾异观》,研讨《奉天辞》中"察五行祥异"一节,此亦为本书没有继续处理庄存与灾异观的原因,感兴趣的读者可参看一涛论文。

本书的不同篇章,皆曾在学术期刊发表过,主事之编辑老师及外审专家,多有赐教,感荷惟深,恕不一一具名。收入本书时,所有文字又重经校订。此次出版,得到供职单位山东大学儒学高等研究院科研资金支持,特此感谢。

山东大学文史哲研究专刊
已出书目

第一辑

目录版本校勘学论集

秦制研究

魏晋南北朝文体学

李焘学行诗文辑考

杜诗释地

关中方言古词论稿

第二辑

两汉文献与两汉文学

秦汉人物散论

秦汉之际的政治思想与皇权主义

文心雕龙学分类索引

宋代文献学研究

清代《仪礼》文献研究

第三辑

四库存目标注（全八册）

第四辑

山左戏曲集成（全三册）

先秦人物与思想散论

《论语》辨疑研究

百年"龙学"探究

晚明士人与商业出版

衣食行：《醒世姻缘传》中的明代物质生活

清代杜诗学文献考（增订本）

前主体性诠释——生活儒学诠释学

第九辑

杜诗学通史·唐五代编

杜诗学通史·宋代编

杜诗学通史·辽金元明编

杜诗学通史·清代编

杜诗学通史·现当代编

杜诗学通史·域外编

第十辑

天人春秋情性：董仲舒思想探微

立中国之人纪：庄存与《春秋正辞》研究

清代《尚书》文献叙录

西学东渐中的科学与儒学

儒学的历史嬗变与当代重构

教化与象征：中国古代耕织图研究